JN168959

〈オウム真理教〉を検証する

そのウチとソトの境界線

井上順孝――責任編集
宗教情報リサーチセンター――編

春秋社

〈オウム真理教〉を検証する——そのウチとソトの境界線

まえがき

一九九五年三月二〇日にオウム真理教による地下鉄サリン事件が起きてから二〇一五年三月で二〇年となった。この時点で計算するなら、大学生である人の約半数にとって、事件は生まれる以前のことであり、中高生なら全員生まれる前の出来事となる。これからは地下鉄サリン事件やその前年の松本サリン事件に代表されるオウム真理教事件は、リアルな出来事というより歴史的な出来事へと推移していくことになる。

人間は自分が実際に体験したことは、もしそれが衝撃的な出来事であれば、たいていの人は死ぬまでリアルに覚えている。その出来事にまつわるさまざまな感情も思い起こすことができる。しかしながら、生まれる以前のことは、本人にとっては歴史的な出来事に属することになるから、実感をもってその出来事を考えることが困難である。

あるいはまた、事件当時学生であったり、成人していた人であったりしても、首都圏とは遠く離れた場所に住んでいて、事件に直接関わった人が身近にいないような場合は、いかにテレビや新聞・雑誌等で繰り返しサリン事件が報道されようとも、どこか遠い話になりがちである。このことは同年の一月一七日に起こった阪神淡路大震災に関しても、また二〇一一年三月一一日に起こった東日本大震災の場合にも似たようなことが言える。

つまり人間は五感で感知し、その場で強い情動を感じた出来事でないと、起こったことをリアルに受け止め、その記憶を維持するのが大変難しいので、「事件の風化」と呼ばれる現象は避けがたい。一三人の死者を出し、数千人が負傷したという地下鉄サリン事件が、もうすっかり過去の出来事になった感があるのも致し方ない面がある。事件後十年がたったくらいから、すでに報道機関はオウム真理教問題に関心を弱めていた。地下鉄サリン事件のあった三月二〇日前後に、サリン事件の被害者について申し訳程度の簡単な取材をする、といった程度の対応になってきた。社会全体で関心が薄れるなら、報道もそれに合わせるかのような傾向となるのも責められない。

しかし、こうした事件を時間の経過に関わらず追究し続ける作業は決して放棄してはならない。この作業自体が、人間の知性や理性にとっての教訓というものを提供してくれるはずである。それはまた今日活動を続けている宗教運動や宗教団体の一部に、きわめて類似する現象が見いだされることを気づかせてもくれる。もしオウム真理教事件を、オウム真理教という特異な団体による例外的な事象とし、他の宗教運動や宗教団体には関わりのないものとして扱ってしまうなら、それは歴史に学ぶという態度からは程遠いものである。

人間の怒り、不安、絶望といった心理現象は普遍的に見いだされる。そのような心を抱いた人たちに対し、仮想敵を想定させたり、必要でもない境界線を意図的に設定してソトへの攻撃をけしかけ、あたかもそれが最善の解決法につながるかのように説く宗教的リーダーは珍しくない。リーダーとなった人物が発する情報だけを真実のものとし、それに反するような情報を遮断したり、あるいは吟味なしに否定するというような手法も、現に一部の宗教団体に見られる。

地下鉄サリン事件という結果的に生じた出来事に限るなら、それは一回性のものである。将来再び類似の事件が起こる可能性は低いだろう。けれども、そこに至る過程で生じたさまざまな出来事に関しては、多くがごく普通に観察されるものであり、それらはこれからも何度となく繰返されると予測される。たとえば、教祖への絶対的帰依、教祖は超能力とも言うべき特別な能力を有するという信仰、外界と遮断された空間での厳しい修行への根拠のない意味づけ、死への恐怖を繰り返し植え付け組織からの離脱をさせない説法、一般社会を欲望に満ちた汚れた世界とみなし蔑視するかの如き教えなどである。これらの一つひとつを単独で取り上げると、すぐさまいくつかの宗教にそれに類するものが見当たる。それゆえに、「それは宗教にとっては珍しいことではない」というような議論で放りやられがちである。

むろん、その一つひとつの是非を問うていくことが本書の目的ではない。そのようなことは宗教を学問的に研究する立場からは正面に据えるべき事柄とは思えないし、また実際できるようなことでもない。ただし、そうしたものがどのような結びつきをしたことによって、サリン事件に代表されるような社会に強い恐怖を与えるような出来事が生じるに至ったかについての推論を重ねていく作業は、ぜひとも蓄積していかなければならない。知性や理性にとっての教訓という意味からするなら、もっとも重視すべき作業の一つと言っていい。

宗教社会学で「カルト・セクト問題」と呼ばれている事柄がある。日本などでは社会的に批判されることの多い新興の教団をカルトと呼ぶことがある。またヨーロッパでは同様のものがセクトと呼ばれることがある。批判される行為は、少し具体的に例示すれば、いわゆる霊感商法や名前を隠しての勧誘を行なうこと、集団で取り囲んだりして強引な勧誘をすること、不安を煽り高額な献金を強要すること、家族からの隔離を組織的に行なうこと等々である。そうした活動が部分的に見られたとしても、その教団をカルトと名指しすることは、実際のところはきわめて難しい。名指しされた教団からの強い反発が生じるからというだけではなく、これが一種のレッテル貼りに終始する可能性が高いからである。またそう呼んだからと言って、適切な対処法が目の前にあるわけではない。

インターネット上に蔓延しているような断片的で無責任な情報に惑わされることなく、きちんと実際の活動を調査すると、カルトと呼ばれるような教団のメンバーすべてが、批判されているような行動をしている例はそう多くはないことが分かる。強引とも言うべき勧誘、正体を隠しての勧誘によって、その教団に引き込まれたというような信者もいるが、他方には、不安の解消やより穏やかな人生を求めているうちに、たまたまその教団にたどりついたという信者も数多くいる。

カルトというレッテル貼りには問題点があるし、当該団体の信者の多様性は認めなくてはならない。そうだとしても、当該社会の多くの人たちが、特定の運動や教団に非常な警戒や不安をもつという事実もまた重い現実である。近代日本の例に絞っても、ある教団への数多くの批判が、実はまったく根拠のないものであったというような例はむしろ少ない。その運動、教団の特定の主張なり活動なりに、何か少なからぬ人の不安や恐怖を喚起するものがあると言える。そこで生じた警戒心や不安には、人間集団が長い歴史の中で自然と培ってきた心理的な反応、あるいは生き物としての自然な反応が関係していると考えられる。

本書は、オウム真理教事件から、人間社会にとって避けるべきはどのような事態であるか、どのような教えや活動に直面したとき警戒心をおこすべきかについてのヒントを得ようとするものである。この事件は人間の理性や知性の発展にとっての試金石となり得るものであり、その意味で立ち向かうべき大きな課題を含みもっている。こうした発想法を導入しないと、「カルト・セクト問題」への取り組みもまたなかなか前進しないであろう。何が重要な視点なのかを見分ける目が育たないからである。昨今の状況を見ていても、オウム真理教の実態を調べてきた身からすると、まるでデジャヴュかと思わせるような出来事が日常的に起こっている。ところが、たとえばそうした問題へのマスメディア報道などを見ていると、過去の同様の出来事から教訓を得ているとはほとんど感じられない。

平たく言うと、ごくごく基本的な理性によって作動するはずの判断力が、信仰の名のもとにしごく簡単に脇に追いやられてしまうような現象は、二一世紀になっても繰り返し起こっているということである。それらはオウム真理教に見いだされる構図とたいした違いはない。「カルト・セクト問題」に関心を抱く少数の研究者やジャーナリストなどはこのことに早くから気づいていた。日本でその対象になりそうな団体はかなり絞られる。それらはいくつかの共通した性格を有していることも、専門家の間ではおおよそ了解されている。警戒すべき団体はきわめて少数とはいえ、その団体がどういう展開をしていくかについては多くの要因が絡む。それゆえ、ある時点でかなり問題を感じさせる特徴が観察されるからといって、その団体を「カルト教団」というふうにみなすというのも困難であるし、適切とも思えない。ただ本書をじっくり読んでいただけば、読者も何に注意を払うべきかを感じ取っていただけるはずである。

本書が主たる読者として想定しているのは、オウム真理教事件にあまりリアリティーをもてない世代、あるいはこれまで身近な問題として感じてこなかった人々である。そこでまず事件とその直後の経緯をできる限りリアルに感じてもらう必要があると考えた。それにはなるべく当事者の生の言葉を使うのがいいであろう。本書で関係者の発言とか著述からの引用に多くの頁を割いたのは、こういう理由による。

そしてまた、教育の現場においても最大限に活用してほしいという強い願いがある。現在の日本の教育の現場では、高等教育においてさえ、教員が現代宗教について教えるときの適切なスタンスを見いだしていくのは非常に困難である。歴史的な宗教と異なり、現代宗教に言及するとなると、まさに同時代的に活動している宗教と向かい合わざるを得ない。その場合に何に着目して教育し、何に留意して語らなければならないかといった教育方法については、ほとんど議論されてこなかったのが実情である。二〇一一年一月に多くの大学の教員が中心になって宗教文化教育推進センターが設立された。国公立か私立か、また宗教立かを越えて、大学教員が生きた宗教や宗教文化についての教育法について本格的に議論を開始した。とはいえ、こうしたことの必要性を強く感じ取っている教員はまだごく一部である。

現代社会において活動している宗教のさまざまな姿について学び、考え、議論しようとするとき、「カルト・セクト問題」は避けて通れなくなってきている。宗教は本来人々の幸せに貢献するものだという見解は共感を得やすいだろうが、実際は宗教ゆえに苦しんだり、悩んだり、あるいは争いが起こったりという事例は、日本でも国外でも、あちこちで報道されている。また身近にそれを体験した人もいるだろう。日々の宗教関連のニュースを少し注意深くチェックしてみれば、すぐさま多くの事例にぶつかる。

ただしこのようなことは現代社会に特有ではない。宗教と呼び得るものが誕生して以来、ずっと繰り返されてきた。そうしたいわば宗教の負の部分はどの地域にも見いだされるし、大なり小なりどの宗教にも付随するだろう。あえてこの難しい局面にも注意を払う教員へのサポートにもなるように、という思いがある。またマスメディア関係者の場合であると、杜撰な取材で興味本位の宗教取材を重ねる人も少なくないが、真摯に事件のことを考えようとする人たちもいる。こうしたことが繰り返されないようにするためには、どうしたらいいかを考える人たちがいるのは確かである。そうした人たちへのいささかの手助けになればとも思っている。その際、それぞれの章がとりわけ何を問題にしたいかを明らかにしておいた方がいいと考え、各章の「はじめに」において、意図するところを手短に示してある。

これからの一つの大きな問題は、そのいわば負の部分を、どのような状態として規定し、どのような状態になった場合に避けるべきものと考えるか、あるいは警戒を発していくべきか、ということである。おそらくこれらに対する汎用性のある尺度を確立させるのは容易ではないであろう。それでも、それについては五里霧中の状態というわけではない。多くの無関係な人々の殺傷を説いたり実行したりするようなことには、理性や知性は「ノー」というはずである。また信者たちに集団自殺への道を用意したり、特定の民族、集団への無差別的攻撃を主張したりするようなことに対しても同様であろう。宗教を学問的に研究する人は一切価値観に関わらない、というわけにはいかない。ある主義や行為が明らかに人類文化にとってマイナスではないかと思えてくるボーダーは何か、あるいはそれはどこかにあるかについて議論することは、宗教を研究する人にとっても欠かすべからざる役割の一つと考える。

書名に「ウチとソトの境界線」という表現を入れたのは、境界線という視点を導入することの意味を強調したかったからである。何がこの集団のウチとソトを分けているのか。ウチからソトはどう見えたのか。ソトからウチはどう見えるか。そもそもウチとソトは何が違うのか。ウチとソトの境界線を越えるときに起こっているのはどのようなことか。ウチからソトへと移ったとき、ウチへの見方はどう変わるのか。私たちがオウム真理教を前にして無意識的に築いている境界線を意識化することは、問題の本質を見極める上での助けになる。

さらに言えば、この視点は人間社会が保持した方がいいものと、捨て去った方がいいものとの境界線はどこか、どういうものになるかという広い問題へとつながる。繰り返すがここでは一義的な答えを提示しようとしたのではない。答えを求める人の参考になるものは何かという視点から資料を集め、論を展開したのである。したがって教育の場などでは、ここで示された事実や見解を基盤に、さらに深い議論が展開されることを期待したいし、それこそわれわれが本書を世に問う大きな目的の一つである。

編集責任者　井上順孝

〈オウム真理教〉を検証する――そのウチとソトの境界線

目次

第一章　麻原言説の解読

藤田庄市

はじめに

オウム事件に関してぜひ注意せねばならないひとつは次のことである。一九七八年に南米ガイアナで起こった人民寺院事件の集団自殺をはじめとするいわゆるカルト事件の被害者は、殺害にしても自殺にしても基本的には教団内部の者であった。ところがオウム真理教の場合、信者に対するリンチ殺人や教団内での信者の事故死もあったが、直接に敵視する相手を、教団外部の批判者から社会全体へと拡大していった点で際立っている。さらにそれらは教団のソトとのいわば「戦争」と位置づけるにまで至っている。

現代日本における「戦争」とみなしたことは、あまりに現実とかけ離れた認識であったゆえに、麻原彰晃とその教団が実は大きな危険性をはぐくみつつあったことを見抜くことをかえって困難にした。警察、行政、アカデミズム、マスメディア、ジャーナリズムなどのほとんどが彼らの意図を見損なった。またあまりに現実とかけ離れた主張と行動に対し、滑稽さを感じて、もっぱら笑いの対象として見ていた人も少なくなかった。ごく一部の信者家族・弁護士と反対派住民はオウムの不法性と危険性とを主張し続けたが、ほとんど孤立状態に近かった。

ところが一九九五年三月に地下鉄サリン事件が勃発するや、社会は一転して非難と怯えの異様な熱病のごとき状態を呈するに至った。一時的な興奮状態のなかで、国会における調査機関が設置される動きもなく、問題を冷静にトータルに解明する国家的レベルの動きは皆無であった。一方、オウム事件関連の裁判の場では夥しい証拠、証言が重ねられ、事件の全体的外形はかなり明らかになってきた。オウムの信仰と活動についても法廷で語られた。ところがこの面についての報道は少なく、社会に知られることはあまりなかった。

裁判の性格上、審理されるのは個別の刑事事件の枠内であり、見えるのは公開の法廷のみという限界があるのは仕方ない面もある。結果として、裁判でかくも歴史的凶悪事件を惹起したオウム全体の解明の道は、ほとんど閉ざされたに近くなった。麻原は法廷で断片的に奇妙な語り方しかしなかった上に、裁判も一審のみという異常な終結だった。膨大な量の断片的報道はあったが、ほとんどの人々は麻原が核心部分において何を考えていたのか知りえなかった。

こうした事件前後の社会のオウムに対する認識のありようは、深刻な教訓としなければならない。おおくの人が嘲笑したり、もちあげたり、軽く考えていた結果として、現実に起こされたのは無差別大量殺人だったからである。

この章では麻原の言説を紹介し、特に事件を直接的に知らない若い人たちを念頭におきながら解説していく。類似の現象は、二度と起こらないという保証はないからである。

なお本章では、麻原の説法集である『ヴァジラヤーナ　教学システム教本』（以下『教本』）を基本に用いた。オウム事件の宗教的動機（ヴァジラヤーナ）を明らかにする場合、もっとも簡潔で総合的な内容となっているからである。説法の時期は一九八八年八月から九四年四月までの足掛け七年で、五六の説法を収録している。説法の相手は出家、在家の信者であるが、例外的に、九二年一一月に東京大学、京都大学、大阪大学、横浜国立大学において行なった信者獲得のための説法がある。麻原は『教本』のなかで、仏教やヨーガをはじめとする宗教や思想の言葉を多く使っているが、勝手な意味づけをしたりしている場合が多いので注意が必要である。

一　麻原彰晃の原型

麻原彰晃がヨーガサークルだった「オウム神仙の会」を「オウム真理教」に改称し、宗教団体として出発したのは一九八七年六月である。そして八八年八月には富士山総本部道場（静岡県富士宮市）が完成し、翌八九年八月に旧宗教法人法のもとで東京都から宗教法人の認証を受けた。『サンデー毎日』をはじめとする諸メディアのスキャンダル報道を通して、社会がオウムを知ったのはこの年の一〇月からである。

だがそれ以前、麻原は八五年に学研の『ムー』（一〇月号）とワールドフォトプレスの『トワイライトゾーン』（一〇月号）というオカルト雑誌にデビューしていた。当時のオカルトブームの風潮のなかで『ムー』は部数を伸ばし、『トワイライトゾーン』は対抗誌の形で発刊された。麻原はこれらの雑誌に八七年まで断続的に執筆あるいは登場し、記事にはオウムの連絡先を記し信徒の拡大を図った。

『ムー』でのデビューは「レポートコーナー」に「実践ヨガ　私は驚異の空中飛行に成功した！」という記事と写真を寄稿したものである。『トワイライトゾーン』の方は「シャクティが吹き上げ　身体はそのまま空中浮揚」というライターが取材し書いた記事だった。蓮華座のまま必死の形相でジャンプしている写真はインパクトがあり、これを見てオウムに連絡をとり入信した者も多かったという。麻原の最初の著作『超能力「秘密の開発法」』（大和出版、一九八六年。のちオウム出版から版を重ねる）の表紙も同様の写真が用いられている。麻原は「あと一年ほどすれば空を自在に飛べるようになるはずです」（『トワイライトゾーン』）と語っている。筆者の個人的体験だが、八〇年代初頭にインド旅行をした折、同行の人物がヨーガの実践者で、このジャンプを見せてくれた。しかし知らない者がみせつけられると、言われるまま「超能力」と思い込んでしまう例もあったということである。

麻原は翌一一月号の『ムー』に「幻の超古代金属ヒヒイロカネは実在した⁉」という記事を寄稿した。冒頭に「私は、今から八年前に仕事も生活も捨て、修行の道に入った」と書いているが、これは虚偽である。八年前といえば一九七七年になる。週刊誌でスキャンダル沙汰になって以降、明らかになったが、麻原はこの間に熊本から上京して予備校に通い、結婚し、鍼灸院を開業。子も生まれ、さらに漢方薬局を開くが一九八二年に薬事法違反の罪で罰金刑を受けた。「仕事も生活も捨て、修行の道に入った」とは到底言えない。メディアに出はじめた時、すでにこうした虚言を弄していた。

オウムの凶悪犯罪が次々と明るみに出て以降、オウム裁判やマスメディアのなかでオウムはヨーガ団体として出発し、宗教団体となり諸事件を起こしたという説明がなされ広まった。その説明は間違いではないが、それだとオウムが途中から変質したと受け取られかねない。だが、見過ごしてならないのはオカルト雑誌デビュー時、すでに麻原は自分が神に等しい存在であり、超能力者である信徒たちを率いて戦争を行なうという宗教的幻想――あえて言えば「宗教的計画」――を確立していたことである。現実には、一九八五年の雑誌デビューから早くもほぼ四年後の九〇年三月に、すでにボツリヌス菌散布の計画に着手していた。

オウムは最初から事件に至るような要素を備えていたという点は、オウム事件を深層から解明しようとし、さらに宗教の持つ危険性、暴力性と正面から向き合おうとするならば、目をそらしてはならない非常に重要な事実である。それゆえ『教本』の麻原説法に入るにあたり、まず麻原の原型をはっきりさせておきたい。「空中浮揚」を掲載した『トワイライトゾーン』の同じ号に、六頁にわたる「編集部の不思議体験レポート」があり、そこへ「最終的な理想国を築くために神をめざす超能力者」として麻原が登場している。

麻原氏は、これまで世に出ようとは考えなかった。ところが、ある時、声を聴いたのである。

『地球はこのままでは危ない！』

彼は今、シャンバラのような王国、神仙の民の国を築く準備を開始するため、多くの人に修行法を開放する必要を感じた。

今年（筆者注—一九八五年）の五月のことである。彼は神奈川県三浦海岸で頭陀《ずだ》の行《ぎょう》を行なっていた。五体投地をしていたときのことである。突然、天から神が降りてきた。神は彼に向かってこういった。

「あなたに、アビラケツノミコトを任じます」

アビラケツとは、彼の初めて聞く言葉であった。彼はサンスクリットを教えている人を訪ねた。

すると、アビラケツとは、地水火風空の意味で、アビラケツノミコトとは「神軍を率いる光の命」、戦いの中心となる者と判明したのである。

彼は、天から降りてきた神によって、西暦二一〇〇年から二二〇〇年頃にシャンバラが登場することを知り、それまでアビラケツノミコトとして戦うべく命じられたのである。

彼は考えた。チベットのような王国を造らなくてはならないことはわかっている。しかし、チベットは戦争を好まない国である。理想国を造るため、戦さを用いてよいのであろうか。彼は、シヴァ神や、ヴィシュヌ神などの自分の信仰する神々や自分を守護してくれる神々に相談した。神々は「命を受けるべき」と返答した。（以下、本書での引用文は原文のままとする）

麻原はいわゆる神懸りとなり、そこで自分は神軍を率いて戦うものだという使命感を強く抱いた。言い換えれば変性意識をおこし、その中で自らがアビラケツノミコトという神となり、信徒たちを率いて戦争を行なう者だと信じ込んだということである。ここでシャンバラという国が語られるが、これはオカルトの世界では人気のある予言の定番である。このシャンバラへの入口はチベットのラサにあるポタラ宮の地下にあるといわれ、またダライ・ラマはシャンバラの使者の一人とされるが、ダライ・ラマ自身はそれらを繰り返し否定している。麻原の「思想」や「予言」がこうしたオカルトに基盤を置き、変性意識と直結した幻想であることを十分に認識しておく必要がある。レポートは続ける。

「二〇〇六年には、核戦争の第一段階はおわっているでしょう。（中略）核戦争は浄化の手段ですね。だから、私は『ノアの方舟』も信じられます。選りすぐったレベルの高い遺伝子だけを伝えるんです。だけど、人が『自分の分け前をさいて人に与えよう』というように考えない限り、『浄化』はなくならないんですね。そういう気持ちになかなかなれないのが人間でしょう。もし、それが真実でないとしたら、地獄・餓鬼・畜生・人間・阿修羅・天という六道はなくなってしまうでしょう。

私の目指すのは『最終的な国』なんです。それは、仏教的・民主主義的な国、完璧な超能力者たちの国なんです」

麻原の予言の第一の特徴は近未来の破局である。それによって切迫感、恐怖感を煽り、出家することを促した。ここで注目すべきは、核戦争は「浄化」という考えである。そこから「レベルの高い遺伝子だけを伝える」という選民思想が顔を出す。この二年後、オウム真理教を名乗るようになると、麻原は「救済」を口にし、信徒は「（麻原の）救済のお手伝い」を「光の戦士」として生きることを目指すようになる。彼らは信徒以外を「凡夫《ぼんぷ》」という蔑みの名称で呼ぶことになる。

麻原は『ムー』で空中飛行をレポートした次の一一月号で「幻の超古代金属ヒヒイロカネは実

在したか」という記事を寄稿した。そこで酒井勝軍という人物が残した予言として、「今世紀（筆者註─二〇世紀）末、ハルマゲドンが起こる。生き残るのは、慈悲深い神仙民族（修行の結果、超能力を得た人）だ。指導者は日本から出現するが、今の天皇とは違う」と述べている。明言していないが、その指導者は麻原自身と読めないこともない。

ここでぜひ付け加えておくべきことがある。『ムー』八五年一一月号は麻原の寄稿とともに、「レポートコーナー」には五頁を費やし「実践ヨガ　空中飛行を完成させる霊的覚醒　今月のレポーター＝オウムの会　麻原彰晃」を載せ、麻原の連絡先を明記している。また、「幻の超古代金属ヒヒイロカネは実在したか」のほうには「著書鑑《マ》定《マ》のヒヒイロカネ五〇名にプレゼント」として編集部への応募要項が記されている。『トワイライトゾーン』においても「麻原氏が各自に合った修行法を指導する特殊訓練生を九月より募集する予定」として麻原の連絡先が枠付きで掲載されている。つまり、明らかにオカルト雑誌がオウムの勧誘拡大の窓口、宣伝機関になっている。二〇一四年においても、大手出版社の雑誌が開運商法の広告を載せ、それがもとで被害者を多く生み出したため、出版社が提訴された事件があった。麻原を紹介する誌面の場合は「記事」そのものであるゆえに読者に対する信用は大きく、それだけに責任は重い。

二　ヴァジラヤーナ＝非合法活動とグルの絶対化――一九八八年

まず『教本』のタイトルである「ヴァジラヤーナ」を麻原はどのような意味内容で説いていたのだろうか。なお一九九五年の事件後、教団は『尊師ファイナルスピーチ』（全四巻）という、いわば「麻原彰晃全集」にあたるものを発行したが、「金剛乗の誤解されやすい部分については前後を削除」した。そこで、これから紹介する『教本』のうち、『尊師ファイナルスピーチ』では削除されている部分については、そのつど指摘する。

はい、夜礼。次女のね、まずX（原文は本名）がこの三日ぐらいから三昧に入り出したみたいで、それから今日、Z（同）さんのダルドリー・シッディが起きて、十月二十日がね、十月十日とか、十月九日とかそれぞれぐらいまでに成就させるんじゃないかなという目安がついてきたと。で、ぽつぽつと結果が出だしてる。で、あと麗華（筆者注―麻原の三女、アーチャリー正大師）がいろんな人間にシャクティーパットをやっているみたいだけども、まあ麗華にいじられた人たちの成就というものは、おそらく極端に早くなるだろうと。で、何をわたしが今言いたいかというと、いよいよオウムが、ヴァジラヤーナのプロセスに入ってきたと。そして、このヴァジラヤーナのプロセスというのは、善も悪もないと。ただ心を清め、そして真理を直視し、目の前にある修行に没頭し、あとは神聖なるグルのエネルギーの移入によって成就すると。

大乗においては、善行というのはものすごく重きが置かれる。小乗においては、遠離というものが中心となる。そして金剛乗においては、強い帰依、それからエネルギーの流れ、これが重きを置かれると。（一九八八年十月二日　富士山総本部）

この説法を行なった一九八八年に、麻原は一九九九年〜二〇〇三年までに核戦争が起きると予言。その「救済」のために「日本シャンバラ化計画」を打ち出し、八月には富士山総本部を完成させた。麻原とオウムにとって、期を画する年であった。ノストラダムス予言の一九九九年を前にして、麻原は、近未来の不吉な予言をこの後も次々と唱える。注意してほしいのは、「いよいよオウムがヴァジラヤーナのプロセスに入ってきた」との部分である。この言葉が発せられた背後にはある事件があった。

総本部完成から約一カ月後、同道場で「真島事件」が発生した。「真島」という若い在家信者が、一日一六時間の立位礼拝などを行なう極限集中修行のさなか精神に変調をきたし、奇声を発して走り回った。彼は取り押さえられ、風呂場で水に頭を浸けられて心臓が止まり死亡する。この時、麻原は「（死亡を）公表すると救済がストップしてしまう、どうするか」と弟子たちに問いかけた。その結果、死亡は公にせず、遺体はオウム流の護摩法によりドラム缶で焼却された。

この事件は後に起こされる事件群の最初のものとなり、事件の隠蔽もまた可能であることを麻原らは知った。なお、真島事件は発覚後も刑事事件として立件されなかった。

ここで忘れてならないのは隠蔽行為に宗教的意味づけを与えたことである。麻原の「救済がストップする」との宗教言辞は弟子らに有無をいわせず社会的常識の思考を停止させた。また、ある女性の弟子は、「警察が（遺体に）触れると転生が悪くなるから尊師（麻原）にポアしてもらったほうがいい」とも述べた。この場合のポアは後述する宗教殺人のことではなく、より良い転生をさせることを指しており、警察官の悪いカルマが死者に移り地獄界や餓鬼界、動物界の三悪趣に生まれ変わらないようにしてやらねば、ということを意味していた。

以上からわかるのは麻原と信者は強烈な輪廻転生とカルマの世界観、信仰をリアルすなわち現実世界のものとして有していたことである。決定的に重要なのは、麻原の宗教的霊的存在の大きさである。麻原は最終解脱者であり、信者も含め世の人々のカルマを見定めることができ、転生先がわかるだけでなく思うままに転生先を決定できるとされた。麻原と縁をつなぎ、麻原が人々のカルマを代わりに背負うことによって良い転生ができるし、その逆もある。そうしたリアルな麻原＝グル信仰がすでに成立していたことがこの事件からわかる。

この真島事件の際、幾人もの弟子が「これはヴァジラヤーナに入れとのシヴァ神のご示唆だな」という麻原のつぶやきを聞いた。この説法は真島事件の約一カ月後である。「いよいよオウムがヴァジラヤーナのプロセスに入ってきた」との言葉には、非合法を行なうぞという麻原の意思が秘められていたのである。

ところで、「ヴァジラヤーナのプロセスに入った」の前の冒頭から六行部分は『尊師ファイナルスピーチ』では削除されている。なぜかを簡単に説明する。Xと麗華は麻原の二女と三女である。麗華は当時五歳であり、二女もまだ学齢に達していなかったのではないか。その幼児が、仏教一般では「三昧」という修行による深い信仰の境地に入ったというのである。また麗華が行なったというシャクティパットとは、麗華が信徒の眉間に指を当てて霊的エネルギーを注ぎ、成就を早めるという「秘儀」である。初期の麻原は信徒にシャクティパットを旺盛に行ない、それによる信徒の「神秘体験」を大いに喧伝した。組織拡大の要ともなり、多額の収入をもたらした儀礼だった。まだ幼い二女と三女の宗教的能力をここでは出家信徒に説いているのである。

次にZの「ダルドリー・シッディ」だが、これはオカルト雑誌に麻原がデビューしたときの蓮華座を組んだままジャンプした、あの現象を指している。オウムでは、このダルドリー・シッディ、光への没入などがクンダリニー・ヨーガ成就の条件とされ、麻原がその判定を行なった。成就が認められればステージが上がり、ホーリーネームが与えられた。成就を懸命に目指している信徒にとって、この削除部分の説法はきわめて刺激的であり、修行意欲を煽られたであろう。続けて麻原は小乗、大乗にふれたのち、金剛乗（ヴァジラヤーナ）について説く。

金剛乗の教えというものは、もともとグルというものを絶対的な立場に置いて、そのグルに帰依をすると。そして、自己を空っぽにする努力をすると。その空っぽになった器に、グルの経験、あるいはグルのエネルギー、これをなみなみと満ち溢れさせると。つまり、グルのクローン化をすると。あるいは守護者のクローン化をすると。これがヴァジラヤーナだね。

そして、オウムのこの三年の足取りは、まず小乗を説いたと。それは、四念処の観によって小乗を説いたと。我身これ不浄なりと。感覚そのものは苦悩であると。そして、人の心というものは絶えず変化すると。観念というものは自己を苦しめるものであって、それは真実ではないと。身・受・心・法といわれるものです。そして次に『マハーヤーナ・スートラ』をはじめとする善行を説いたと。功徳がベースであると。功徳によってこの現象は変わり得ると。そしてあなた方、わたしの弟子は激しい修行によって自己を空っぽにし、グルだけを意識することによって、グルの神聖なエネルギーをあなた方に注入されると。それによってあなた方は霊性の向上を行なうと。

そしてわたしの後継者である三女が、自己の立場というものに目覚め、真の意味で帰依のできている・・・にシャクティパットを行なっているみたいだ。で、これは彼女のエネルギーとわたしのエネルギーというものは全く同一だから、おそらく異常なスピードでその祝福を受けたものは進むだろう。(同前)

ヴァジラヤーナの考えのもとに、グルのクローン化という究極の霊的従属の日常が求められた。

「激しい修行」をすればするほど自己はなくなり、麻原だけが意識され、彼のエネルギーが入ってくるという信者の体験談が盛んに流通した。引用の最後の四行、「そして、わたしの後継者である三女……進むだろう」の部分は、『尊師ファイナルスピーチ』では削除されている。麻原はここで五歳の三女を「後継者」であると明言。また麻原と三女のエネルギーは「全く同一」と説いている。この説法の年の十二月に三女は麻原から「大乗のヨーガ」を成就したと認定され「アーチャリー」というホーリーネームを与えられた。弟子の中では最高位の「霊格」であり、数年後に制定された称号が「正大師」である。この「霊格」は一九九五年の麻原逮捕から法による教団の解散、アレフへの改名、そして現在まで、彼女のみならず信徒の信仰や組織に影を落としている。麗華が十三歳で「長老部座長」として関わった一九九六年のセミナーは暴力的であり、負傷者、病人、精神異常を生んだ。その後も二〇〇三年にアレフ内の葛藤から上祐史浩が失脚するあたりまで、彼女は組織に影響力を及ぼしていた。一方、麗華自身は、上祐や彼女の母親らが「アーチャリー正大師の指示」と彼女の名を勝手に使って組織を統制し、身に覚えのないところで人に憎まれたりしたという。なお麻原の事件関与について彼女は「判断を留保し続ける」としている（松本麗華著『止まった時計　麻原彰晃の三女・アーチャリーの手記』講談社、二〇一五年）。また後述（五九頁）のように麻原は二男が生まれた時にその子がパンチェン・ラマの生まれ変わりであると言明した。元幹部の野田成人のブログなどによると、現在のアレフの背後には麻原の妻と二男がいるという。それを可能にした力の源泉もやはり麻原認定の「霊格」である。

さて、次に紹介するのは、まだ「オウム神仙の会」時代、八七年一月四日の丹沢集中セミナーにおける「完全な功徳」と題された説法である。麻原が語っているのはグルへの絶対帰依とその証であるポアである。これは教団発行物には掲載されておらず、地下鉄サリン事件後の警察の強制捜索で押収されたパソコンないしハードディスクに入力されていたものだという。

クンダリニーヨーガにおいては、グル、グル、グル、グル、グル、グル、グル、あー、グル、グル、グル、グル。グルのためだったら、いつ死んでも構いません。グル、グル、頭の中はいつもグルのことばっかし。グルのためだったら死ねる。グルのためだったら、殺しだってやるよと。こういうタイプの人はね、この人はクンダリニーヨーガに向いているということだ。わかるかな。そして、そのグルがやれといったことすべてをやることができる状態、例えば、それは殺人を含めてだ。これも功徳に変わるんだよ。(中略) 私も過去世において、グルの命令によって、人を殺しているからね。自分が死ねるが、カルマになる人を殺すということは出来ないものだ。しかし、そのカルマですらグルに捧げたときに、クンダリニーヨーガを成就するんだよ。わかるかな、言ってることが。だから、その背景となるもの、修行法によって、変わってくるわけだ。いや、じゃあ、おかしいじゃないかと、そこで殺したんだから、それはカルマがあるんじゃないかと考えるかもしれないけれど、そうではないんだな。たとえば、相手はもう死ぬ時期に来ている。そして、弟子に殺させることによってその相手をポアさせる。一番いい時期に殺させるわけだね。そして例えば、もう一度人間界に生まれ変わらせて、修行させるとかね。いろいろあるわけだ、それは。（降幡賢一『オウム法廷⑤　ウソつきは誰か？』朝日文庫、二〇〇〇年）

ここで麻原が冒頭に発する「クンダリニーヨーガ」はヴァジラヤーナと同じ範疇にあるととらえてよいだろう。麻原はすでに八七年の段階で明確なヴァジラヤーナの原型となる信仰、思想を抱いていたことがわかる。この説法は聞いていた信者に相当の衝撃を与えた。岡崎一明（現姓宮前）死刑囚や新實智光死刑囚が一〇年以上の後に法廷において犯行動機についてのところでこの説法に言及し、新實死刑囚は弁護人から「落ち着いて」と注意されるほど興奮して供述したほどである。岡崎死刑囚も新實死刑囚も、田口氏殺害、坂本弁護士一家殺害の実行犯である。この説法から二年後、麻原から命じられて犯人たちは、唯々諾々と殺害に赴くのである。この間、麻原が同様のことを折にふれ側近らに語っていたことが容易に想像できる。

麻原の説法や対話が弟子に根づき、やがて本当に殺人にまで及んでゆくのである。ここで、明らかにしておくことがある。『超能力「秘密の開発法」』（一九八六年）、『生死を超える』（一九八六年）『イニシエーション』（一九八七年）、『マハーヤーナスートラ　大乗ヨーガ経典』（一九八八年）など一般向けの書籍にはヴァジラヤーナ関係の言説はほとんど見いだせない。麻原は教団の外向けと内向け、内向けも出家者向け、在家信者向けというように語り分けており、内部向けでも、同じ出家者といっても側近幹部などごく一部の者にしか語っていないこともあった。この点も承知しておかないと、『教本』の説法の深刻さを理解できない。

三　末法・弾圧の強調とポア＝宗教殺人の宣布――一九八九年

富士山総本部が完成した翌年、田口氏殺害のあと、麻原は宗教法人格の取得に乗り出す。当時は旧宗教法人法の下にあり、オウムのように全国展開をしていても都道府県で認証が受けられたため、東京都に法人認証を申請した。しかし、出家した子の親たちが、オウムの高額布施や出家した子の面会拒否などの反社会的な問題を東京都や国の宗教行政所轄庁である文化庁に法人認証をしないように要請をしていた。認証が進まないなかで、麻原は信徒を率いて文化庁と東京都庁に押しかけ座りこみをして抗議を行なった。次の説法は八九年四月二五日の深夜に富士山総本部で麻原が行なったものである。なお、この説法全体は『尊師ファイナルスピーチ』から削除されている。

この現世というものは末法の相を呈している。（中略）昨日、わたしといっしょに都庁、そして文化庁へと行った。そこで、社会的に一応地位の保障されている役人の言葉、あるいは姿勢、これを見て何をかんじただろうか。どうだ。

この現象界、これは真理の時代、つまり正法の時代だとかんじただろうか。それとも教えがきちんと残っていて、ある程度みんなの教えの実践を行なっているという時代、像法の時代とかんじただろうか。それとも法は廃れ、凡夫・外道はいっさい真理を行なおうとしないという末法の世だと感じただろうか。どうだ。

（一同）末法です！（一九八九年四月二五日　富士山総本部）

でね、ここに一人の辟支仏《びゃくしぶつ》の修行者がいて、ここに一人の多聞の修行者がいて、そしてこの末法の世を救いたいと考えたと。救うことができると思うか、どうだ。――辟支という意味わかるな。独覚だ、独覚。つまり小乗の悟りのことを表しているわけだけどね、どうだ――できないよね。（同前）

だとしたら、救済を考えるならば、すべての、シッシャすべてがその道を歩くことは無理だけれども、少なくとも一部の人間はどうだタントラ・ヴァジラヤーナの道を歩かなければ、真理の流布は出来ないと思わないか。どうだ。

（一同）はい！（同前）

話の進め方が信者たちの思考を封じるものであることに注意してほしい。ヴァジラヤーナに行かざるを得ないではないかと結論し、それでなければ真理の流布ができないと信徒に宗教的使命感を煽っている。麻原の説法の運び方のパターンは、選択肢を与えているようにみえながら麻原の意図する方向へ連れてゆくのである。

では君たちに聞こう。もし真理がだ、権力につぶされるような事態になるとするならば、君たちはどうするか。どうだ。これはいろいろ意見があるだろう。君たちの、じゃあ、三つに分けよう。まず、真理のために戦うという一つの意見と、そしてそういうものから逃げるという意見と、それから真理を捨て去って、その世の中に迎合するという三つだ。どうだ、じゃあ、まず戦うという人はどれぐらいいるか。じゃ返事をしてごらん、戦うという人。

（一同）はい！

では逃げるという人はどうだ。

（一同）……。

一人もいないのか。では、もうつぶされたんだから現世へ帰って、現世にまみれるという人はどうだ。

（一同）……。

うん、だとするならばだ、もっともっと、君たちは自覚を持たなければならない。何に対する自覚だと。自分は今生で解脱・悟りを目指すんだと。そして、もし真理を阻害するものがあるならば、それは打ち破っていかなければならないと。（同前）

宗教法人に認証されると、固定資産税の非課税措置など優遇税制を受けられるが、それと同時に、ある程度社会的信用を得ることができる。九五年三月のオウム真理教事件までは、宗教法人性善説が社会的には一般的であった。そのことは、「まさか宗教が犯罪、事件をおこすことはないだろう」という先入観が警察にあったと、同事件後に捜査関係者がマスメディアに語ったことにあらわれている。また「信教の自由」に対する保障から、捜査が及び腰になったともいう。宗教法人法は九五年一二月に改正されたが、その直接のきっかけはオウム真理教事件であった。

麻原は、真理を阻害するものを打ち破ることが宗教的正義だと説く。こうして麻原は教団発足まもなくから、真理すなわち自分たちの思い通りにならないのは敵対者であるという思考を信徒たちに植えつけていった。この説法から四日後の四月二九日には、麻原は次のように国家の弾圧を持ち出してくる。後述するが、九三年になると教団全体が陰謀論一色に染まってゆく。その時、陰謀論と国家の弾圧は同一に語られ、それは信徒たちのリアルな日常的感覚・思考となっていった。

身体も同じだ。いつこの肉体を供養するかと。例えば国家的な弾圧が真理に対して向けられると。そのときに自己の肉体が投げ出せるかと。例えば真理を弾圧する国家にとって、真理というものは当然邪法だろうから悪人呼ばわりされるだろう。その上に身体が傷つき、あるいは生命を捨てなきゃなんないかもしれないと。それにたいして平気で捨てると。これが身体を供

養するタントラの道と。（一九八九年四月二十九日　富士山総本部）

国家による弾圧と同時に、麻原はいよいよポア＝宗教殺人を説きはじめる。

オウム事件で殺された者は教団内のリンチ殺人から坂本弁護士一家惨殺、松本・地下鉄両サリン事件の無差別大量殺人に至るまで二八人、拉致監禁致死一人。負傷者は重症を含め地下鉄サリン事件約六三〇〇人をはじめ合計およそ七〇〇〇人にのぼる。両サリン事件の負傷は殺人未遂の結果である。

「慈悲殺人」。これは早川紀代秀死刑囚が裁判で発した言葉である。彼らは自分たちの行為は殺す相手を「救済」することだと信じていた。事件それぞれの動機や経過は裁判で外形がほぼ明らかになったが、根本の動機であり、彼らを駆り立てた「慈悲殺人」「救済殺人」すなわち教義と事件の有機的結合の解明については、判決を読む限りほとんどなされなかったといってよい。

『教本』の八九年四月二八日の第六話と九月二四日の第一〇話において、麻原はポアについて説法している。『尊師ファイナルスピーチ』は両方とも削除しているが、これらの説法と現実に行なった殺人事件は連動している。四月の説法の約二カ月前に麻原と幹部信者は田口修二さんという出家信者を、監禁のうえ縛り上げて、果ては首の骨をへし折って殺しているのである。そして以下に引用する説法の四〇日後に、彼らは坂本堤弁護士（当時三三歳）と奥さんの都子さん（同二九歳）と一歳になる龍彦ちゃんの一家三人を、寝込みを襲い首を絞め、殺すのである。そのことを念頭において読んでほしい。この説法は比喩ではなく、麻原が本当に信徒に命じて宗教行為を行なわせる信仰内容であり、このことは地下鉄サリン事件、都庁爆発物事件まで貫かれたのである。

例えばここにだよ、Aさんという人がいたと。いいですか。このAさんは生まれて今まで功徳を積んでいたのでこのままだと天界へ生まれ変わりますと。いいですか。ここまでは。じゃあ次の条件ね。ところが、このAさんには慢が生じてきて、この後、悪業を積み、そして寿命尽きるころには、地獄に落ちるほどの悪業を積んで死んでしまうだろうと。いいですか。こういう条件があったとしましょうと。

（中略）

じゃ次にだ。このAさんを、ここに成就者がいたとして、殺したと。この人はどこに生まれ変わりますか。天界へ生まれ変わる、そのとおりだね。しかし、このAさんを殺したという事実をだよ、他の人たちが見たならば、人間界の人たちが見たならばね、これは単なる殺人と。いいかな。そして、もしだよ、このときにAさんは死に、そして天界へ行き、そのときに偉大なる救世主が天界にいたと。そして、その天界にいた救世主が、その人に真理を説き明かし、永遠の不死の生命を得ることができたとしましょう、Aさんが。いいですか。

このときに殺した成就者は何のカルマを積んだことになりますか。

すべてを知っていて、生かしておくと悪業を積み地獄へ落ちてしまうと。ここで例えば、生命を絶たせた方いいんだと考えポワさせたと。この人はいったい何のカルマを積んだことになりますか。殺生ですかと、それとも高い世界へ生まれ変わらせるための善行を積んだことになりますかと。ということになるわけだよね。でもだよ。客観的に見るならば、これは殺生です。客観というのは人間的な見方をするならば。しかし、ヴァジラヤーナの考え方が背景にあるならば、これは立派なポワです。そして、智慧ある人は——ここで大切なのは智慧なんだよ。智慧というのは——わたし先ほど何て言った？——神通力と言ったよね。智慧ある人がこの現象を見るならば、この殺された人、殺した人、共に利益を得たと見ます。ＯＫかな、これは。ところが智慧のない人、凡夫の状態でこれを見たならば「あの人は殺人者」と見ます。どうかな、これは。（一九八九年十月二四日　世田谷道場）

ポア（『教本』は「ポワ」と表記）とは本来チベット仏教で「死者の魂をより高い世界へ移す」ことを意味しており、オウムもその意味で用いることもあるが、ここではっきりわかるように、麻原は「ポワ」をヴァジラヤーナの救済として宗教殺人の意味で説いている。以上をふまえてポイントを整理する。

①殺す側は神通力の持ち主である。相手が悪業（カルマ）を積んでいるために地獄に落ちることを見切る力と同時に、より高い世界に転生させる力がある。これは麻原を指している。

②手を下した弟子＝犯人たちは救済のために働いたのであり、善行を積んだのである。殺人のカルマを積んでも、それは麻原の命令ゆえに功徳となり、早く解脱できる。
③殺されるものはこれ以上の悪業を積まないよう死ぬ時期にきていたのであり、麻原はそれを見抜いていた。そして麻原と縁をつけて高い世界へ転生させられる。
④ここで、末法が結びついてくるのだが、末法ゆえに人々は生きているだけで悪業を積んでいることとなり、これが無差別大量殺人の宗教的理由に展開するのである。
なお、麻原彰晃の原型から坂本堤弁護士一家殺害に至る軌跡については、拙論「オウム真理教事件の源流」（井上順孝責任編集『情報時代のオウム真理教』春秋社、二〇一一年）において示しておいた。

四　「聖無頓着」の教えの怖さ——一九九〇〜九二年

一九八九年一〇月〜九〇年三月には、『サンデー毎日』の「オウム真理教の狂気」と題する批判キャンペーンを皮切りにテレビのワイドショーを中心にマスメディアがオウムを派手に取り上げる時期が続く。他方、麻原らオウムのメンバーも盛んに出演しテレビは彼らに利用された側面が大いにあった。こうした中、「オウム真理教被害者の会」（現、家族の会）が結成され、その被害を訴える家族のために働いたのが坂本堤弁護士である。麻原は幹部に命じて八九年一一月四日未明、坂本弁護士一家を惨殺した。警察は失踪事件として扱い続ける。九〇年二月の総選挙に向けオウムは派手な宣伝を行ない、これもワイドショーなどでマスメディアの恰好の放映対象となった。選挙は麻原をはじめ二五人が全員落選。麻原は投票箱のすり替えがあったと、国家の陰謀を唱えた。そして麻原はヴァジラヤーナすなわち武装化へと進む。この時期、麻原は次のように、前年からの弾圧をされているとの説法を、その弾圧する相手と目的を提起して行なうようになる。また被害者の会にも言及する。

今、日本においてオウム真理教は徹底的なサンドバックの状態になっている。なぜ、オウム真理教がそのサンドバックの対象にならなければならないのか。これに対しては、いろんな考え方がある。わたしはどう考えているかというと、やはり『ヨハネの黙示録』に出てくる、そして『ノストラダムスの大予言』に出てくる教団であるから当然だろうと。(中略)いよいよユダヤ人――フリーメーソンが登場し出したなと、表面にでてきたなと、これがわたしの印象です。そして、オウム真理教に対する彼らのバッシングの狙いは、オウム真理教を崩壊させること、あるいはオウム真理教をしたがわせることにあると。(一九九〇年三月二一日　富士山総本部)

オウム真理教に対して、「被害者の会」というものがある。しかしこの「被害者の会」というものは、本来は「加害者の会」である。なぜ「加害者の会」なのかというと、つまり、本当の意味で、自由・幸福・歓喜を得ようとしている自分の肉親に対して、それを阻む。完全に地獄へ落ちる道を歩んでいる。「加害者の会」といわざるを得ない。これは断言しよう。わたしが否定しようと、あるいはわたしがそれはあり得ないよと言おうと、間違いなく「被害者の会」の者たちは地獄へ落ちるだろう。（一九九〇年五月一三日　杉並道場）

杉並道場の説法は「被害者の会」の親たちの相談相手となっていた坂本弁護士を殺害した七カ月後のものである。信徒たちはこうした説法を日々聞かされ、修行に従うなかでオウム的精神構造を形成されてゆく。社会や他者を攻撃するに際しての心や態度をつくるのに決定的な重みがあったのが「聖無頓着」の教えであろう。

今、苦しんでいること、これは過去における、あるいは過去世における、自己の悪業の結果であると。今、喜んでいること、今楽しいことは、過去における、あるいは過去世における善業の結果であると。これらを認識するならば、わたしたちは今の苦しみや喜びに対しては、全く頓着する必要性を感じないし、逆に頓着することそのものが、わたしたちにとって不利益になるんだなということが理解できるはずです。したがって、淡々と目の前にあることを一つ一つ消化すること、これこそが最高の心なのです。よって、四無量心の最後にくる聖無頓着とは、いかなる現象に対してもこだわらないと。（一九九二年一月二五日　上九一色村教学センター）

これは四無量心という仏教の基本的な教えの麻原流解釈の一部である。なぜこの「聖無頓着」が問題なのか。「聖無頓着」の教えが実際にどう機能したのかを示してみよう。地下鉄にサリンを撒き一挙八人を殺した林泰男（現姓、小池）死刑囚は、自らの控訴審の折に、「聖無頓着」を口にした。

冷淡と一口には言いづらく、教義に根ざしている。私たちはそれ（教義）に則って聖無頓着の修行をしてきた。（その修行によって）してはいけないことまで肯定できる状態になってしまう。殺すとこまでやってしまうのを許す教義が存在しているから、相手がどう感じているかどうかを考えられなくなる。（二〇〇二年八月三〇日　東京高裁。筆者の傍聴メモによる）

弁護人が「無頓着になれと（いうことか）」と確認すると「ええ」と肯定し、重ねて弁護人が「相手の苦しみに無頓着になる（ことか）」と念をおすと、「それが慈悲」と応答した。林は例外ではない。なにより麻原が東京地裁における九六年四月の初公判の際、「いまの私の心境ですが、これら三つの実践（聖自愛、聖哀れみ、聖賞賛）によって、私の身の上に生じるいかなる不自由、不幸、苦しみに対して、一切頓着しないこころ、つまりウペクシャー聖無頓着の意識」と意見陳述を行なった。世間は理解不能だったであろうが、これは麻原の心境と同時に、信徒へのメッセージでもある。事件については一切相手にするな、心を動かすなということである。九二年の年末に麻原はのちにサリン事件を引き起こす長野県松本市の支部道場で説法を行なった。この支部道場を建てるにあたりオウムは地元とトラブルを起こし、裁判沙汰になっていた。

地主、それから絡んだ不動産会社、そして裁判所、これらが一蓮托生となり、平気で嘘をつき、そしてそれによって今の道場の大きさ（筆者註―予定の三分の一）になったと。また水についても同じで、松本市はこの松本支部道場に、上水道、つまり飲み水を引くことを許さず、また下水道においても社会的圧力に負け、何とか下水道を設置することは目をつむったわけだが、実際問題として普通の状態で許可したわけではない。（一九九二年一二月十八日　松本支部）

こう語った後、そうした「社会的圧力」は自分たちにとっては悟るためのプロセスであるから「ありがたいもの」と宗教家然として説く。だが、その直後、麻原は「しかし、これは修行者側から見た内容であって、これがもし逆にその圧力を加えている側から見た場合、どのような現象になるのかを考えると、わたしは恐怖のために身のすくむ思いである」（同前）と言い放った。「恐怖のために身のすくむような現象」とは何か。一九九四年六月に麻原の指示で松本市の裁判官宿舎めざしてサリンが撒かれたのである。

五　「九七年ハルマゲドン」説と「自分はキリスト」――一九九三年

九三年に入ると『教本』の説法はいよいよ奇怪になってゆく。その中心はノストラダムスの予言を麻原が独自に読み解いたとする「一九九七年ハルマゲドン」という近未来の予言であり、また麻原はキリストであるという主張である。当時は、ノストラダムスの大予言を取り上げたＴＶ番組や出版物が流行していた。

そして、ノストラダムスは何を説いたのかと。「一九九七年ハルマゲドン」であると。（中略）ノストラダムスがキリストをわたしとして予言している以上、わたしが世の中の中心に引っ張り出され、そして、そうだね、まあ間もなくして、主役を演じなければならない時代がくることは間違いないだろう。（一九九三年三月二十一日　杉並支部）

麻原はノストラダムスの予言を自分流に読み解き、人類滅亡の日を聖書の「ヨハネの黙示録」から、これも麻原流に解釈したハルマゲドンと重ね合わせた。そのうえで、ノストラダムスは自分、つまり麻原をキリストだと予言したと主張した。その一カ月後には予言が成就しつつあることを信者に説き、ハルマゲドンの具体相の話をさらに展開してゆく。

なぜならば、叩かれることが予言だったからである。そして叩かれることは、予言として成就しなければならなかったのである。その叩かれた中でこの千六百倍に拡大した教団の道場の空間は、間もなく二千倍になろうとする。これは数か月のうちにね。（一九九三年四月一八日杉並支部）

これはまさにこの現代人のカルマがいかに悪いかを意味している。（中略）そしてこのカルマの構成の集積が何かというと、戦争である。よって、戦争における新兵器はどんどんどんどん開発され、例えば原爆・水爆等が、光ることによって肉体がただれ、そして内臓が焼け、乾きと飢えによってくるしまなきゃならない。あるいは完全に焦がされるといったような現象が生じる。あるいは化学兵器。この化学兵器は、その毒ガスを吸うと。これはね、まさにわたしたちが殺虫剤によって虫を殺しているのと同じカルマが、そのまま投影されるという形になると。ね、そして、ロケット、あるいは戦車の砲弾の威力もどんどん増大し、わたしたちの手が飛んだり、頭が飛んだり、足が飛んだりといったような状態になると。

そして、それは周期的に行なわれると。なぜ、周期的に行なわれるのか。それは、カルマの集積の度合いがある点を超すと、必ずそれ以上、この人間の世界に存在することはできないんだよ。そして、このカルマの法則によって、間もなく大いなる戦い、つまりハルマゲドンが生

じるのである。（一九九三年四月一七日　仙台支部）

麻原は、インド思想や後世の仏教思想のカルマと、戦争やハルマゲドンとを強引に結びつけている。この説法の時点から九七年ハルマゲドンはわずか四年後になる。麻原が輪廻転生やカルマを信仰の中核に据えたことにより、死は信徒にとって中心テーマとなる。『生死を超える』（一九八六年）以来、麻原は死後の魂の行方を強く説いてきた。ハルマゲドンが近いなら、信徒にとって死は観念的であれ日常的に意識せざるを得なくなる。

人は死ぬ。必ず死ぬ。絶対死ぬ。死は避けられない。これは何を意味するか。これはハルマゲドンで死のうと、あるいは天命が終わり死のうと、死は死であると。よって死の準備を早く行っておくことは、何よりも賢い、智慧ある者の態度であることを認識すべきである。いいね！（同前）

この「人は死ぬ。必ず死ぬ。絶対死ぬ。死は避けられない」というフレーズは『教本』では一九九一年二月十二日の阿蘇シャンバラ精舎での説法から登場する。麻原はこの頃から説法の終わりにこのフレーズを唱えるようになった。彼はこうしてつねに信徒に死を意識させていたのである。「必ず、第三次大戦は起きます。これはわたしの宗教生命をかけてもいい。必ず起きます」

（一九九三年四月十日　福岡支部）と、麻原は切迫感を煽り続けた。それまでハルマゲドンを核戦争であるとしてきた麻原であったが、九七年ハルマゲドン予言では一転、核兵器や生物兵器よりもプラズマ兵器をはじめ恒星砲、地震兵器などまるでSFそのものの世界を説くようになった。

湾岸戦争で亡くなったイラクの兵隊は、十万人に上ると。しかし、その十万人のイラク兵のなかで、死体が発見されたのは、だいたい八千死体と。じゃ、九万二千はどこへ消えたんだと、ね。これはプラズマ兵器によって消滅させられたんだというのが一部の意見である。

この、プラズマ兵器とは何かというと、簡単にいうならば電子レンジの強烈なものだと考えてください。つまり、わたしたちの水元素にプラズマを発生させ、そして肉体を蒸発させる兵器であると。これによって九万二千死体が消えていると。つまり、第三次世界大戦で使われる兵器は、原爆でもなければ、あるいは生物兵器でもなければ、あるいは化学兵器でもないんだということだね。（中略）

この、アメリカの大変すさまじいプラズマ兵器に対抗して、ロシアは何を考えているかと。――だからこれを、今のアメリカ兵器を、端的な言葉でいうならば、「プラズマ反射衛星砲」といったらいいだろう。つまりこの衛星というのは人工衛星のことだね。人口衛星でプラズマを反射させ、そしてそれによって対象の地点を完全に消滅させると。これが「プラズマ反射衛星砲」だ。これに対してロシアは「恒星反射砲」というのを用意していると。「恒星反射砲」

とは何かというと、約三キロの鏡を宇宙空間に打ち上げると。これによって、太陽エネルギーをそのままこの地上に照射すると。わかるかな、どうだ、第三次世界大戦のスケールは？

このような状況を考えると、この地球人類が三分の二ぐらい消滅したとしても、何ら不思議はないと思わないか？（一九九三年四月十日　福岡支部）

このプラズマ兵器は麻原の妄想のなかだけにあったのではない。オウムはサリンやVX、自動小銃を作っただけでなく、実際にプラズマ兵器をつくろうとしたフシがある。麻原は「電子レンジの強烈なもの」と言っているが、実際に巨大電子レンジを作成し、第二サティアンの隠し二階地下室で使用した。リンチ殺人や拉致監禁致死の被害者などの遺体を処理し、遺骨すら残さなかったのである。

なお忘れてならないのは、この前日九日の高知支部のおける説法で、麻原は「まあ、ちょっと古くなるけどサリン系のものとか」と『教本』では初めて「サリン」に言及した。「古くなるけど」などと煙幕をはっているが、実はサリンの製造研究を開始するのが同年六月（早川紀代秀死刑囚によると四月）なのである。麻原はハルマゲドンはカルマの集積によって起こるとし、ハルマゲドンを生き残る道はカルマを解消する修行によって可能になるとの論を展開する。

おそらくわたしたちは、国家の力によって扇動させられ、そして、第三次大戦へと突っ込んでいくだろう。そして犬死だ。それはちょうど、イラクの兵隊が、シュンシュンと溶けていった、犬死にしたのと同じだ。湾岸戦争での死者の数は、アメリカ側が八百数十名と、イラク側が十万人といわれていると。これだけ差ができたのは何かというと、今言ったプラズマ兵器があったからであると。

　したがって、わたしたちが生き残る道は一つしかないと。

　それはわたしたち自体が、この肉体においてプラズマを発生させることであると。もともと、オウム真理教の実験によってね、成就者が電場を発生することは明らかになっていると。この電場の発生というものは、プラズマの発生の前段階である。したがってもう少し修行ステージを上げるならば、この肉体からプラズマが発生できると。（中略）そしてこの状態でプラズマが照射された場合、その静電気が電場が増大するだけだから、この肉体は防御できるはずである。（同前）

荒唐無稽であるが、すでにこの妄想の原型は一九八五年のオカルト雑誌に麻原が表明していた。では、修行で超能力を得た成就者は助かるが、そうでない者はどうなるか。

　わたしたちは、すべての魂を、できたら引き上げたいと、すべての魂を救済したいと考える。どうだ。

（一同）　はい。

しかし、時がない場合、それをセレクトし、そして必要のない魂を殺してしまうこともやむなしと考える智慧ある者、あるいは徳のある魂がいたとしてもそれはおかしくはない。どうだ？

（一同）　はい。（一九九三年四月十八日　杉並道場）

「しかし時がない場合、必要のない魂を殺してしまうこともやむなし」という表現が無差別大量殺人へとつづく道であることは容易にわかる。こうして信徒はヴァジラヤーナの実践（非合法活動）の精神的準備をさせられていたといえよう。しかも、この説法の時期は、自然科学系の高学歴信徒を獲得し、サリン製造研究の直前であった。まもなく試験的にサリンの製造に成功。そのサリンを使って十一月と十二月には創価学会の池田大作名誉会長の殺害未遂をおこすのである。また、八月～九月にかけて、サリン七〇トンを製造するためのプラント建設の計画にも着手した。

現在ではオウムがサリンやＶＸを作り殺人を犯したことは周知のことであるが、一九九五年三月二二日に始まる強制大捜査で明らかになるまでは一切知られていなかった。そればかりかオウムは自分たちが毒ガス攻撃を受けているのだと盛んに言い立て、告発ビデオまで作り宣伝していたのである。麻原はこんな説法をしている。

ところでここ一週間のあいだに、家族や、あるいはいろんな弟子が、わたしに対していろんなことをいってきたと。「頭痛がする」「吐き気がする」、あるいは神経ガス、つまり、これはまあサリン、あるいはVXと呼ばれるようなね、ものなどがそうだが、要するにわたしたちの神経を冒し、そして、この第二サティアンの出来事は、このびらん系のガスと神経系の毒ガスが混ざったもの、これを長期にわたり第二サティアンに対して攻撃した結果としての現象であったと。(一九九三年十月二十五日　清流精舎)

ではなぜ、オウム真理教は攻撃をされなければならないのかと。それは予言された団体だからである。(中略)オウム真理教の拡大は、この日本の偏った社会機構を崩壊させ、そして、世界の偏った統治機構を崩壊させ、そして新しい機構を作り出す力というものを内在している。(中略)このオウム真理教の存在、そしてオウム真理教のこれからの予言を見ると、やはり早く、その教祖、及び系統を殺してしまう必要があると。(同前)

六　陰謀論の展開、非合法活動の実行——一九九四年①

一九九四年から九五年三月の地下鉄サリン事件をはさんで同年五月の都庁爆発物事件に至るまで、オウム真理教の凶悪犯罪、非合法活動がたて続けに行なわれた。〝狂乱状態〟と言っていい。LSDや覚せい剤を密造し、それを用いて「キリストのイニシエーション」や「バルドーの悟りのイニシエーション」と名付けた薬物イニシエーションを実施し、幻覚を「神秘体験」だとして在家者には出家を迫り、財産を布施させた。布施（財産強奪）獲得のためには反対する親族の拉致監禁も行なった。また麻原は陰謀論をそれまで以上に強く押し出し、「毒ガス攻撃」などを引き続き声高に叫んだ。スパイが教団内部に潜入しているとして、医師出家者らに「バルドーの悟りのイニシエーション」を応用したスパイチェックのシステムをつくらせ、「摘発」した。冨田俊男氏がリンチにより殺害されたのはそのためである。

武装化の動きはより激しくなった。サリンプラントの建設を本格化させ、六月には開発段階で作ったサリンを用いて松本サリン事件を起こした。さらに皮膚に一滴でもつけば死ぬＶＸも製造に成功させ、濱口忠仁氏らを殺傷した。自動小銃の密造も成功した。以下に示す「皆さんに大きな衝撃を与えるかもしれない」で始まる三月一一日の仙台支部での麻原の説法は「近い未来の予言」と称し、同時に「今までオウム真理教がどのような危険な状態にあったか」と語り、教団の異様な雰囲気を漂わせている。だがこの説法で筆者がまず注目したのは自分たち以外のソトに対する驚くべき差別意識と、それにもとづくすさまじい攻撃性である。

もともと魂の価値というものは等価ではない。等価ではないとは何かというと、例えば魚の一つの魂の価値とそれから人間の魂の一つの価値というものは等価ではないという意味である。（中略）したがって同じ人間であったとしても、その魂が人間から低級霊域、動物、地獄へと至るパターンを繰り返している魂と、そうではなく、例えばこれはわたしもそうであるし、真理勝者サキャ神賢（筆者註―釈迦のこと）や、あるいは聖者キリストがそうであったように、天の世界を多く経験し、あるいはニルヴァーナの経験をなし、あるいはボーディサットヴァとしての人生を歩いている魂と、それから一般の人間とでは、そのコーザルにおける意識の広がり、空間の大きさというものは全く違い、たとえばこれはユダヤ教による一つの教えでもあるわけだが、宗教を実践している者とそうでない魂とでは千倍の価値あるいは、一万倍の価値があるといわれている。（一九九四年三月十一日　仙台支部）

わたしは近ごろよくこの瞑想を行なう。例えばアリが十億匹いたとして。ある魂が火焰放射器を持っていたらどちらがつよいだろうかと。これは何を意味するのか、これはまさに魂の価値を意味する。つまり、彼らの魂の価値と、それから凡夫の魂の価値とでは彼らの魂の価値の方がすぐれているのである。（同前）

無数のアリを火炎放射器によって焼き殺し尽くしてゆく。アリはむろん現実の人々である。死者八人、重軽傷者六六〇人を出した松本サリン事件はこの説法のおよそ三カ月後であった。麻原の瞑想はイメージにとどまらず、弟子に殺人命令を下してゆく。他方では自分たちが攻撃を受けていることを繰り返し訴える。説法が終わりに近づくにつれ、麻原は自分たちが弾圧されている実感をきわめて巧妙にふりまく。

なぜ、わたしがこのような話を今日みなさんにしたのだろうか。それはいよいよわたしの生命もこのまま彼らの攻撃を受け続けるならば、一か月ともたないと判断したからである。今までわたしは多くの毒ガス攻撃に対してツァンダリー、トゥモで対決してきた。そして癌を消し、あるいは口腔に生じた水疱等についてはそれを消すまでに至った。（同前）

「ツァンダリー」「トゥモ」というのはヨーガの行法である。その行法によって癌も消したというのである。話はすぐ続けて弾圧や監視の話に移る。

で、いったいこれらは何のための監視なのかと。それはだれが出、だれが入りの監視だけではなく、自分たちのまいた毒ガスがどの程度効果を表し、そしてそれによってオウム真理教の活動がどの程度弱っているのか、あるいは教祖がいつ死ぬのかについての彼らの監視であると。そして彼らは坂本事件をはじめとし、多くの事件をオウム真理教になすりつけ、そしてそれによってわたしたちをここまで追い込んできたわけである。（同前）

この二日後、麻原は自分たちを弾圧する相手について、大本はフリーメーソンであると語った。なおＪＣＩＡが出てくるのは、当時、一部メディアなどでささやかれていたことの受け売りである。

八九年から強烈なオウムバッシングが続いた。これは彼らが、つまり世界を統一しようとしているあるグループがアメリカを使い、そしてアメリカの配下としてのＪＣＩＡ、内閣調査室を使い、あるいは公安を使い、オウム真理教の完全弾圧に踏み出したことを表すサインだった、ということをわたしはちかごろ初めて知ったのである。

近ごろ初めて知ったというのはどういうことかというと、例えば、この弾圧が日本の宗教団体、まあ、例えば今これは有名な話だが、フリーメーソンの手先として頑張っている池田大作氏の率いる創価学会や、あるいは新生党の裏の実力者といわれている小沢一郎氏等々というラインまでの読みについては簡単に理解することができたわけだが、そうではなくその背景に、大きな力が働いているということを知ったのが近ごろであるという意味である。（一九九四年三月十三日　大阪支部）

次いで三日後、麻原はオウムへの弾圧理由を展開しながら、陰謀論をより詳細に信徒たちに解き明かす。まずはカルトの説明を麻原流に行なうのだが、次に引用する部分は『尊師ファイナルスピーチ』からは削除されている。

カルトとは何かというと、カリスマ性を持った教祖の少数の宗教的集団を表すと。この宗教的集団は社会的な組織に対して溶け込まない性質を有していると。これをカルト宗教と呼ぶのである。このカルト宗教の恐怖というものは、これは世界史を見るならばよく理解できる。特に日本においてもそうだし、あるいは中国においては、その典型的なパターンが紅巾の乱、つまり明王朝を打ち立てるきっかけとなった宗教の動乱、宗教戦争、このきっかけを有することのできるような教祖、これこそがまさにカルトの宗教の教祖ということができる。（一九九四年三月一五日　杉並道場）

引用文中にある紅巾の乱を率いて明国を創始したのは朱元璋である。麻原は朱元璋の生まれ変わりであるとも主張しはじめた。この引用文に続き、アメリカのカルトがＦＢＩによって「滅ぼされた」が、それを動かしているのはＣＩＡであり、その日本の出先機関がＪＣＩＡであると断定する。これは一九九三年に米国テキサス州で起こったブランチ・ダヴィディアン事件を指しているのは明らかである。麻原がそれを自分にひきつけて自己同一化しているのは次の引用（これも『尊師ファイナルスピーチ』では削除）によってわかる。

ではなぜＣＩＡが動いているのかについて検討しなければならない。それはオウム真理教の教祖・麻原彰晃は、このカルト宗教の、つまり彼らがもっとも恐れている要素をすべて兼ね備えた人物だからということになる。そして、この日本が来るべきとき、つまり反米、本当の意味での反米、つまり属国から解放され、日本が独立国として動き出そうとするときの中心人物の必ず一人になるだろうと彼らは断定しているがゆえに、毒ガス攻撃、毒ガス攻撃もこれはマスタードガス、それからＶＺ（※ＶＸ）等を含めた神経系のガスを混ぜ、混入し、そして八八年から噴霧をつづけているのである。（同前）

以上が陰謀論の大枠である。九四年八月にオウムは『ヴァジラヤーナ・サッチャ』という月刊雑誌を創刊し、全国の書店で販売する。これはオウム流の陰謀論を大々的に展開するもので教団が翌一九九五年三月の強制大捜査によってマヒするまで刊行された。信徒たち、とりわけ出家した者たちは、受容の度合いに差はあっても、こうした麻原の世界観のなかで生活していた。麻原はこの説法のなかで、数日前に生まれた自分の息子がパンチェン・ラマの生まれ変わりだとしている。容姿も大変似ているし、自分の見たヴィジョンもそれと類似するし、彼が亡くなるときの病の状況を引きずっていたことなどを考えて、間違いないとする（同前）。

ここでいうパンチェン・ラマは一九八九年に亡くなった第一〇世を指している。パンチェン・ラマはチベット仏教ゲルク派においてダライ・ラマに次ぐ活仏であり、阿弥陀仏の化身とされている。その生まれ変わりの認定をめぐって、チベット仏教界と中国政府との間で軋轢があったのは有名である。麻原は自分の子どもをそのパンチェン・ラマの生まれ変わりであると信徒に宣言したのである。これが現在のアレフに対する麻原の妻と二男の影響力の源泉であるのは三一頁に前述した通りである。

七　恐るべき行動原理の表明、五仏の法則――一九九四年②

これまでの説法に輪をかけて信じられないような説法が一九九四年三月二七日に東京の杉並道場で行なわれた。「五仏の法則」なる説法だが、このうち、これから引用する部分は『尊師ファイナルスピーチ』からすべて削除された。それだけに麻原の本心が表出されていると判断できよう。し、彼らの犯罪がいかに「正当化」されているかを知ることができる。では五仏の法則とは何か。

ここでいうラトナサンバヴァ、アクショーブヤ、アミターバ、アモーガシッディ、ヴァイローチャナという五仏はこれは戒律である。戒律であるというのは何かというと、タントラ・ヴァジラヤーナにおける原則的な思考ということになる。（一九九四年三月二七日　杉並道場）

五仏の法則が戒律であるならば実行せねばなるまい。また戒律とは原則的思考であるというのならば、つねに考え方の基本である。そして、それが現実に犯罪を生み出しているのだから行動原理というほうがふさわしいであろう。まず、ラトナサンバヴァの法則についてこう述べる。

ラトナサンバヴァの法則とは何かというと、もともと財というものは個人に帰納するものではない。帰納とは個人がそれを所有する、そしてこれはわたしのものであると呼ばれるものではない、と断定する。（中略）したがって、財というものは善でもなく悪でもなく、しかもそれは個人に帰納されるものではないんだと考える道である。ではこれに対して、ラトナサンバヴァつまり黄色い真理勝者方は如何お説きになるのかと。財は善、あるいは徳のためにつかうべきであると。財は悪のためにあるいは不善不悪のために、つまり善でも悪でもないもののために使うべきではないと。そして、善・徳のために、もし財をつかうことができるとするならば、それは盗み取ってもいいいんだという考え方である。（同前）

強引に布施を迫るのはこの教えで正当化される。九五年二月の公証役場事務長拉致監禁致死事件は、巨額の布施をして出家するとしていた女性が姿を消したため、その居所を聞き出すためにその兄である事務長を拉致監禁し、死にいたらしめた事件であった。

次のアクショーブヤの教えを説く前に、麻原はこう大見得を切った。

この法則はもともとダライ・ラマ法王もお説きになりたかった法則だが、しかし、ダライ・

ラマ法王は人間の知性があまりにも低いがゆえにお説きにならなかったとわたしは考えています。それゆえにチベットは滅んだんだと考えています。（同前）

一九八七年二月に麻原はダライ・ラマ法王と会見し、同法王から宗教指導者としてのお墨付きを得たとの宣伝・利用を行なってきたが、この時に至るやチベットに冷淡な態度である。なお、ダライ・ラマ法王サイドはお墨付きを与えたことを否定しており、この説法でも麻原が一方的に「考えています」としているだけだが、信徒への説得力は増す。そして本題に入る。

タントラ・ヴァジラヤーナにおいてはアクショーブヤの法則というものが存在する。アクショーブヤの法則とは何かというと、その生命体にとってどの時期に死ぬのが一番輪廻にとってプラスになるのかという実践である。つまり、例えば毎日悪業を積んでいる魂がいるとしよう。この魂は十年生きることによって地獄で十億年生きなきゃなんない。とするならば、例えば一年、二年、三年と長くなればなるほど、その次の生の苦しみは大きいと。したがって早く命を絶つべきであるという教えである。（同前）

これは明らかにオウムのいうポアと軌を一にするものである。この思想はダライ・ラマ法王と会見するより一カ月前の「完全な功徳」と題する麻原の説法にすでに源があるから、麻原の宗教思想の原質と見てよい。説法はこのあと、これも麻原の宗教思想の核心である実体としての輪廻転生、つまりはカルマの法則を強調する。

タントラ・ヴァジラヤーナにおいては自己の身体の苦痛ではなく、自分自身の輪廻転生、つまり意識は乗り物であり、そしてその乗り物の主は乗り物を移し変える、乗り物から乗り物へ移し変えるときの中心であるから、その主の道が外れないようにすることが必要なんだと考えると。したがってこの肉体の苦痛よりも輪廻を重視すると。これがアクショーブヤの戒律の本質であると。(同前)

三番目はアミターバの法則である。前述のラトナサンバヴァの法則は「不偸盗戒」を破壊的な強奪への肯定に転変させ、アクショーブヤの法則は「不殺生戒」の宗教的殺人「ポア」への転換であった。このアミターバの法則は「不邪淫戒」の否定である。

ではアミターバの戒律はどうなるかと。(中略)これは、その魂にとってその伴侶が、あるいは恋人が、真理というものを考えた場合、その真理にたいしては益するのか、益しないのかということがポイントになる。例えば、妻に引っかかり、夫に引っかかっている場合、それは真理の実践から見ると、非常に障礙になるわけだが、もし、その場合は盗んでもいいということとになる。というよりも積極的に盗め、という教えが存在するのである。これはなにを意味しているのかというと、先ほども述べたカルマの法則というものがすべてこの五仏の法則においては、基本の修行者の考え方になっているのである。ではそれはどういうことかと。例えば、愛着し喜び合うということは徳の表われである。これは素晴らしいことである。しかし、愛着し喜び合うことにより、例えば真理を実践しないということは、その魂は、次の生において動物界へ転生するかもしれない。したがって、その魂のカルマをもっとも高い状態で輪廻させるために、魂にとって順縁の偽になっているものを奪い取るのである。これがアミターバの法則と呼ばれるものである。(同前)

妻や夫が真理の実践、つまりオウムの出家修行の妨げになっているならば、「積極的に盗め」と麻原は言っているのである。不邪淫戒ということではないが、信者リンチ殺人の共犯者である古参幹部の一人は出家に際して修行の妨げになるとして離婚させられている。こうした麻原の指示による離婚や恋人との別離の例は多い。家族ぐるみ、あるいは夫婦ごと出家しても教団内では実質的にバラバラにされた。子どもたちは親から引き離され集団で生活を送らされていた。一九九五年の強制大捜査時に保護された後、その子らの情報はほとんど伝えられていないが、記憶しておくべきことである。アミターバの法則とそのヴァリエーションは、オウムによる家族破壊をもたらしたのである。

四番目のアモーガシッディの法則は究極の傲慢な人間をつくる教えである。

アモーガシッディの法則になると、どうなるかというと、結果のためには手段を選ぶ必要がないと説くのである。なぜならば、もともとこの五仏の実践を行なう魂は、真我独存位であり、そして真我そのものの中に五つの仏陀の種子というものは存在しているわけだから、その五仏の実践を行なう魂のすべての行為は肯定されるべきである。したがって早く結果をだすことにより、世の中に大きな影響を与え、世の中に大きな影響を与えることにより、多くの衆生を済度しなければならないと説くのである。（同前）

宗教的言い回しのストレートな宣言である。「結果のためには手段を選ばず」すなわち「オウムのすべての行為は肯定されるべきである」。これが麻原とオウムの行動原理だったのである。ヴァジラヤーナの実践とは非合法活動＝犯罪行為のみならず、そうした行動パターンにより、麻原は信徒個々人のパーソナリティを改変しようとしていったのである。

五番目はいささか薄気味悪いが、そのまま引用する。

最後にヴァイローチャナの法則というものが存在する。しかし、このヴァイローチャナの法則と呼ばれるものは、一般にまあ、ここであなた方に話したとしてもね。この日本では決して実践でき得ないものであるから。例えば、それは象の肉とかいろんな肉が必要になってくるわけで、できないからここでは割愛させてもらう。（同前）

最後に引用した説法は一九九四年三月のものだが、麻原はこの「ヴァジラヤーナ五仏の法則」自体をすでに前年の一九九三年に説き初めていた。同年五月には「ヴァジラヤーナ五仏成就式典」を開催し、五仏の法則すなわち戒律と原則的思考を出家信徒がやるべき修行の課程と位置づけたのであった（林郁夫『オウムと私』文藝春秋、一九九八年：一五四頁）。「五仏の法則」はオウムの信徒が内面化するべき規範となったのである。林郁夫は脱会後、この五仏の法則による麻原の真理の王国を「いつ財を没収され、愛するものを奪われ、殺されるかわからない、不安に満ちた社会」としている。そして出家信者であった頃の自分の状態について次のように回想している。

どこをどうかんがえていたのか、このような明らかなことが、当時の私にはわかりませんでした。麻原の人間観、社会観に引きずられていた、そのようにしか表現のしようがないのですが、いずれにしても麻原のいうことについてはそれまで培った知識や情報を統合して考えるということが、なぜかできませんでした（同一五七頁）。

林郁夫は地下鉄にサリンを散布した実行犯の一人であり、自首が認められて無期懲役の判決を受けた人物である。有能な医師だった林はそれまでの人生経験のなかで獲得した知識や情報を総合して考え、判断することができなかったことを困惑しながら告白している。オウムに出家し、麻原の教えが修行を通じて内面化された結果は「思考停止」による無差別大量殺人実行犯への道であった。

「オウム真理教家族の会」の永岡弘行会長は、息子の入信をきっかけに一九八八年から麻原の説法も聞き、信徒と接し、オウムと闘い続けてきた。その体験から、「麻原の第一の狙いは人間破壊だ」と強調する。その永岡の持論を読者は吟味してほしい。

おわりに

以上、オウム真理教事件（犯罪）と宗教的動機（信仰）の有機的結合を明らかにすべく、ごく一部だが麻原の説法を抜粋した。ここでぜひとも注意すべきことがある。オウム真理教の信仰や思想、修行法を探ろうとして、それらをチベット仏教やニューエイジ、陰謀論などの思想史に安易に位置づけたりすると、麻原やオウム真理教がずいぶんと〝立派〟に見えてしまうという錯覚を起こしてしまうことである。また、歴史上の宗教を含めた宗教論一般に安易に解消すると、彼らの実態を見失ってしまうのである。このことは非常に重要なので、第六章で具体的に論じられている。

宗教は人間の実存と歴史、社会状況がことごとく投影された複雑かつ巨大な現象である。カルト教団と呼ばれるような団体は、その宗教を人間集団にとって否定的な要素すなわち「殺人、権威の不当な利用、集団内の協力を損なういかさま、大ぼら、盗み、社会秩序を乱す性行動」（クリストファー・ボーム、齋藤隆夫央訳『モラルの起源』柏揚社、二〇一四年：四五頁）を束ねて表出させた現象である。それらの要素が、宗教レトリックに彩られた麻原の説法の根底にあることを見て取らなければならない。

しかし信徒にとっては、比べるものなき魅力に富んだ麻原のパーソナリティと説法が溶融したものである。自らの抱く宗教的憧憬をそこに依拠させてしまえば、その否定的要素に気づかないのは林郁夫の手記の通りである。オウム真理教に対峙することは、人類の理想や信仰、理性、そして社会の在り方、なにより自分自身を深く問い返すことでもある。

オウム真理教から改名した「アレフ」は、今や公然と麻原回帰をあからさまにしている。他方、分流である「ひかりの輪」の方は社会的認知を目指してジャーナリストや研究者にも積極的にアプローチしている。麻原の「宗教的教え」が、ここで示したように恐るべき論理を基盤にヴァジラヤーナの実践＝非合法活動を正当化することを見逃しては、オウム真理教事件を「理性にとっての教訓」とする場合のもっとも肝心な点を見落とすことになる。

第二章　引き返せない道のり
――なぜ麻原の側近となり犯罪に関与していったのか

高橋典史

はじめに

地下鉄サリン事件、松本サリン事件、その他の数多くの犯罪に直接的に関わった麻原彰晃側近の幹部がいる。彼らには死刑判決、無期懲役判決などが下されている。彼らは、最初は麻原を宗教的指導者とみなし、宗教的修行を実践しようとしたはずである。そうした彼らがなぜ凶悪な犯罪を実行するようになってしまったのか。本章では、教祖麻原の側近となって犯罪に手を染めていった幹部たちを取り上げる。彼らがどのようにしてオウム真理教と出会い、入信し、麻原の側近となり、そしてついには犯罪行為を実行するようになったのか。主として彼らの裁判における証言をもとにして考察していく。

具体的に取り上げるのは、新實智光、早川紀代秀、廣瀬健一の三名である。いずれもオウムの重大犯罪に関わったとされて起訴され、死刑判決を下されている。とりわけ特殊な生活環境に育ったとか、異常な性格の持ち主であったとはみなせないし、おそらく、麻原と出会わなければこのような凶悪な犯罪に関わることはなかったと推測される。

オウム真理教の犯罪の全貌がほぼ明らかになった段階における、自分の歩んだ道への評価は三人それぞれに異なる。新實は特異な存在である。今もなお麻原に帰依し続けていることを明言し、オウム真理教への信仰を堅持しつつ「オウムの正史」を語ろうという強い意思を持っている。他方、早川と廣瀬は一九九五年の逮捕後、ともに棄教し、事件の教訓を人々に伝えようとする立場を取っている。

早川は、入信前は社会人として勤務しており、結婚生活も営んでいた人物であった。傍から見れば取り立てて不自由のなさそうなそれまでの社会生活を全て投げ打ってオウムに入信した。その社会人経験をオウムのさまざまな活動に活かそうとした。廣瀬健一は、将来を嘱望されていた優秀な科学者の卵であったが、出家後は物理学の知識を活かして兵器開発を担い、地下鉄サリン事件では実行犯となる。

なぜ彼らは犯罪に関与する前にオウムのいかがわしさ、危うさに気づき、そこから離れるという選択ないし判断ができなかったのだろうか。この疑問は、実はオウムのみならず、いわゆる

「カルト」とみなされるような集団の信者一般に適用できるものである。彼らがいかにして教団（ウチ）から一般社会（ソト）へと容易には引き返せない状況に陥っていったのかを中心に、この問いへの答えの手がかりを得たい。

なお、新實を取り上げる節においては、教団の重要事項（特に事件関連）の説明も行なうため、他の二名よりも分量を割く点はあらかじめ断っておきたい。また、裁判資料からの引用に際しては、読みやすさを考慮して最低限の修正を行ない、参照と記した。

一　新實智光――逮捕後も維持される強固な「宗教的確信」

本節では、主として一審（東京地裁、平成七年刑（わ）第八九四号等）の裁判資料を用いる。

（1）入信へのプロセス

新實は一九六四年に愛知県岡崎市で資源回収業を営んでいた両親の長男として生まれた。親からはかわいがられたが、生まれつきの口唇の障がいがあったため、小学校の高学年ころにはそれが原因でいじめにもあった。中学校時代には水泳部で下級生からいじめを受ける。中学校三年生のときに、のちの人生に少なからず影響を与えるような経験をする。高校受験を前にして地元の神社に合格祈願に行く途中に、飛び込み自殺に偶然遭遇したのである。「今まで生きていた人が突然死んでしまう無常について考えさせられました」と語っている。

高校時代には、当時の若者たちのあいだで流行していたオカルト文化に傾倒していく。小学校の頃からの同級生で同じ高校に通うようになった友人の影響で、平井和正、夢枕獏、笠井潔などのSFや推理小説に親しむようになっていった。学研の『高一コース』に掲載されていた宣伝がきっかけで、雑誌『ムー』を創刊号から購読するようになった。藤本憲幸のヨーガ、高藤聡一郎の仙道、超能力の第三の目などといった自己開発（自己の能力の開発）についての記事に関心を持った。高校一年生のときに再び飛び降り自殺に遭遇し、あらためて「死んだらどうなるんだろうかとか、自分が死んでしまうんじゃないか」と不安を抱いた。

高校二年生のときにチラシを通じて崇教真光の存在を知り入信する。入信後、半年ほど「手かざし」を実践したり、例会へ参加したりした。ただ、憑霊体験を語る他の信者たちに対しても冷ややかな目で見ていただけでなく、創造主を中心とした神義論を有する教団の教義についても違和感を抱いたと証言している。

高校三年生になると、修行による超能力や神通力の会得への関心から、書籍や『アーガマ』を通じて知った阿含宗のメディテーションセンターに通うようになった。だが、半年ほどメディテーションセンターで瞑想の仕方のビデオ講習を受けたものの、自分の求めるものが得られなかったため、阿含宗からも離れていった。

一九八二年、愛知学院大学法学部に入学する。アルバイトとサークル活動（ユースホステル愛好会）に熱心だったほか、短期間ではあったものの極真空手に入門した。大学生になってもオカルト文化への関心は続き、『ムー』の購読を続けていった。また雑誌『トワイライトゾーン』なども読むようになっていた。

大学四年生だった一九八五年の秋、新實は『ムー』に掲載された空中浮揚の記事を通じて、麻原彰晃とオウムの存在を知った。当時の心境について彼は、「真実性を見出しました」、「自分も飛びたいと思う」、「人間にはそういった神に至る力があるんじゃないかというので、確信を持ちました」などと語っている。また、ヒヒイロカネ、酒井勝軍の予言、ハルマゲンなどの雑誌の記事を通じて、オウムに対する興味を深めていった。

同誌のヒヒイロカネの懸賞に応募したところ、オウムから神奈川県の丹沢で開催される年末年始のセミナーの案内が送られてきた。セミナーのメインはシャクティーパットを受けることであり、そのほかヨーガ行法の講習などもあった。シャクティーパットを受けて得られるという神秘体験（クンダリニーの覚醒）に惹かれ、アルバイト代を使って丹沢セミナーに参加した。

セミナーでは、麻原からシャクティーパットを受けたほか、護摩法、呼吸法などの講習を受けた。シャクティーパット前の心身のリラックスや「浄化」の状態を初めて経験した彼は、シャクティーパット抜きでも行法の修行を続けていきたい気持ちになったという。とはいえ、シャクティーパットによる神秘体験は彼に大きな影響を与えた。そのことについて彼は、次のように証言している（以下、第七五回公判調書を参照）。

初めは、まあ本音を言えばびっくりしたというのが本音です。まあ要するに、自分の知らない未知なる世界というものが、いきなり目の前に開かれたことに対して、びっくりしたというか（中略）今まで、いろんなオカルト雑誌とか、いろんなものにはそういったものが載ってるんですけど、百聞は一見にしかずというんじゃないんですけれど、いきなり体験をしてしまったことによって（中略）まあそれに対して、やはり尊師に対して、まあここで初めて、帰依の心と言われるか、信仰心ができたと思います。（同前）

麻原については、「この人はすごい人だ」、「ただ者じゃない」といった印象を受けた。初めて参加したセミナーにおいて身体的な神秘体験をいきなり経験して、そうした体験をもたらしてくれる麻原という存在に傾倒していく。さらに、合宿後も「クンダリニーが自在というか、動き出した」と感じたため、もっと麻原からシャクティーパットを受けてみたくなったという。

オウムへの関心を持続させながら、就職活動も行なっており、最終的には地元の食品企業に就職することが決まった。就職直前の一九八六年三月に再びセミナー合宿に参加する。このセミナーのメインも麻原からシャクティーパットを受けることであったが、講習の内容は行法的には年末年始のセミナーよりも高度になっていたという。そして、彼はそこで「マニプーラ・チャクラ」の覚醒を経験したと語る。この時期はオウムに入信して解脱したいという思いと、社会に出て普通に生活するという思いとが混在していた。

（2）出家と麻原への帰依の深まり

新實自身によれば就職先での仕事ぶりは順調であり、上司にはかわいがられ、成績も良かったという。しかし、一九八六年五月のゴールデンウィークの頃に、二回立て続けに交通事故を起こすというトラブルに見舞われる。その原因について彼は、以下のようにオウム的解釈をしている。

実際のところはやはり暴力の空手のカルマからくる魔境だというのが私の認識です。というか、仕事のやり過ぎというのもあったのかもしれませんけど、やはりクンダリニーが覚醒した状態に陥る一種の魔境の状態というのが正しいと思います。（同前）

そして翌六月にオウムの丹沢集中セミナーに再び参加する。セミナーでは再びシャクティーパットを受けて「前回を上回る霊的な体験」を得て、その際に将来の空中浮揚の可能性を示す「アナハタ・チャクラ」まで開いたと彼は証言している。また、セミナーでは麻原によるシャクティーパットを優先的に受けられたり、一般の会員とは異なる修行を行なったりできただけでなく、麻原自身からスタッフ（内弟子）になる誘いまでを受けて、「特別扱い」をしてもらったことも語っている。特に「スタッフ」になること（のちの教団の表現でいえば「出家」すること）に関しては、麻原から「三年以内で解脱をして、それから後は、現世に帰ろうが何をしようが自由であるというような形で言われた」という。

出家について両親や友人は否定的な意見であったが、セミナー合宿で知り合った友人にも相談して出家の意思を固めた。両親には三年間ヨーガの修行をして戻ってくると伝えて上京を決行する。なお最終的に両親も息子の意思を尊重してくれたという（同前）。

かくして新實は、オウムと麻原の存在を知ってから一年ほどに過ぎない一九八六年九月頃に出家信者となる。出家を決意した理由について、次のように語っている。

「一番の理由というのは、やはり麻原尊師の下で修行をして、麻原尊師と同じような境地に達したいと考えたからです。（中略）（会社での出世のような）現世的なものがむなしくなったというか、そういうふうに考えました。一般的に宗教というのは、現実から逃避をするというふうに考えている人もいますけれど、やはり、そういった問題、現実というものの行き詰まりを感じて、その現実を超えたいと考えたというのが原因だと思います」（以下、第七六回公判調書を参照）

オウムの出家制度は新實の出家の時期に開始されたもので、「サンガ」と呼ばれていた横浜市内の家に信者たちが住み込むものであった。「サンガ」に入る際に信者たちはオウムに布施をし、新實のケースでは親に百二十万円くらい出してもらったという。この布施について彼は次のように理解している。

「……ヨーガで言うところのバクティ・ヨーガ、仏教で言うところの布施波羅蜜の実践に当たると思います。（中略）布施というのは、お金だけではなく、肉体的な労力も含めて布施をすることも入っていますから、そういった意味で、それ自体は、私は完全に解脱悟りに至るための修行であると認識していました」（同前）

「サンガ」では、質素な食事を食しつつ修行を行なったほか、上司の岡崎（佐伯）一明のもと、麻原の『生死を超える』の出版に向けた出版営業活動や会員への対応などを担当していた。「ボーディー・サットヴァの会」（それ以前は「青年部」と呼ばれていた在家信者たちのグループ）で会員たちと麻原とのあいだの橋渡し役をした。

一九八七年三月から四月頃に肉体的次元からアストラル世界の次元へと上昇する「クンダリニーの覚醒」を経験したとする。そして、同年一二月、世田谷で独房修行中に「クンダリニー・ヨーガ」を「成就」するが、そのときのことをこう振り返っている。

「やはり、自分が成就したというふうに考えたときに麻原尊師から電話がかかってきて、そしてこうこういう状態だから成就と認めるという形でお話がありました、電話で。（中略）率直な感想を言えば、やはり自分がまだ目指している境地ではないと思いました。（中略）やはりまだその途中の経過であるというふうに自分は認識しましたから、まあ変な言い方ですけれど、尊師に来ていただいて直接指導とかエネルギーを入れてもらって、もっと指導してもらいたかったなというのが本音でした」（同前）

この「成就」により、新實は麻原から「ミラレ（ー）パ」というホーリーネームをもらう。その後、福岡支部長に着任し、一九八八年一月にはニューヨークを訪問する。そして、大阪支部長を経て東京へ戻り、教団内の秘書課長的な仕事として、行法のシステム作りに携わったほか、麻原のシャクティーパットのお付きや本部道場でのインストラクターを行なっていた。新實は教団の中枢を担う幹部信者となり、麻原との「グル」と「弟子」という絶対的な関係性は強固なものとなった。例えば同年に新實は、自身の不手際により麻原に「殴られる」ことがあったのだが、「私が魔境に入ったから、サハスラーラ・チャクラというか頭頂からエネルギーを抜く」ために麻原が叩いたと解釈するようになっている（同前）。

（3）種々の事件への関与

一九八八年五月、麻原のインド訪問に新實も同行した。八月には富士山総本部道場を開設するなど、教団の活動は拡大していた。だが、思わぬ事件が同年九月下旬に発生する。「真島事件」である。在家信徒であった真島照之が精神の異常を示すような言動をとるようになったため、麻原が信者たちに水をかけるなどの指示をしたところ、誤って死亡させてしまった。麻原は、警察等の外部には知らせずに、信者たちに命じて遺体をドラム缶に入れて護摩壇で焼却（「護摩供養」）させた。事件に関与した信者は、岡崎一明、村井秀夫、早川紀代秀、田口修二、新實らであった。

新實によれば、事故直後、麻原は「この事故が公になれば救済計画が大幅に遅れてしまう」として、弟子たちに意見を求めたという。新實は、「内々で処理したほうがいいんじゃないでしょうか」というふうに言ったようだ。しかし、麻原が新實らの監督不行届を厳しく叱責したため、彼は「パニック」に陥り、遺体処理のメンバーからは外される。

事件を隠匿しつつ、オウムは同年十一月以降、教団の宗教法人認証申請に着手した。新實がそれを担当し、自力で救済したほうが自身の知恵が向上するといった理由から、彼は外部の人間には相談せずに申請手続きを進めていったと述べている。彼はこうした教団の組織運営に関わる活動に従事する一方で、翌年一月の「狂気の集中修行」に参加するなど、修行も継続していった（以上、第七七回公判調書を参照）。

教団の拡大化や宗教法人認証申請の活動を進めていくために隠蔽しようとした真島事件は、その後のさらなる事件の引き金となっていく。オウム出版の営業活動に従事していた田口修二は、真島事件にも関わった出家信者であった。一九八八年十二月頃、教団での活動への不満や在家に戻りたいといった要望を述べるようになっていたため、上司の岡崎一明が翌年一月に麻原に報告した。しかし、麻原は独房修行用コンテナに閉じ込めて説法を聴かせるなどして翻意を強いるように命じた。しかし、田口が脱会の意思や麻原殺害までも言い出したため、麻原は、岡崎、村井、早川、新實、大内利裕らに田口の殺害を命じてその遺体を焼却させた。新實は田口殺害の指示について、「尊師がポアしてくだされるんですから、高い世界に意識を移し替えてくださる」と解釈した（以下、第八一回公判調書を参照）。

しかし同時に「当時の状況というのは、宗教法人認証申請に対しての申請手続きがもう始まっていて、すでに具体化しようとしていた」とも語っている。新實は殺害後の自身の心境について、次のように説明している。

「……亡くなったときの気持ち……多分、一つには、やっぱり田口君の転生のことを考えたんじゃないかと思います。つまり、田口君に対して、これで高い転生、要するに、尊師にポアされて高い転生をしてほしいという思いが一番にあったと思います。で、二番目については、私事ながら、やはり殺生のカルマによって、未来において自分が殺生されたりあるいは地獄へ落ちるということについての思いがあったんじゃないかと思います。後からのほうが近いかもしれませんが、一番目については、やはり田口さんがより高い転生をしてほしいということしかこのときには考えてなかったと思います。（中略）そうですね、正直に言えば、はっきり言ったら、このときにはもうそういったものは、先ほど言った転生のこととか、ポアのこととか、そういった大変なこととか、そういったものははっきり言って考えられなかったというのが正しいんじゃないでしょうか。言葉で言えば、自暴自失（自棄）というんでしょうか」（同前）

殺害直後は混乱する心中に抱いていたと思われる田口への憐憫、罪悪感、贖罪といった念も、グルである麻原によるより高い「転生」という「ポア」の思想によって解消されていったと言える（同前）。

オウムが宗教法人認証申請や衆議院選挙出馬を目論んでいた頃の一九八九年十月、『サンデー毎日』によるオウム批判の報道（「オウム真理教の狂気」）が連載される。「オウム真理教被害者の会」の弁護人として活動していた坂本堤弁護士は、出家信者の親たちからの依頼を受けて帰宅や面会について教団と交渉し、出家信者をめぐるトラブルや教団の法令違反に関わる情報を東京都に提供しようとしていたほか、この『サンデー毎日』のオウム批判報道にも情報提供していた。新實は、同年九月下旬から十月中旬頃に坂本弁護士と富士宮近辺で面会したという。

オウムは『サンデー毎日』編集部や坂本弁護士らとの対決姿勢を強めていく。翌十一月初め、麻原は、村井、早川、岡崎、新實、中川智正の五名を呼び出した。『サンデー毎日』の牧太郎編集長と同誌に情報提供していると見なしていた坂本弁護士を批判し、殺害（「ポア」）指示を暗示する「非合法」という言葉を語ったとされる。新實にとっては、牧編集長はともかくとして坂本弁護士の殺害指示は予期していないものであったようだ（以下、第八三回公判調書を参照）。

「そのびっくりした後に、そういうふうに尊師から説明が、今言いましたとおり、実質的なリーダーで、ほうっておくと将来大変なことになるとか、要するにこれ以上、悪業を積ましてはいけないという言葉で、少なくとも私は、ああ、そうなんだということで納得はしました。（中略）これは田口事件のときに申し上げましたけれど、あくまでも坂本弁護士をそういうふうにポアする目的というのは、私自身は、例えば尊師がそういうふうに個人的に何かをされたから恨みを抱いてやっているというふうには考えていませんでしたし、また、私自身も、個人的に坂本弁護士に対して恨みや怒りがあったわけじゃありません。ただ、教団が今進めているすべての人たちをニルヴァーナ、空性に導くため、そういったものに対しての障害となる、つまり前回も申し上げましたけれど、最大多数の幸福に対してそれを阻害するということで、ですからそういった犠牲をやむなしと考えたわけです。（中略）ただしその場合、その殺生のカルマは当然私たちに返ってくるわけですから、それを私たちは肯定は、少なくとも私は肯定はしていました」（同前）

裁判では、弟子たちの服従・従属を目論む麻原によって、忠誠心や信仰心を試すために無理難題を押しつけられたのではないかといった質問もなされたが、彼は次のように反論している。

「だから、服従とか奴隷扱いとしてそういったものをやっていたというような、そういった下劣な考えというか世俗的な考えというのは、私は感じませんでした。ただ、宗教的な意味で、ヴァジラヤーナ仏教というか金剛乗というのは、どの教典を調べてもやはり根本にあるのはグルに対する絶対的な帰依というのは ありますから、そういった帰依を要求するのは当たり前だと思います。（中略）つまり、単純にいえば、そういった脅威というか教団が危なくなるから、だからそれを取り除かなければいけないというふうに、私はこのときには、そういった信仰心を試すんじゃなくて本当にやらなければ危なくなるじゃないかということで、主に緊急避難、そのように考えていました。（中略）ただ、現在の段階においては、真島さん事件で、非合法とか言いませんけれど、違法活動、違法行為をしました。で、田口さん事件で教団内において初めての殺生なる行為が行なわれました。で、坂本さん事件で、そういった意味で教団外における殺生、まあはたから見ればテロリズムという形で、ステップ・バイ・ステップになっていったというより、ステップ・バイ・ステップで私たちを誘導という言葉はおかしいんですけど、導いていったというふうに今は考えています。（中略）やはり（新實・岡崎・早川・村井の）四人とも、金剛乗の菩薩として、自己犠牲をしてでもすべての人たちを救いたいという気持ちがあったと思います」（同前）

新實自身も言及しているように、オウムによる一連の犯罪行為は突発的、偶発的に発生したのではなく、段階を踏みつつ深まっていったようだ。しかし、いかに教義や教団の存続のためといった理由で正当化しようとも、坂本弁護士ばかりか何の関係もない妻や子どもまでも殺害することを指示されたのである。

「まず率直に言えば、尊師がそういう形で意思をされてるんだったら、尊師に従う、尊師のおぼしめしに従うのが家族のためにいいと考えました。（中略）端的に言えば、真理の体現者であるグル、シヴァ大神の化身としてのグルである麻原尊師と縁ができることによって、未来際においてその人が救われる（中略）そういった輪廻転生を含めた意味での考えの段階から、それについて肯定しました」（同前）

一家の殺害後、麻原は、殺害（「ポア」）された坂本弁護士は地獄界、妻は動物界、子どもは餓鬼界に転生したと、実行犯の村井、早川、岡崎、新實、中川、端本悟らに語ったという。

「かわいそうと言えばかわいそうだと思いました。やはりもっと高い世界に導いてあげたかったなというふうには考えましたけど、まあ私たち自身がそういうポアをすることができませんでしたから、気の毒という言い方で考えれば、やはり気の毒という先に、俗世間で言う気の毒という形はもう振り払っていたと思います。やはりもうそういった俗世間的な考えじゃなく、宗教的な考えにもとづいての確信というか、そういった信じての行為ですから」（第八五回公判調書を参照）

ここでも田口事件と同様、被害者に対する感情や罪悪感といったものは、グルである麻原が提供する「救済」の論理の「確信」によって解消されている。

（4）マハームドラーの成就

新實は、真島事件、田口事件、坂本一家事件と段階を追うように犯罪に手を染めていった。藤田庄市『宗教事件の内側』（岩波書店、二〇〇八年）によれば、新實がオウムの宗教的信念にもとづいて犯罪行為を確信的に遂行するようになるのは、一九九〇年七月の「マハームドラーの成就」によるものだとされる。藤田による説明によれば、オウムにおいてマハームドラーとは、クンダリニー・ヨーガの上位に位置づけられており、麻原によってその成就を認められた者は「正悟師」のステージとなった（一九九五年三月上旬までに成就したものは計十名）。その内実は、麻原に投げかけられる無理難題によって煩悩を露わにされ、「苦」とされるその煩悩を破壊させられることによって、「煩悩からの解放」や「外界からの影響を受けない」（「聖無頓着」）という心理状態へと変容させていくものであった。

「すべての苦悩は幻影であり、そのことを理解することによって、分解して空《くう》のぜったいなる至福の状態へと到達することができるということがわかりましたし（中略）その悟る前と悟った後では、やはり別人格になったのではないかと思います。だから、今の状況自体を見ても、そういった意味でカルマの法則とかそういったものが根づいているからこそ、仏教に対しての信仰を保っているんじゃないかと思います。（中略）やはり、今もそうですけれど、すべては幻影であり、忍辱によって生じる苦悩そのものが幻影であるということが悟ることができて、やはり心における至福の状態というのが非常に大きくなったと思います。ですからそういった意味で、日々の生活において自分自身の心を見る、そういったものが、心を見て非常に変化は大きかったと思います」（第七八回公判調書を参照）

新實にとって麻原のもとで得た宗教的な確信は揺るぎないものになっていた。そうした認知が彼の行動の全般を支配していたとすれば、地下鉄サリン事件へと至る重大な犯罪の数々の遂行も、強いためらいは生じなかったと考えられる。

二　早川紀代秀——なぜ逆らえなかったかを振り返る

本節では、主として一審（東京地裁、平成七年合（わ）第二八四号等）の裁判資料を扱い、早川紀代秀・川村邦光『私にとってオウムとは何だったのか』（ポプラ社、二〇〇五年）も適宜参照する。

（1）入信へのプロセス

早川は一九四九年に兵庫県川辺郡東谷村（当時）で生まれた。生後まもなく父親の実家のあった大阪市内に移住する。三歳の頃に両親が実家から独立したのを機に堺市に移り住み、その地で成長した。地方公務員であった父の一人っ子であった。両親は唯物論者であったというが、信心深い父方の祖父母の影響もあって、小学生の頃までは伝統的な神仏を深く信じる子どもだったと述懐している（『私にとってオウムとは何だったのか』：一四―一八頁）。

中学生になると哲学などに関心を持ちはじめ、マルクスの唯物論的弁証法に傾倒していく。勉強の成績は全校で上位、スポーツもそこそこ得意であり、クラスの学級委員も務めた。高校は屈指の進学校である大阪府立三国丘高等学校に入学する。ちなみに、高校時代には、フロイトなどの潜在意識をめぐる議論にも関心を持つようになったという。学生運動が盛んであった一九六八年、神戸大学農学部に入学する。学園紛争の影響は受けていたものの、彼自身は積極的な活動には関与していなかったと述べている。当時は自分の専門分野に関わる幅広い書物を読んでいたという（以下、第七四回公判調書を参照）。

高校時代に芽生えた人間の意識についての関心を大学生になっても維持しつつ、さらに当時のユリ・ゲラーのスプーン曲げなど超能力ブームの影響も受けていったようだ。ただし、それがすぐに「宗教」への関心へと直結していくわけではなかった。彼は当時の「宗教」に関する自身のイメージについて、次のように説明している。

「まず、伝統仏教については、何を言われているのかよく分からないと。よく家にもお参りに来られたりしますけれども、言われてることがもう一つぴんとこないというところがありました。それから新興宗教については、非常にうさんくさいものを感じておりました。（中略）子供のころは神仏を信じ、非常に親しんでましたけれども、もう大学のころは、科学に対する疑いは徐々に芽生えてはきてましたけれども、考え方自身はやっぱり唯物論的な考え方をしてましたから」（同前）

大学卒業後の一九七三年春、大阪府立大学大学院に進学する。大学院では景観工学や環境心理学などについて研究した。理科系の大学院ではあるものの、環境心理学の分野では、住民意識調査やアンケート調査等も行なわれており、人の意識を科学的に研究できるという点が、物質科学的な認識の限界を感じていた彼にとって魅力的であったようだ。

一九七五年に大学院を修了し、大手の建設会社鴻池組に入社する。新入社員総代を務めたり、社長賞を受賞したりするなど、仕事の面は充実していた。一九七九年秋には会社の先輩から紹介された女性と結婚している。社会に出た頃、平井和正の『幻魔大戦』、山田正紀の『神狩りシリーズ』のほか、田中光二、夢枕獏、菊地秀行らのSF小説を好んで読むようになった。当時注目を浴びていた五島勉の『ノストラダムスの大予言』について、「その本に書かれているようなことが一九九九年に起こるんじゃないかというふうに、私は信じました」と法廷で語っている。自分の部屋の中にピラミッドを作り、そこで寝起きするといったこともしたという。

結婚後の一九八〇年、鴻池組を退社して日本リサーチ研究所に転職し、さらに一九八四年にはダン計画研究所に取締役として入社する。そうしたなかでも、神秘的なものに対する関心はますます高まり、特に瞑想やヨーガへの興味は強かった。「本当の自分」「自己の本性」といったものを探究しようとした。阿含宗の桐山靖雄のメディテーション関連の書籍、本山博の密教ヨーガについての書籍、仙道の本などを読んだのもこの頃だという。桐山靖雄の講演会には実際に足を運んだものの、「けばけばしいパフォーマンス」に「興醒めしてしまった」と彼は供述している。また友人の誘いで名前貸しのような形で真如苑に入会したという。

こうした宗教遍歴ともいうべき流れのなかで、オウムと出会ったのである。そのきっかけは、たまたま書店で手に取った『超能力「秘密の開発法」』だった。空中浮揚の写真が目を引き、「これは実際に経験をしている人でしか書けない内容だな」、「この書かれてる人は本物だなと、本当の、修行した結果を書かれているな」と感じた（同前）。

「これが入信するきっかけになることだと思うんですが、ヨーガのことが書かれていて、そしてクンダリニーという神秘的なエネルギーのことが書かれていて、そのクンダリニーのエネルギーを覚醒する方法としてシャクティーパットというのを自分はやっていると。希望があればそれは受け付けるよというふうなことが書かれてましたので、これはすごいなと思いました」（同前）

同書の読了後すぐにシャクティーパットを受けたいと思い立ち、そこに書かれていた電話番号に問い合わせた。しかし、電話でやり取りしたスタッフたちの対応が悪かったため、もう連絡するのはやめようと思っていたところ、麻原自身が電話をかけてきたという。麻原は、シャクティーパットをこのまま続けていると生命に関わることから、解脱をするためにインドへ修行に行くので、帰国まで待ってほしいと釈明した。その際、早川は次のような印象を抱いた。

「そうですね、深みのある声に感じたのと、言ってる内容が、命懸けで一生懸命やっておられるというのがひしひしと伝わってきたので、私もそれ以上そういうことに対して勝手に腹を立てている自分がばからしくなったというか、そんなことで腹を立ててはいけないなと思って、だんだん気分が和んできて、最後には、頑張ってくださいと言っています」（同前）

一九八六年四月、早川はオウムに入会した。入会後、瞑想や呼吸法を指導した教材とテープ、ヒヒイロカネという邪気を吸い取るとされる霊石が送られてきた。その教材にもとづいて自分で修行を行なっていった。同年六月、麻原が開いた丹沢での集中セミナーに参加し、麻原本人と初めて対面する。

「説法とかそういうのを聞く前にちらっと合宿所の廊下とかで姿を見たんですが、そのときには、あっ、この先生だったらいいなと。理由は別にないんですけども、割と風格があるのと、そんなに派手な格好もしてない、質素な格好なんですけれども、品位というか風格というか、そういうものを感じたので、あっ、この人だったらいいなというふうに思いました」（同前）

集中セミナーでは、グルとして麻原をイメージして瞑想する修行法を学び、欲望・欲求を否定する解脱についての麻原の説法なども行なわれたものの、早川にとっての最大の関心事は麻原によるシャクティーパットであった。シャクティーパットを受けたところ神秘体験はなかったが、エネルギーが入ってくるのは感じたという。精神的な変化も経験した。またシャクティーパットを受けたのち、かなりのヘビースモーカーであったにもかかわらず、何の禁断症状もなくたばこを止めることができたばかりか、テレビ、SF小説、肉食、夫婦生活までもきっぱりと断ってしまったという。こうして合宿後、自宅での修行にのめり込んでいくこととなる。

また、早川は麻原の語るハルマゲドンの予言についても確信していったという。彼のハルマゲドンへの関心とその確信は、その後も根強く保持されていく。

「確信と感銘を受けました。（中略）まず感銘を受けた点というのは、普通だったら、山にこもって、解脱者だったら、ああ気持ちがいいなでいればいいのに、そうはせずに、そういう解脱をしていない人のためにハルマゲドンを何とか防ごうとしているという姿勢、それにすごく感銘したということです」（同前）

（2）出家

一九八七年二月には大阪支部が発足し、早川は頻繁に支部へ足を運ぶようになっていった。同年夏に「オウム神仙の会」を「オウム真理教」に改称したが、早川は、新しい名称は「宗教くさい名前」で嫌だったと述懐している。大阪支部での麻原とのあいだの大きな出来事として、彼は次のようなことを語っている（以下、第七五回公判調書を参照）。

「非常に印象に残ってるのは、シャクティーパットをされたときに、おっ、早川さんには釈迦牟尼如来が見えますねということを言われた記憶がありますね。で、うんっとか言って何回か確認されて、おお、間違いない、見えるな、間違いないということを言われて、そのときにその関連のマントラとムドラーを授けてもらったということがあります。非常にそのときはうれしかったです」（同前）

また、早川によれば、この時期に「クンダリニーの覚醒」を経験したとのことであるが、それ以前に麻原から「もうあと三カ月ほどすれば空中浮揚ができますよ」と言われていたという。こうしたなかで、麻原から出家を勧められていくようになっていった。しかし、彼は会社のことや一人っ子であるため将来は両親の面倒を見なければならないことから、出家は無理だと考えていた。そうした早川の心情に麻原は揺さぶりをかけていったようだ。

「（一九八七年の）ちょうど十月ぐらいのときになって、シャクティーパットのときだったたと思いますけども、いきなり麻原被告が、もう今の状態でいけば普通の生活はできませんよと言われたんです。（中略）要するに、解脱直前まで来ているので、この状態で、要するに私の下にきて出家をして独房修行に入らないと、もう光の世界に入ってしまって、頭がおかしくなるか気が狂うか、あるいは霊的進歩が止まってしまうかどちらかだというようなことをいきなり言われて、非常に悩んだという時期があって初めて妻に話をしたわけで、その辺の事情を妻もよく知ってくれていたのでそういうふうに（一緒に出家すると）言ってくれたと思います」（同前）

こうして早川は、一九八七年十一月に夫婦ともに出家することを決めた（妻の出家は半年後）。彼の両親も息子の状況に薄々気づいていたようで、その意思を尊重してくれたという。当時、彼はオウムの名を冠した「オウム環境計画研究所」という会社を経営していたため、出家に際してどうすれば良いか麻原に相談したところ、会社ごと布施するように指示された。また、両親と共同で購入した家や株券を売って得た金一千万円弱も教団に布施したと述べている。なお、早川に寄り添って一緒に出家した妻は、その一、二年後に教団を去ったという（同前）。

（3）事件への関与

出家後、早川は大阪支部の副支部長に任じられた。支部の運営のほか、一九八八年二月に開催されたミュージカル「龍宮の宴」の大阪公演の責任者にもなった。麻原の指示で、富士山総本部道場の用地取得にも関わり、当地での道場建設に、岡崎一明とともに建設班の中心的存在として携わる。総本部道場は同年夏に完成した。

富士山総本部道場の完成後の一九八八年九月、早川は完成したばかりの道場において、立位礼拝を約一カ月のあいだに六百時間行なう集中修行に入った。その際に「真島事件」が発生する。事故死した真島の遺体について、彼は内々に処理した方が良いと思ったと供述し、その理由も説明している（以下、第七七回公判調書を参照）。

「それは、グルがそういうふうに意識しているということが一番大きかったと思います。私が幾らそう思っても、あのときに、グルである麻原被告が、いや、公にするほうがいいと言われたら、そのように私もそう思いますから。もともと、そう思っていたわけですから。それは問題なくそう思いますから。まずそれが一番大きかったと思います」（同前）

最終的に真島の遺体は、早川の提案が受け入れられて「護摩法」で処理されることが決まった。麻原と、彼に命じられるままに焼却中の遺体の状況を何度も確認しに行く村井らについて、早川は次のように述べている。

「（麻原は、遺体の焼却状況を報告する村井らについて）やはりタントラヴァジラヤーナの弟子はすごいなあと言ってほめておりました。大体、私とか、岡崎さんは二の足を踏んでいたという状況でした」（同前）

そして、真島の遺体を焼却する現場に立ち会った際の自身の心情について、次のように供述している。

「実際、その家族に知らせていないというのと、内緒でこういうことをやっている、そういう後ろめたさみたいなものはありましたけれども。ただ、そういうことをしている、割と早い時期に、麻原被告のほうから、天界にポアしたという、そういう知らせが入りましたから、むしろ、ああ天界か、よかったなというふうに喜びましたし、うらやましいなとも思いましたので」（同前）

早川はこの事件を境にして麻原がヴァジラヤーナの道に入っていったと考えている。麻原が「いよいよヴァジラヤーナの道に入れという、これはシヴァ神の示唆だな」とつぶやいたのを聞いている（同前）。

一九八八年秋の真島事件後、早川は集中修行へと戻り、同年十二月初めに「クンダリニー・ヨーガ」を成就したという。そのインパクトの大きさについて、彼は次のように回顧している。

「（瞑想修行が進んでいくと）だんだん、グル、グル、グルというふうな気持ちですかね。そっちのほうがだんだん強くなる。もう最後には、グルしかないという、グルが絶対真理で、もう自分の気持ちとかはどうでもいいと。そういう絶対的なものに出会えたというのは、本当に幸せだったというか、そういうことを知らない人はかわいそうだというような、極端なそういう思い。（中略）その後、マハームドラーの修行にも入ったりしてますけど、やっぱり今から振り返ってみても、選挙に落ちるまでの間ですね。そのクンダリニー・ヨーガの成就から選挙に落ちるまでの間がやっぱり一番、グル、グル、グル、とにかく百パーセント、どんな小さなことでも疑ってないという状況じゃないかと思いますね」（第七八回公判調書を参照）

この成就後、早川は、全国各支部のテナント探しや、ドイツ支部のためのテナントを見つけるためにボンを訪問するなど、各地を飛び回ることとなる。そして、ドイツから帰国して間もない一九八九年二月に前述の田口修二殺害事件が発生する。麻原は、早川、岡崎、村井、新實、大内らに田口の殺害（「ポア」）を命じて実行させ、遺体を焼却させた。麻原の殺害指示について、早川は以下のように振り返っている（以下、第八〇回公判調書を参照）。

「当時は、絶対間違いを犯すはずがないというふうに思い込んでいるグルである麻原被告がポアするしかないというふうに言われたので、グルがそういうふうに言われるからにはそうなんだろうと、それが田口君のためには一番いいんだろうというふうに思い込んでしまったというのが、やはり根底というか、一番ベースにあったと思います。（中略）世間の目から見ればもちろんそれは殺害することですから、悪いことだというのは私も分かっておりましたけれども、霊的な目から見れば、もちろん救済、真理のためにもそれがいいことだし、それだけじゃなくて田口君のためにもいいことなんだと、そのように思ってしまったと」（同前）

また、麻原は真島事件が表に出ることを恐れ、証拠隠滅のために田口の殺害を指示したのではないかという質問に対しては、はっきりとそれを否定し、麻原の心情についての当時の理解の仕方も説明している。

「当時はやっぱり、グルとしても田口君に悪業を積ませたくないという気持ちがあったというふうに思い込んでました。だから、グルを冒瀆《ぼうとく》したり下向すること自体、せっかく今まで修行者として積んできた功徳が、それでパアになってしまうので、それももちろん（ポアの指示の）原因の一つではありましたでしょうし、それから、救済を妨害すること自体も大悪業になるから、両方の意味合いでもってグルがそういうふうに言ってるんだという理解がありました。だから、両方。どっちか一方だったらそこ（ポア）まで言われないと思います」（同前）

田口修二殺害事件後、早川は新實とともに教団の宗教法人認証申請を進めていった。そうしたなかで麻原は、一九八九年夏、翌年二月に実施予定であった衆議院選挙への出馬を決定する。その一方で、出家信者の親たちの教団に対する抗議の動きも広がっていた。さらに、『サンデー毎日』によるオウム批判キャンペーンも繰り広げられていく。新實同様、坂本弁護士殺害の指示には、少しとまどったようである。しかし、グルである麻原の言うことであるならばとすぐに自身を納得させたようだ（以下、第八三回公判調書を参照）。

「将来、大きな障害となると言うんだから、未来を見通す、人のカルマを見切ることのできるグルは、そういうふうにおっしゃるんだから、そうなんだろうなあと、それは問題だなと思いました。（中略）要するに、ポアをしろという話については、坂本さんの名前が出ようと出まいが、それについては先ほども申し上げていますように、それ以前に田口事件以降、再三それが必要だという説法がなされていたわけですね。（中略）（坂本弁護士を殺めるということは、正直に言って嫌だったが）嫌だけれどもやらなければいけないと。弟子としてはそれを実行しないといけないと。それが弟子の義務であるというふうに思ってしまう」（同前）

彼は殺害後の心境を、「グルのためと思ってますけども、やっぱり一方では、もう何というか、非常に悲しいというかやり切れない」気持ちだったと述べている。しかし、そうした感情も、最終的には教団の論理によって解消されるものであったようだ。

「それは、グルの指示をきちんと実行するのが弟子の務めと思ってやっているわけですから、それが達成できたということでやれやれという気持ちはありました、正直言いまして。（中略）（現世的な見返りは）考慮してません。むしろ霊的な見返りも本来求めてはいけないというふうに思っていましたし。だから、おまえたちは菩薩なんだったら、苦しみをむしろ自分で引き受けてやらなければいけないというふうな教えもありましたから、だから、自己犠牲を喜びとするようなところもあったわけで」（第八五回公判調書を参照）

（4）殺人行為の受容の背景

早川は自身の手記のなかで、麻原の「ポア」（殺害）の指示に逆らえなかった理由について、次の五点を挙げている。

（1）麻原をブッダ、目覚めた人物として信仰しており、絶対的なグルとして帰依していたこと。
（2）絶対的なグルとして帰依していた麻原が殺害を肯定、もしくは殺害が救済であるとする「ポア」の教えを説いていたこと。
（3）グル麻原からの殺害の指示を嫌がることは「修行が足りないからだ」、「自分の心が弱いからだ」とする思考回路ができていたこと。
（4）ハルマゲドンを防ぐにはこうした方法もやむを得ないと考えていたこと。
（5）グル麻原の指示に逆らえば、自分もポア（殺害）されるかもしれないという恐怖心があっ

たこと。(『私にとってオウムとは何だったのか』：二〇四―二〇五頁)
ハルマゲドンに関しては早川に特徴的な理由であるが、その他のとくに(1)〜(3)は新實らとも共通している。

三　廣瀬健一――棄教し教訓を伝えていく意思

本節の記述は、主として一審(東京地裁、平成七年合(わ)第一四三号等)の裁判資料を扱い、廣瀬自身による手記「学生の皆さまへ」(二〇〇八年)等も適宜参照する。

(1) 入信へのプロセス

廣瀬は会社員であった父の長男として一九六四年に東京都で生まれた。小中学校時代は考古学や天体観測などに関心を持ったり、剣道にも打ち込んだりした。早稲田大学高等学院の三年生の頃、自分の進路を決めるにあたっていろいろと悩み宗教に関心を持つようになる(以下、第四二回公判調書を参照)。

「自分は好きで理工系に進もうと思ったわけですが、やはりそういった科学の分野の産物も、すぐに価値がなくなってしまったり、又はよかれと思って開発しても、軍事技術に転用されて

しまうというようなこともありますから、そういったものに対して無常観を持ったというようなことでした」(同前)

そして、さまざまな宗教関連の書物を読んでいった。そのなかには、ヨーガに関する本も含まれていたが、強い関心を抱くことはなかったという。また、そのころエホバの証人の信者(布教者)と十回にわたって話をすることがあったが、「その教えが正しいかどうか確かめる方法が与えられていないということや、不確かな教典というのを信仰の柱にしている」と感じた。だが、このように「宗教」に不信感を抱いていった一方で、やがてヨーガの解脱や悟りについては関心を持っていくこととなる。

「この点については、やはり解脱、悟りに至る方法があるということ、また、それを体験したという人もいるということから、興味は続いていました。しかし、指導者がいないと危険ということで、ちょっと手が出ないかなというようなことを感じていました」(同前)

一九八三年に早稲田大学理工学部に進学する。大学時代は特に宗教との接点はなく、宗教への不信感を依然として強く持っていた。しかし、早稲田大学大学院進学後の一九八七年五月、TM(Transcendental Meditation)に入会する。その理由を、「宗教ではないと宣伝していたことや、瞑想について脳波計等を使って科学的な調査をしている」からとしている。瞑想やヨーガへの興味を深めていくうち、翌年二月頃に『超能力「秘密の開発法」』に出会う。同書のなかで書かれていた、クンダリニーを覚醒させる方法に特に関心を抱いたという。そして、『生死を超える』、『イニシエーション』、『マハーヤーナ・ストーラ』といったオウムの関連書籍を次々に購入して読み進めた。このオウムの書籍の読書経験が、廣瀬にとっては大きな転機となった。クンダリニーの覚醒が実際に起こったのだという。

「宗教ということだけで引っかかりがありましたが、オウムの姿勢に、修行によって確認していこうというものを感じたり、麻原もインドの聖者に会ってステージの確認をしていることから、今までの宗教にはない実証的なものを感じました」

「具体的には、一週間後ぐらいからチャクラが開くときに感じるとされる痛みを感じるようになったり、頭から気体のようなものが抜ける感覚があったり、また、読みはじめて一カ月後にはクンダリニーの覚醒が起きました」（同前）

この「クンダリニーの覚醒」のインパクトは大きく、自身の世界観が大きく変わって、オウムの世界観がリアリティーを帯びて今までの現世の価値観が色褪せるような経験であったと証言している。

一九八八年三月、廣瀬はオウムに入信する。それについて廣瀬は、「オウムの世界観というのが現実味を帯びていたということと、指導者を得たいということでした」と語っている。入会手続きは世田谷道場で行なった。入会金や月会費は家庭教師などのアルバイトから捻出したという。入会後は修行を進めていったほか、ヒヒイロカネをもらったり、各種のイニシエーションや麻原のシャクティーパットを受けたりした。

当時のオウムには「学生班」というものがあり、廣瀬もそこに所属して活動した。彼の在籍していた早稲田大学にも端本悟ら数名の信者がいたため、理工学部に「真理研究会」というオウムのサークルを作り、理工展という文化祭に参加するなどしたという。また、同じ研究室のメンバーたちへの勧誘も行なっていたようだ。そうした勧誘活動について、次のように語っている。

「学生班の方針として、解脱、悟りでは興味をもつ人が少ないというので、例えばヨーガの持つ長所、健康法とか能力開発とか、そういった面を宣伝して誘ってます。(中略)(勧誘した理由は)やはり近くの人が三悪趣という苦界に落ちるのを阻止したかったということがあります」(同前)

(2) 出家

大学院の二年生となった一九八八年十月には大手の電機メーカーへの就職の内定が出ており、

在家信者のまま活動していくつもりであった。しかし、その後、出家したいという思いが生じていった。

「当時、例えば家族に対する思いであるとか、物理をやりたいといったような自分を現世につなぎ止めておきたいような思いが色あせてきまして、解脱、悟りということを目指すことがすべてだと思うようになったからです。（中略）原因というのもあまりはっきりしないんですが、当時、学生班の活動等で道場に通って奉仕行をしているうちに、修行してない普通の状態でも、甘露《かんろ》が落ちるようになりまして、心が非常に静かな状態になりまして、そういう状態になって、そういうような思いが出てきました」（同前）

当初は就職してから二、三年後に出家するつもりであったが、教団から麻原が直接面談するという連絡があった。新實も同席した面談の場で麻原に次のように言われたという。

「まず一番初めに、廣瀬君よかったね。いよいよ出家だというようなことを言われました。（中略）私が、すぐには無理ですというようなことを言ったところ、廣瀬君は否定的だな、若い君たちがやらなければだれがやるんだというようなことを言って、私のほうに歩いてきて肩をぽんぽんぽんと三回叩きました。（中略）その後、麻原から救済活動が間に合わないという話がありまして、いろいろ都合はあるだろうが、それどころじゃないんだというような話があったので修士課程修了後に出家することを約束しました」(同前)

こうして一九八九年春に出家が決定したものの、家族は強く反対した。けれども廣瀬の意思は固かった。

「自分が現世に残って家族と一緒に暮らすよりも、出家して解脱したほうが親の功徳になると思ったことや、また出家の邪魔をすると非常な悪業になるということが教団のほうから指導されてましたので、出家をやめるわけにはいきませんでした」(同前)

また、廣瀬はこの時期に「狂気の集中修行」も経験しており、さらにオウムに傾倒していったという。家族だけでなく、大学院の指導教員や中学時代の友人などからも説得されたものの、彼は出家の意思を撤回することはなかった。出家の手続きは富士で行なわれ、もし死亡した場合には遺体の処理は麻原に任せるといった内容の遺言状も提出したという。廣瀬が出家した頃、麻原はヴァジラヤーナの説法を行なうようになっていたと彼は証言している。

「当時、宗教法人認可(認証)が遅れておりまして、麻原も大分ボルテージが高くなっていた状態ではないかと思いますので、そういった状態で救済活動がなかなか進まないということで、ヴァジラヤーナが頭にあったのではないかと思います」（同前）

出家直後、廣瀬は、オウムとのあいだでトラブルとなった教団施設の近隣住民に対し、「積んだ悪業を落としてあげるため」という意識のもとに、早朝にその家に怒鳴り込みをしたり、宗教法人の認証にからんで都庁や文化庁での示威活動に参加したりした。それは同時に、彼の意識下においては「三悪趣に陥るような状態」と感じられる世俗の世界と教団内世界との落差を自覚させるものであったようだ。

こうした教団の世界観を内面化していた廣瀬にあっては、宗教法人の認証が遅れている状況下で現世の救済を進めていくために、衆議院選挙へ出馬して政治的な力を得るというオウムの政治進出の方針も納得できたという（同前）。周知の通り選挙結果は惨敗であったが、次のように振り返っている。

「自分では全く予想できない結果でもなかったので、落ちこむというわけではありませんでしたが、やはり一縷の望みを持っていたこともあって、むなしいような気分はありました。（中略）当時は、麻原も失敗することがあるんだなということは思いましたが、信は失いませんでした」（以下、第四三回公判調書を参照）

（3）事件への関与

選挙の惨敗後の一九九〇年四月、麻原は廣瀬ら出家信者約二十名に対して、ボツリヌス菌から生成される毒物を世界中に散布する計画の説法を行なった。ただし、廣瀬は麻原の命によりそれ以前からボツリヌス菌の培養に従事していた。当時のことについて次のように証言している。

「（ボツリヌス菌は何のために作っているのか、という麻原からの質問に対して）現代人は悪業を積んでいるので、カルマ落としをするのですかと答えました。（中略）現代人は悪業を積んでいるということで、そういう悪いカルマをその菌をまくことによって解消して、三悪趣に落ちないようにするというふうな意味です。（中略）（死が救済であるという教えについて）やはり教義の、肉体がすべてではなくて、魂が輪廻転生するんだというような、そうした世界観が根付いていたというか、実際に幽体離脱などもありましたから、やはり肉体がすべてではないということは実感していたので、そういうことが背景になって、受け入れたのではないかというような気もします」（同前）

だが、このボツリヌス計画の「ワーク」は、一九九〇年六月末に自然消滅する。その時期から数カ月間にわたり「極限修行」が行なわれた。廣瀬もこの修行に加わっていたが、同年十月初めにクンダリニー・ヨーガを経験して「成就」する（同前）。

ボツリヌス計画消滅以後も、麻原は廣瀬に各種の兵器開発に向けた指示を出していった。しかし、いずれも成功はしなかった。一九九二年九月のことであるが、オーストラリアにウラン鉱を探しに行った際、廣瀬は麻原からヴァジラヤーナの救済の心がまえが足りないとして直接叱責を受け、「お前は自らの手を汚さないから四無量心がない」といったことを言われたという。

一九九四年二月に廣瀬は、麻原から一、二カ月間で小銃を千丁製造せよとの命令を受ける。そのときの心境を彼は次のように述べている（以下、第四五回公判調書を参照）。

「当然、違法行為をするという認識自体はあるわけなんですけど、普通の人が感じる悪いことをするというような感覚はないですね。むしろ断るほうが救済する気持ちがないというか、そういうことで罪悪感を感じるような状態ではなかったかと思います」（同前）

当然のことながら作業は難航し、たびたび麻原から叱責を受けたという。しかし、それは麻原への帰依を深めていく契機にすらなっていった。

「自分としては怒られるということも一種の麻原のイニシエーション、秘儀伝授だということを思ってまして、怒られることによって自分自身の悪いカルマを麻原が背負ってくれているものだということを思ってました。（中略）そうですね。実際に怒られると自分の気が上がって高揚した気分になるというか、そういったことを感じたこともありました」（同前）

一九九五年一月一日、廣瀬はとうとう小銃一丁を完成させた。彼は、そのことを麻原に報告したときの心境について、「今まで大分、麻原の指示通りのことができなくて、迷惑をかけてきましたが、やっと、ヴァジラヤーナとしては初めて完成品を供養することができたなという気持ち」になったと語っている。

地下鉄サリン事件においては、廣瀬は他の実行犯たちとともにサリンの実際の散布を担当した。彼はその命令を村井秀夫から受けたという。

「それまで教団では不殺生の戒を守って虫も殺さないような生活をしていましたから、いきなり殺生をするという指示を受けたということで、本能的な恐怖心というか驚きといったものが反射的に生じたというようなことです（中略）そうですね。今まで、ヴァジラヤーナということをかなりやってきていますが、いきなり殺生するということを突きつけられると、躊躇というか……そこまではヴァジラヤーナに染まっていないということで、私の場合はまだそこまでの段階に至っていなかったということです。（中略）（サリンの散布に失敗すれば、逮捕される可能性があると知って）教団がやったことが分かりますと教団が壊滅するということで、それが

一番恐ろしかったです」（同前）

殺人を犯すことになると知って、ためらいや葛藤が生じたものの、最終的に廣瀬は「やはり使命を果たさなければいけないという気持ちが一番強かった」ため、サリン散布の役目を受け入れた。教団の壊滅が一番恐ろしいという受け止め方をしている。サリンの散布時のことは次のように語っている。

「私がサリンの袋を取り出そうとしたときに私の前に立っていた女の子が反応したのを見て、生きている生身の人間を殺生するんだという感覚が出てきました。（中略）（女の子の様子を見ていったん電車を降り、再び別の車両に乗り込んだ際は）このままではいかんと、ヴァジラヤーナの救済であるというような気持ちで再び乗り込んでいます」（同前）

ここでもオウムとは何ら関係のない「女の子」までも無差別に殺害することへの戸惑いや葛藤などよりも、教団から与えられた使命を果たせないことへの恐怖の方が強かったことが分かる。地下鉄の車両内でサリンの袋を突くときの模様を次のように述べている（以下、第四四回公判調書を参照）。

「そのとき、麻原を観想してマントラを唱えながら突いていきます。（中略）（そのようにして突いた理由は）サリンで被害に遭う人と麻原の縁をつなぐためという意味もありますし、実行の際に自分自身の汚れというものが影響を及ぼさないように唱えていたという意味もあります」（同前）

犯行後、自分たちの車に戻ると廣瀬はサリン中毒に陥った。サリン中毒の症状が出るなかで、カーラジオから事件の様子が報じられているのを耳にする。このときに至っても、良心の呵責のような感情は、オウムの教義にもとづく救済の論理によってかき消されていた。

「そのとき、ヴァジラヤーナの救済が始まったというか、賽は投げられたといったことを思ったという記憶があります。（中略）これから大変だなと、こういったことをどんどん続けてやるのかなといったような気持ちがありました。（その後、渋谷のアジトで事件を伝えるテレビを見たとき）人が苦しんでいる姿が映っていて、そういった姿は見ていて辛いものがあるので、早くオウムと縁ができて救済されてほしいという気持ちがありました」（同前）

（4）宗教的経験がもたらした麻原への服従

廣瀬は自身の手記「学生の皆さまへ」のなかで地下サリン事件への関与の理由について、宗教的経験による「救済」として認識していたためであると説明している。オウムへの入信後、広瀬は教義に説かれていた体験を次々に経験していったことから、その世界観に対するリアリティーが深まっていったという。例えば、麻原を通じて自分が浄化されたような経験をしたことで、麻原が「カルマを背負う」、「カルマを浄化する」といった能力を有していることも「現実」であると感じられたとしている。こうした宗教的経験の積み重ねによって、信者たちは麻原を「神」とする世界観を信じていき、「現実」よりも宗教的経験の方にリアリティーを抱いていったと廣瀬は記している。廣瀬はいわゆる「幽体離脱」といったものも経験していたため、麻原が現代人を苦界に転生させることによって救済するという、「ポア」を通じた「救済」の教えを説く「ヴァジラヤーナ」の説法も疑問を抱くことなく受け入れることができたと顧みている。

おわりに

本章では、新實智光、早川紀代秀、廣瀬健一の三名の死刑囚となった元幹部を取り上げてきた。入信前、彼らは当時の若者たちのあいだで流行していたオカルト文化への関心が高く、オウムと出会うまでにさまざまなものにふれていた。他方で、早川と廣瀬は既存の「宗教」に批判的であった。彼らにとって「宗教」とは胡散臭く、深く関わりたくなるようなものではなかった。

しかし、彼らは麻原＝オウムと出会い、急速に傾倒していった。その大きな要因の一つが、麻原の指導（支配）のもとで得られた宗教的経験であった。既存の「宗教」とは異なり、そうした経験を信者たちにもたらすことができたとされる麻原は、彼らにとっては信じるに値する優れた宗教指導者（グル）であり、オウムこそが真の「宗教」であると感じられたようだ。そうして、教団内（ウチ）における世界観や活動が確固たる信念として確立され、世俗の一般社会（ソト）の判断を退けるようなものとなった。不殺生戒を標榜しながら、人を殺す行為に着手するという矛盾も、矛盾とは考えないような思考法に陥っていった。

彼らは、「ポア」のような、一般社会の常識からは大きく逸脱したオウム流の「救済」教義も、自身が得た宗教的経験のリアリティーにもとづいて体験的に受け入れていった。殺人の際に生じる善悪の判断や葛藤・戸惑いといったものも、麻原の説く宗教的論理によって正当化されてしまい、容易に脇へと追いやられてしまった。

なお、新實と早川は、自らの手で直接的に人を殺める経験を経たうえで、多くの犯罪に関与していった。新實と早川が黙々と犯罪行為に関与していったことについては、すでに殺人を犯してしまっていたという負い目や、それゆえに教団から逃れて一般社会に戻るという選択肢がなかった点も考慮すべきだろう。他方、廣瀬が麻原のもとで兵器開発を進めていった背景には、単に教団の教義を内面化して、麻原の指示に従っていったというだけでなく、自分の持つ科学的素養と教団の「救済」を結びつけることへの関心も想定できる。

いったんウチの論理に絡め取られると、ソトから見れば「宗教団体にあるまじき非道な行為」

も、それがウチで説かれた宗教的理念の実現につながるのだという解釈から逃れがたくなる。どこかで引き返せたのか。それは可能だったのか。三人の足跡を教訓にするためには、同様のことは現在でも起こっていることであり、これからも起こりうることである、という発想をもつことが必須になる。

参考文献——さらに知りたい人のために

櫻井義秀『カルト問題と公共性——裁判・メディア・宗教研究はどう論じたか』北海道大学出版会、二〇一四年
　現代日本においてカルト問題というものが、裁判、マスメディア、学術研究（宗教研究）を通じていかに構築されてきたのかを明らかにするとともに、人権や精神の自由など、そこで問われるべき公共性について論じている。

早川紀代秀・川村邦光『私にとってオウムとは何だったのか』ポプラ社、二〇〇五年
　オウム元幹部で死刑囚の早川と宗教学者の川村が、オウムについて複眼的に論じた一書。特に早川自身による自伝と彼なりのオウムについての考察は、教団の「ウチ」のありようを考えるための示唆を与えてくれる。

林郁夫『オウムと私』文藝春秋、一九九八年
　医師としてオウムの教団付属医院の院長職に就き、目黒公証人役場事務長拉致監禁致死事件や地

下鉄サリン事件に関与した元幹部による手記。逮捕後、いち早く犯行を自供し、反省の念も強かったことから無期懲役となった人物であるが、本章で取り上げた元幹部たちの来歴を考えるうえでも参考になる。

藤田庄市『宗教事件の内側――精神を呪縛される人びと』岩波書店、二〇〇八年
オウム事件のみならず、宗教的要因によって引き起こされた数々の宗教事件を取材してきた宗教ジャーナリストによる労作。本章との関係では、膨大な時間をかけて裁判を傍聴したうえでまとめられた新實智光と中川智正に関する章は必読である。
なお、同書では廣瀬健一が『超能力「秘密の開発法」』を読んで、書かれているとおりの修行法をやってみると神秘体験が起こったとしている。しかし、廣瀬の手記や供述を読むと、「本を読み始めた一週間後くらいから、不可解なことが起こりました。修行もしていないのに、本に書かれていた、修行の過程で起こる体験が私の身に現れたのです」とある。この点について藤田庄市は同書の記述が事実誤認であったとする。

第三章　疑念を押しとどめるもの
――脱会信者の手記にみるウチとソトの分岐点

藤野陽平

はじめに

オウム真理教に接して関心を抱いても、比較的短期間で離れた人はいる。だが麻原彰晃という人物に深く帰依するに至り、オウムの熱心な信者となった人もいる。そうなると、たとえ小さな疑念がわいたとしても、そこから離脱するのは心理的にも、また集団力学的にもきわめて困難になる。それでも、教義や活動などへの疑念が大きくなると、それは心の葛藤をもたらす。とどまるべきか、去るべきかの迷いも生じる。

かつては熱心な信者であったが、脱会を決意したという人たちの体験は、オウム真理教のウチとソトに存在する境界線が何であったのかということを考える上で、きわめて重要である。彼らはさまざまな理由により、オウム真理教のソトからウチに入った。さらに出家信者となったということは、オウムのウチというだけでなく、いわばウラの世界にもふれることになる。その体験の中で、疑念をもったり、失望感を抱いたりして、今度はウチからソトへの道を選ぶことになったわけである。

彼らは周囲の反対を押し切り入信し、全財産を布施として差し出してウチへの道を選び、いったんはそこに自分の居場所を見いだした。では、それをどうやって断ち切り、脱会に至ったのだろうか。すべてを捨ててでも没入したかったウチでの生活での疑念は、なぜわいたのか。それはどのようなものであったのだろうか。

本章では脱会者の手記等を手がかりに、彼らが脱会前後に抱いた疑念に焦点をあわせる。そこで直ちに明らかになるのは、出家信者らは、疑念をいだいたからといって、すぐさま脱会を決意するというわけではないということである。ここで引用する手記やインタビューの内容からも読み取れるが、彼らはソトからは見えなかった荒んだウチでの生活や、矛盾だらけの教義、言行が一致しない麻原や幹部信者らの態度等に対して、大小さまざまな疑念を抱きながらも、教団や麻原に従うという生活を続けていた。疑念がわいても、脱会までは幾多の紆余曲折、葛藤があるということである。

そうすると、次のように問うていく必要がある。①疑念があったにもかかわらず、オウムにとどまり続けたとき、依拠していたのはどういう論理か。②最終的に脱会を選ぶに至る上で、どのような疑念が重なったのか。③とどまり続ける論理を踏み超えさせたものは何なのか。④脱会後に、オウムに対してどのような情動を抱くことになったか。

手記等からは麻原を詐欺師であると思うと同時に、グルであるということも否定しきれないという矛盾の中で揺れ動く情動が伝わってくる。ウチへとどまり続けようとする力に抗しながら、ソトへ抜け出そうともするせめぎ合いの具体的場面を考察する。

一　出家信者たちが抱いた疑念

本章では元信者たちの手記その他を頻繁に紹介するので、あらかじめどの資料を用いたかを示しておきたい。また本文中では（　）内の表記で出典を示すことにする。

A　手記

滝本太郎、永岡辰哉編『マインド・コントロールから逃れて　オウム真理教脱会者たちの体験』恒友出版、一九九五年。（滝本）

高橋英利『オウムからの帰還』草思社、一九九六年。（高橋）

カナリヤの会編『オウムをやめた私たち』岩波書店、二〇〇〇年。（カナリヤ）

B　インタビュー集

瀬口晴義『検証・オウム真理教事件　オウムと決別した元信者たちの告白』社会批評社、一九九八年。（瀬口）

村上春樹『約束された場所で underground2』文藝春秋、二〇〇一年。（村上）

青木由美子編『オウムを生きて　元信者たちの地下鉄サリン事件から一五年』サイゾー、二〇一〇年。（青木）

手記は脱会信者本人による生の声であり、第一次資料として価値が高いが、思い思いの視点から書かれており、必ずしも正確な情報とは限らない。一方、インタビュー集は共通の視点から編集されているので、まとまりはあるけれども生の声ではない。それゆえ、両者を合わせて読んでいくことが、事実に迫るには適切な手法と考える。

ここで扱う出家信者たちは、オウムの中心に近づくとともに、麻原とも直に接するようになり、在家時代には見えなかった部分が見えてきたと考えられる。ソトの世界からのぞき込まれる分には取り繕うことのできたウチの世界も、ウラの寝食をともにする生活空間ではそうはいかなくなる。古参信徒で側近の一人だった佐々木は以下のように述べている。

「側近だっただけに、麻原のいんちき加減は少しづつ《ママ》分かってきた。麻原には宗教の基礎知識

がないこともよく分かった」（瀬口：一一二頁）
「私は側近でないと分からない麻原の本質を知っていた。異常なまでの猜疑心と怒りっぽさ、教義をネジ曲げるうそつきな性格。あの男が金と権力を持ったらどうなるか、見当つきました」（瀬口：一一四頁）

佐々木は麻原だけではなく幹部たちの言動に対する疑念についても述べている。新實智光と話した際に、出家して偉くなったら彼女を迎えに行きたいと話していたというエピソードを紹介し、「彼らには宗教的な知識がないと思った。村井や上祐は科学的知識にはたけていても、宗教のことは知らなかった。宗教のことを知っている人は、途中でおかしさに気づいてやめている。新實なんて宗教のしの字も知らない単なるイエスマンで、上の言うことにへつらうだけだった」と評価している（瀬口：一一〇頁）。

このように後に脱会することになる出家信者たちは、さまざまな矛盾に気がついていた。そこでまず出家信者たちが抱いた疑念のパターンを列挙しておく。

（1）　度が過ぎている

これ以上はついていけない、度が過ぎているのではないか、という疑念のパターンがある。ただこれは当事者の考えであって、どこからが度を過ぎているかについて、誰もが納得するような明確な区分けを設けることはできない。筆者なりの仮の区分を試みることならできるかもしれないが、もっと大事なことがある。「度が過ぎている」と感じた出家信者たちのその反応に注意を払うことである。なぜ、どのようなことにそう感じたのか、その境界線あたりを確認することである。オウム真理教のウチにあって生活していた出家信者の中にも、ここからは度が過ぎていると感じるポイントがあったということである。

例えば、オウムが暴力を容認するに至る教義的な背景にタントラ・ヴァジラヤーナがあるが、目的のためであれば殺人も厭わないというソトの世界では容認されない考え方についてこのような記述が見られる。

「説法がだんだんタントラ・ヴァジラヤーナに移行していって、(中略)手段を選ばないような教義にはついていけないないなと感じていました。こういうのは自分に合わないないなと」(村上：一二六頁)

オウム真理教のウチに生きていた出家信者であっても、さすがに殺人はまずいだろうというソトの論理がまだ生きていたということである。一度ウチに入れば、みながソトの考え方ができなくなるというわけでもない。一方で、こうした麻原の説法に対して度が過ぎていると気づかない出家信者も少なくなく、そういう精神状態に追い込まれていた人たちもいる。

(2)嘘・矛盾・言行不一致

ごく当たり前のことであるが、人は嘘や矛盾した教え、言行不一致に疑念を抱く。殺生を禁止しておきながら、ポアと言ってサリンを撒いたということはもっとも分かりやすい例であろう。手記の中にもサリンのことを知らなかった出家信者たちは異口同音に「ゴキブリも殺さないオウムがやったはずはない」(青木：三六頁)と述べ、当時オウムの犯行であることは思いもよらなかったという。つまり、それほど完全に騙されていたことになる。

当然のことながらこうした教団の嘘が白日の下に曝されれば、それは疑念となっていく。例えば、夫婦で出家した片山は、妻はすでに脱会しているにもかかわらず、教団からは「シャンバラにいる」と、嘘の説明を受けていた。後日、強制捜査の少し後に実家にこっそり電話をかけてみると、すでに妻は脱会していることを知る。「脱会させないためには、嘘も許されるのか……」と教団に幻滅したという(瀬口：一五七―一五八頁)。

一貫性が無く矛盾した考えや、ころころ変わる説明に対して疑念をもった信者もいる。オウムでは仏教の四無量心(慈・悲・喜・捨の四つの無量心)の「捨」にあたるものを聖無頓着と表現する。これはこの世の価値観に心を捉われないで、真理を追究すべきであるというものだが、他者に迷惑がかかっても気にしないというふうに都合よく解釈されるようになった。それでいて、グルの存在や発言は絶対視され、これには頓着させていたということも、ソトの世界の論理では理解しにくい事柄である。これに関して、教義の自己中心的な解釈のありかたに次のような疑念を抱いた信者がいた。

「オウムでは、何があっても心を動かされてないことをさして「聖無頓着」と言いますが、無頓着と無神経は違うとも感じました。本当の聖無頓着であれば、自分の痛みには鈍感で、人の痛みには敏感であるはずです。しかし現実のサマナたちは人の苦しみに対しては「カルマを落としてやった」などと言い、自分たちは指の先をピッと切ったくらいのことで苦しんでいるように感じられたのです」（青木：四二―四三頁）

（3）宗教者としての麻原や幹部たちの能力への疑念

解脱者としてのグル麻原は超能力が備わっているとされ、予言能力や神通力があると考えられていた。例えば空中浮揚できるという話は有名であろう。しかし、写真以外で実際に空に浮いている姿は公表されていないのであり、滝本弁護士が行なったように、写真だけであれば修行などしなくても浮遊しているように撮影することは可能である。こうした埋めがたい理想と実際の間のギャップからくる矛盾や言行不一致に、一部の出家信者たちは不満を持っていたようである。

麻原は神通力によって未来が予知できるとされ、多くの予言をしていた。しかし、大多数の予言は外れている。滝本太郎と永岡辰哉は「オウム真理教（集団・個別）自殺・虐殺防止用テープ」というものを作り、麻原の予言がいかに外れているかを指摘している。例えば、一九八八年に富士山が噴火しなかった。日本は沈没しなかった。羽田政権は一九九四年一一月まで続くはずが、二カ月で総辞職した。一九九九年八月一日にソ連とアメリカがハルマゲドンをおこさなかったなどである（滝本：二三〇—二五一頁）。教団内でもそのことはささやかれていたようで、真実を見通せない神通力について次のような記述がある。

「麻原彰晃に対する尊敬の念というのはもうずいぶん薄くなっていましたよ。なにしろあの人はちょんぼの連続でしたから。予言なんかもう外しまくっていましたからね。石垣島セミナーでも外しているし、オースチン彗星でも外しているし、サマナの中でも「尊師の予言はほんとに当たらないよなあ」とよく言われていました」（村上：一九七頁）

神通力があるはずなのにスパイや嘘が見抜けないのも変だと感じる信者がいた。陰謀論が支配していた当時の教団内では、スパイが紛れ込んでいるとささやかれるようになる。そこでそのスパイを見つけ出すことに教団として躍起となるのだが、これに対する疑念も散見される。

「当時スパイ説というのが教団内で広まっていまして、嘘発見機を使ってスパイを探しまわっていました。教団の全員が、イニシエーションと称して、嘘発見機にかけられました。でもこれは変な話で、もしグルが教団のすべてを掌握しているのなら、そんな機械を使わなくたって、スパイかどうかくらい一目でわかるものじゃないですか。そんなこともわからないで、これだけ多くの人間を解脱まで導けるのかよと、思いました」（村上：一二八―一二九頁）

「スパイ検査というのを受けさせられました。（中略）僕はそれには疑問を感じました。もともと麻原彰晃って神秘的な存在であるわけです。だったら神通力をつかって「こいつはスパイだ」って見抜けばいいじゃないかって思いました」（村上：一九一頁）

グルには神通力があるのだから、嘘発見器など使わないで見抜けばいいではないかという至極妥当な疑念である。自分が信頼している団体から疑われるのは決していい気持ちがするものではない。スパイチェックを受けさせられた信者たちの多くは、はたしてグルに神通力があるのかということを疑い、同時にそれは教団に対する疑念となる。解脱に至るための手段として薬物を用いることへの疑問も生じた。

「やがて薬物のイニシエーションが始まりました。僕も当然受けました。受けた人たちはＬＳＤだろうと言っていました。幻覚は見ましたが、解脱に至るための手段としては、疑問を持たざるを得ませんでした」（村上：一二八頁）

オウムではキリストのイニシエーションと称して薬物、特にLSDを使用して直接的な宗教体験をさせていた。これに疑念を感じた人も多く、脱会した信者たちの叙述から、薬物イニシエーションが行なわれたのをきっかけに、脱走した人がいたことも分かっている（カナリヤ：プロフィール三参照）。そもそも、オウムの考え方として解脱に至るためにグルに示された方法で修行をし、その不足分をグルや解脱者らが導いてくれるというものであるはずが、これではグルの力ではなくLSDの力で幻覚を見せているというだけである。それではオウムでなくてもLSDだけ入手できれば解脱できることになってしまう。

（4）一部の人だけ特別扱い

オウム真理教では「邪淫」をカルマにあたるとし、あらゆる性行為を禁止していた。しかし、麻原は結婚をし、子どももがいるだけではなく、多くのダーキニーと呼ばれる愛人たちや、美人信者たちとの性交渉を「左道タントライニシエーション」と名付け正当化していた。岩倉という女性信者は、とある男性出家信者と「破戒」したと疑われ、ニューナルコと言われる電気ショックで記憶を消されているが、彼女はそれ以前に麻原から性交渉を求められている（村上：二〇五―二一三頁）。

この矛盾した言行にも麻原は強引な譬えで説明を与えている。それは、些細な濁った水を膨大な透明な水にいれても透明なままである。つまり、弟子（汚れた水）が抱える性欲は間違っているが、それをグル（大量の透明な水）に向けても、大量の水は透明なままだという論理である。こうした麻原や一部の幹部だけを特別扱いするというありかたは性的なものだけではなく、ありとあらゆる場面で見られた。そうしたソトの論理では矛盾としかみえないウチの論理について、すべての出家信者が納得していたというわけではない。

例えば、教団内では、霊的なものよりも、男性は学歴が、女性は容姿が重要視されていたことに対して、増谷という元信者は次のように述べている。

「オウムって、現実的な意味で教団に多大な貢献をする人に優先的に解脱を与えるというところがあるんです。もちろん霊的ステージみたいなものもある程度は評価に含まれてはいるけれど、現実的な貢献のポイントはかなり大きかったと思いますよ。たとえば男の場合は学歴が大きくものをいいました。東大を出ている人には普通よりも早く高い解脱を与えちゃうとか、より重要な仕事につけて幹部にするとか、そういうことがよくありました。女の人の場合はまた違って、美人かどうかが大きかったです。そうなんです、あまり現実の世界と変わらない（笑）。（中略）僕もある時期までは、自分のステージが上がらないのは努力が足りないからだというふうに考えていました。でもそれと同時に「東大出の人はずいぶん尊師に可愛がられているよな」という感想はみんなもってたんじゃないかな」（村上：一二四―一二五頁）

その他にも片山という元信者が「冷房事件」と呼ぶ一件があった。夏の暑い日に亀戸道場で一般サマナが修行する階の冷房が故障し、耐えきれないほど気温が上がったことがある。そこに幹部が上の階から降りてくると、「すぐに引っ込んでいった」という。「おかしいなあと思っていたんですが、後で用事で師の部屋にいくと、みんな冷房の効いたところで涼んでいたんですね。これはちょっとおかしいんじゃないかって」（瀬口、一五八頁）と述べる。

以上のようにウチの世界にいた信者たちの中にも、多くの点で疑問を感じ、教えと実際の活動との間に乖離があることを感じていた者がいることが分かる。しかし、それでも出家信者たちの大半は、オウム真理教の教えと活動には整合性がとれているという認識を共有していた。どうしてなのだろうか。その大きな理由は、オウムや麻原に対する疑念を持つこと、そのこと自体が悪という超論理的な考え方が支配していたからである。

次節で述べるように、疑念を持つこと自体が悪というのは、具体的には、来世において地獄に落ちるということを意味している。しかも、その地獄の様相を薬物を用いたり、過度に過酷な修行によって人工的に生み出された体験主義的な実践によって信じ込ませる仕組みを持っていた。実体験を伴うリアルな体験をさせられた出家信者たちが恐怖の感情を植えつけられることで、情動を縛られ、行動を操られていたと考えられる。

二　疑念を打ち消してしまう恐怖——渡辺恵美子の手記から

以下では元信者二名の手記を取り上げる。ここからは疑念を抱えながらもウチにとどまり続ける姿勢と、ソトに出ようとする姿勢がせめぎ合う様子が分かる。

まず渡辺恵美子の手記を取り上げる。そこで語られる内容によれば、彼女は合計で五回オウムから脱走したのだが、脱走に成功しても自ら進んで再入会している。

また、彼女の夫と見られる男性（前述の片山）のインタビューも公刊されている（瀬口：一四八―一六五頁）。それによれば彼はニューナルコと呼ばれる手法で記憶を無くさせるため薬物を投与され、出家前に夫婦であった渡辺のことを思い出せないという。ニューナルコは記憶をなくさせるために電気ショックを与えるのであるが、薬物が併用されることもあったという。林郁夫が考案したとされる。

(1) 人工的に植えつけられる恐怖

渡辺は夫に誘われてオウムに入会した。最初は宗教に対して抵抗があったが、嫌だったら脱会すればいいと軽い気持ちで入信する。そして、修行や説法を聞いているうちに、徐々に輪廻転生や三悪趣の存在やカルマによって転生することを信じるようになり出家した。そのときの体験である。

「しばらくすると、尊師から黄色の液体を貰い、飲むと不思議なヴィジョンが見えました。時間や空間の認知ができなくなり、黒いうねりの中で苦しみもがく人々が見えたのです。次に、灰色の空間に餓鬼のような人々が見えたのです。そして尊師のマントラが聞こえてきました。私は尊師の説法は正しかった、もっと頑張って解説しなければと思いました。その日から、今まで以上にワークや修行を熱心にやるようになりました」（滝本：一二八頁）

彼女の場合も「飲むと不思議なビジョンが見え」る「黄色の液体」が使用され、これによりリアルなオウムのウラの世界に踏み込んでいった。しかし、心酔したからといって出家生活の全てを受け入れられるというものではなかった。実際の出家生活は不自由であり、それ以外にも疑念もあった。そして、彼女は在家に戻りたいという感情がおさえきれなくなり脱走する。問題としたいのはその後の彼女の行動である。彼女は湧き上がる情動について以下のように述べている。

「オウムの施設を出た途端に私の心の中は、尊師との縁を傷つけたので地獄におちるという恐怖で一杯になりました。尊師から離れて生きていけないと思い、その日のうちに支部と連絡をとりました。すると、オウムに戻るよう説得され戻りました。けれど、下向したいという気持

ちは消えません。しかし、地獄に対する恐怖もあります」（滝本：一二九頁）

脱走に成功したにもかかわらず、彼女は再度教団のウチへと舞い戻ってしまう。結局、五回の脱走を繰り返している。特に四回目の脱走時には無理やり暴力的に連れ戻され、「独房やコンテナに手錠をされたまま監禁され」るという経験をする。一九九四年秋に五度目の脱走をし、ようやく脱会するに至った。彼女が抱えていた理想と現実とのギャップを乗り越えさせずにおいていたものは、心の奥深くに植えつけられた恐怖心であった。四度目の脱走の後の監禁と最後の脱走について以下のように述べている。

「私は五回も脱走し、独房やコンテナに三カ月に渡って監禁されました。地獄の恐怖だけでなくオウムに連れ戻されることも恐怖でした。私がコンテナに閉じ込められた時、真夏で内部は四〇度まで気温が上がり蒸し風呂のようでした。二四時間手錠をされたままで眠ることも横になることも許されず、閉じ込められているという恐怖もあり、だんだん気が狂いそうになってくる。一カ月経っても出られない、二カ月経っても出られない、いつ出られるかわからない。何度も絶望的になって泣いた。この時、私の心を救ってくれたのは、コンテナの中で知り合った二人の友人でした。彼女たちにたくさん助けてもらった。そして、彼女たちと引き離されたとき、私の心は限界でした。脱走を決意した。私は真っ暗なやぶの中を走った。手や足はいばらの木で傷だらけになった。でも痛みは感じない。なぜなら、地獄におちるという恐怖心で一杯だったから」（カナリヤ：七九―八〇頁）

いつ終わるともしれぬ監禁状態の中で、助け合う仲間の存在を喪失したことによって、最終的な脱出を決意した。その際にも地獄に落ちるという恐怖心から、手足が傷だらけになりながらも痛みを感じないほどであったという。オウムでは下向（＝教団を離れること）を厳しく禁じていた。『情報時代のオウム真理教』の執筆分担にあたってオウムの説法テープを分析した碧海寿広は、「ソト」である一般社会へ実際に下向するだけではなく、下向を望むことだけでも、将来地獄で苦しむことになり、オウムの「ウチ」にとどまれば地獄に落ちることはなく安心できるという内容が語られていたと指摘している。そこでは脱会者は地獄行きという図式があり、これは出家信者の間で徹底されていた。

そして、こうした下向に伴う恐怖は単に教義的な説明による概念的だけのものではなく、体験主義的なリアルなものでもあった。単に地獄に落ちると話で聞くだけではなく、修行の過程で薬物を使用して、強引にリアルな地獄を体験させる。

それではオウムはどうやってリアルな死の恐怖を信者らに共有させていたのだろうか。全貌はわからないにしても、その一端を垣間見ることができるエピソードが、次節で紹介する高橋英利の手記（高橋：一三八―一四三頁）に載せられている。それは「バルドの導き」というイニシエーションだった。第五サティアンにあるリトリートと呼ばれる独房に連れて行かれた高橋は、暗い空間の下で蓮華座を組んで座らせられ、テレビには「地獄のビデオ」と呼ばれるF1ドライバーがクラッシュして潰されるような残酷な映像が繰り返し映し出されていて、それを六〜七時間ほど見続けさせられたという。

そうすると「さて、この先の世界は……」と言われ、真っ暗になる。あわせて麻原のマントラと低い太鼓の音の中、地獄の解説がはじまる。最初は熱地獄の解説であったという「ね・つ・じ・ご・く」、「南の門の、扉が閉まった」、「熱い！　熱い！　熱い！」といった音声がまるで「お化け屋敷」のように効果音と共に流れてくるという。

その次には別の部屋に目隠しのまま連れて行かれて、蓮華座を組むように言われる。部屋では大音量で「修行するぞ修行するぞ修行するぞ……」と麻原のマントラが流されている。その中に幹部たちが入ってきて、「いまからバルドの導きのイニシエーションをはじめる」という宣言に続き、太鼓やベルを鳴らしながら幹部たちが恐ろしげな声で高橋の至らなさを三時間にわたって非難し続ける。

この時、高橋は教団に対する疑念が強まっており、この儀式は「噴飯もののきわめて幼稚」と評価しているが、彼はこのイニシエーションの第一号だったようで、いわゆる実験台でもあった。こうした幼稚と評価されたイニシエーションであったが、薬物が併用された場合、どのような結果をもたらすだろうか。その危険性を「あの陳腐な地獄のイメージが恐ろしいリアリティーをもって刷り込まれてしまった人もいたのではないだろうか……」と高橋は指摘している。ここで紹介したことと同様の手法が渡辺にも行なわれたかどうかはわからない。しかし、彼女が激しい恐怖体験を抱くようになったのは明らかである。

（2）脱会後も続く恐怖心

こうして植えつけられた恐怖は、オウムのソトの世界に戻ったのちも続いていく。渡辺は恐怖心を抱えながら生活を続ける姿について、脱会後複数回手記を残し、その時々にあわせて振り返っている。最初の手記は脱会後四カ月後のことである。

「この頃の私はまだ地獄の恐怖から完全には抜け出せない状態でした。夢の中で、片足を切断して血だらけの女の人が、「あなたも尊師に帰依できるでしょう」と言って追いかけてきました。私は泣きながら逃げているところで目が覚めました」（カナリヤ：七九頁）

血だらけの女に追われ、泣きながら逃げるという夢を見るという状況である。先の薬物を投与された後に見た世界と似通っていることがよくわかる。「地獄の恐怖から完全には抜け出せない」どころか、まだ強く恐怖にとらわれていると見るべきであろう。薬物などを使用して夢と現《うつつ》の境目が不明瞭な体験をし、さらにその体験によってリアルな恐怖体験が組み込まれていた人にとって、恐ろしい夢の衝撃はすさまじかっただろう。脱会後数カ月たっていたとしても、ソトの世界で彼女を襲い続けるウチの体験や記憶の持つ影響力は計り知れない。二度目の手記は脱会後六か月後のことである。

「庭で草むしりをしようと思ったら、怖くって草がむしれない。オウムにいた頃、草木を傷つけたら成長天の神が怒ると聞いたからです。でも「オウムの教義は矛盾だらけだ。あんなに残忍なことをする教祖が救世主であるはずがない。大丈夫、大丈夫」と自分に言い聞かせて、目を閉じて思い切って草をむしった。恐怖はまだ残っている。むしった草を見たら、少しだけほっとした気持ちになりました」（カナリヤ：八〇頁）

すでに頭ではオウムの教義の間違いを理解しているようなのだが、心では未だなおオウムが植えつけた恐怖の呪縛から逃れることができていないことがわかる。草むしりという何気ない日常の空間にまでも、恐怖が忍び込んでくる。オウムはいかに彼女の情動を支配していたかが分かる。三度目の手記は一年が過ぎた頃のことである。

「世間の話題の中からオウムの話題が少なくなり、証言予定の私を警備していた警察もまわりからいなくなり、落ち着いた日々となりました。恐い夢もたまに見るだけとなりました。罪悪

感によってただ落ち込むだけでなく、できることから始めていこうと思えるようになりました」（カナリヤ：八〇―八一頁）

脱会からすでに一定の時間がたち、自身もまわりの社会も落ち着きを取り戻してきたという内容である。しかし、未だに「たまに」恐い夢を見ている。一年の歳月を経てもなお、恐怖による精神の呪縛が彼女をとらえている。

脱会後一年九カ月の四度目の手記では仕事に復帰し、医療関連の現在の自分の仕事とオウムを比較し、考えることができるようになっている。これは客観視が徐々にできているということであろう。手記を書いている段階で以下のように述べている。

「暑い日が続いています。独房やコンテナに閉じ込められてから暑い日が苦手になりました」「今、困っていることは、エレベーターや混んでいる電車に乗ると不安が出てきてしまうことです。暑い日は特に息苦しくなって、独房やコンテナでのことが思い浮かんできます。でも頑張ります」（カナリヤ：八二―八三頁）

かなり落ち着いてきたということがうかがえる文面なのだが、それでもやはり、暑い日や狭い場所、人込みの中では監禁された記憶がよみがえっている。植えつけられた恐怖感の根深さが分かる。

三　高橋英利『オウムからの帰還』にみる揺れる情動

幹部信者を除いた脱会信者の手記の中でもっともまとまった内容になっているのが、高橋英利『オウムからの帰還』である。元信者が執筆したものとしてかなり知られている書である。入信後から脱会後にわかる彼の心の動きが記されており、オウムによる「心の支配」の度合いがよく分かる。

（1）入信後、当初からあった疑念とその覆い隠し

高橋が初めてオウムに接触したのは、一九九一年一一月一日の信州大学での学園祭であった。最初は「なにやら派手な連中が踊りながら行進してきた」と思い、「僕は『なんだこりゃ？』と思いつつ、彼らの姿をながめていた。しばらくしてそれがオウム真理教だとわかったとき、正直なところ笑いがこみあげてきてしまった」と苦笑した。しかし、「のどかな風景だった。危険な印象などまったくなかったし、なにより教祖の麻原彰晃氏本人が講演にやってきているというのに興味がわいた」と、振り返っている。

講演会に足を運んだ高橋は、麻原の話を聞きビデオを見て、「『なんだ、結構まじめにやってる

じゃん』と思った。僕の目には生真面目なヨーガの集団と映った」という。さらに、質疑応答で麻原とやり取りをしたとき、オウムに引き込まれてしまうような気がし、そのことに怖さを感じて退出した。ところが、アーナンダ（井上嘉浩のホーリーネーム）に呼び止められ、彼との接触後すぐに入信することとなる。高橋にとってアーナンダとの出会いは「『思考』の部分に訴えかけてきたのではなく、『本能』の部分を直撃」したのだという（高橋：三七―五一頁）。

オウムへの入信を決意したが、家族や大学関係者から反対され悩む。そこで、アーナンダに電話をすると「高橋君。僕がもし踏み絵を踏めと言われたら、踏むよ。いくらでも踏む。ぼんぼん踏む。しかし信仰は捨てない。だからいいよ、高橋君。オウムなんかやめちゃったっていいんだよ。でも、君の信仰心が本物なんだったら、自分自身の修行を淡々と進めていけばいいじゃないか」（高橋：六一頁）というアドバイスを得る。この言葉にたかぶった気持ちは、うそのように落ち着き、一瞬にして平安な気持ちになったという。説法後の質疑応答の際、麻原にこのことを相談すると、次のような言葉が返ってきたという。

「それはね、『カルマ落とし』というものです。修行者が修行生活に入る場合、そのような祝福のされ方をするもんなんだね。入信してすぐにそんな現象が起こるなんて、君はよほどオウムと縁があるんだろう。それは高橋君、修行者にとってはむしろ喜ばしいことだよ。ご両親や先生方が不条理なことを言ってきたとしても、けっして感情的になってはだめだ。むしろ、修

行生活に入れない彼らを哀れんでやるだけの心の広さをもちなさい」(高橋:六三頁)

このようにオウムに入信した高橋であるが、入信後、半年ほどで脱会している。ただし、本人も「消極的な脱会」と言っているように、オウムに嫌気が差したというわけではなく、払い込んだ会費が切れてしまったためである。大学の研究が忙しくなったこと、オウム真理教の拡大志向に対する疑問が芽生えたこと、また、修行があまりに厳しいものだったことも理由としている。

オウムは脱会しようとする者に対し、恐怖心を植えつけ、阻止しようとするのだが、高橋の場合には状況が異なっていた。脱会を伝えるためにアーナンダに電話をしたが、強引に引き留めるようなことはなかった。ただ「そうか……。だが、高橋君。きみは必ず戻ってくるだろう。きみは在家には向いていない。きみはもともと出家するべき魂なんだ」と断言された。このことによって高橋は「オウムに対して負い目のようなものをかかえこんでしまった。(中略)結局は自分の弱さゆえにオウムから逃げ出したんだ」と自己嫌悪に陥った。その後ろめたさゆえに、オウムのイメージは現実よりもはるかに美化されたものになっていったと解釈している(高橋:六五―六七頁)。

そうした中、秋の終わり頃、麻原が死ぬ夢を見る。「その瞬間、突然僕の心にオウムへの思いがよみがえってきたのだ。麻原さんが死んでしまう前にそのもとに行かなければならない」と強く思ったという。後ろめたさを自覚し、「現実の虚無感と対照をなすように、オウムの修行生活がひどく輝いたものとしてよみがえってき」てしまう。二年のブランクの後、松本の支部に足を運ぶが、そのときは久しぶりにほっとした気持ちに包まれたという（高橋：七二―七四頁）。

（2）ウチの世界に身を投じ、そこで生じる疑念と迷い

再入信をした後、どのような心の揺れがあったのかを順に追っていく。まず、極端に「闘争」を呼びかけることについて疑念を持った。高橋は麻原が公安やフリーメーソンなどを挙げて、闘争を呼びかける説法を行なった際に「ざわーっと、全身を鳥肌が立った」という。ひたすら「闘争」を呼びかけるこの説法にはついていけず、「いったい麻原さんはどうなったんだ、という気持ちでいっぱい」となった。この点について質問すると、麻原は毒ガスだとかフリーメーソンだとか言っておきながら、闘争そのものに関してはかなり抽象的な回答をした。だが結局、人間は闘争をしながら生きるものだということで納得させられてしまう。まわりからも尊師と話せてよかったねということになり、ここで出家できなければ、俺の信仰心なんてにせものでしかないと自身に言い聞かせ、疑念を持ちながらも出家を覚悟する（高橋：七五―七九頁）。以下のように回想している。

「じつは僕が脱会していた二年近くのあいだに、オウムはその過激さの度合いをかなり増していたようなのだ。迂闊にも僕は、再入信した時にそうした変化を意識していなかった。むしろ、

再入信の興奮のなかで、そうした面をあえて見ないようにしていたのかもしれない。たしかに三月十一日の麻原さんの説法では、「闘争」ということが前面に押し出されていて「いったい、どうしたんだろう」とは思った。だが僕は、そこで立ち止まって考えるということをしなかった…」（高橋：一五九頁）

高橋は退会と再入信の間に、オウムはその過激さを増したのだと感じている。しかし、高橋が最初にオウムに接した一九九一年には、すでに坂本弁護士事件（一九八九年）は起こっている。当初はオウムのウラの姿を感じ取ることができなかったということになろう。いずれにせよ、オウムの持つ凶暴さに疑念を抱えつつも、あえてそれを見ないようにして、出家信者への道を歩んだ。

毒ガス攻撃を受けていると言われていることについてもおかしさを感じた。例えば、変なにおいがすると他のサマナが「ほらっ、この臭い、これがサリンよ」などと言い、他の人も納得している様子であった。これに対し、「変な臭いと毒ガスとはまた違うものだろう。サリンは無臭のはずだし、かりに臭ったとしたらその瞬間に死んでいるはずである」と考える。こうした状況を見てどうも教団は嘘をついているのではないかと思いはじめる。理系の大学院で学び、一定の科学的思考方法や知識を身につけていた高橋である。信者たちの会話に対して疑念を持っている。しかし、彼はこうしたオウムの詭弁に対しておかしいと思うだけで、特段それを解消しようとする動きを見せてない。科学的知識があっても、他のサマナにそのことを説明してもいないない（高橋：九八頁）。

現世を遮断した修行に専念できる理想的な空間を求めてきたのにそうではないと感じるようになる。

「純粋な修行のかわりにわけのわからない『ワーク』を押しつけてくる。（中略）ほんとに大丈夫なのか？ここは…。仏教者の修行空間じゃなかったのか？サティアンに入った瞬間から、そのような疑念がもたげてきた」（高橋：九九頁）

サティアンの汚さも気になる。サティアン内部はいたるところゴミだらけで、ネズミやゴキブリが走り回っていた。タッパーに入れて配給されるサマナの食事も、その保管状態は決して衛生的とはいえず、ときにはタッパーのなかにネズミが入りこんでいたことさえあったという。これに不満を漏らしたところ、他のサマナに、それは「きれいにして気持ちよくなりたい」という煩悩のあらわれだと説明された（高橋：九九―一〇〇頁）。

さらに相互監視下のサティアン内の人間関係についても違和感を持ち、こう述べる。

「在家信者のための各支部は（中略）スタッフも信者の人達もみな明るく温かい雰囲気で接し

てくれる。いつ行っても、なにかほっとするような空気で満たされていたのだ。だが、サティアンの空気はまったく違った。とにかく冷たいのである。サマナ同士の私語は原則として禁じられているため、みな黙々と自分のワークに専念し、互いに言葉をかけあうことも少なかった」（高橋：一〇〇頁）

在家信者向けの施設と出家信者向けの施設の雰囲気の違いについて、「教団から与えられた論理が、サマナたちのあいだで増殖し、自己検閲・相互監視的な論理を次々と生み出してはお互いを縛りあっている」（高橋：一〇二頁）として、殺伐としたものを感じた。「スパイ・チェック」という言葉が頻繁に使われていたことにもふれている（高橋：一一六頁）。「あの人はスパイかもしれません」という一言で、すぐ「スパイ・チェック」にかけられてしまうので、サマナ同士が互いに不信感をいだき、互いに監視しあうことになった。「魔女狩りの世界」、「旧共産圏の密告社会」という表現で、批判的に述べている。

お金の問題にも疑問を抱くようになる。PSI（パーフェクト・サルヴェーション・イニシエーションの略）というイニシエーションを受ける際の金額が最初の入信と再入信の段階で大きく変わっていたという。最初に入信した際には一〇〇万円ほどだったPSIは、戻ってみると数百万から一千万ほどになっていた。麻原が「私の生命はあと一カ月しかもたない。今度のイニシエーション（PSI）はたいへん効果的であるが、私が死んだあとではこの効果が半減する可能性がある」というような説法をしていて、これを受ける人が続出したという。これには「かつてのヨーガ集団だったころのオウムは、どこへ行ってしまったんだ」（高橋：一二二―一二三頁）と疑念を感じる。にもかかわらず、長い葛藤の末にようやく再入信をはたした直後であったので、美化されていたオウムのイメージしか見えず、この疑念もすぐに意識のすみっこに追いやられてしまうのである。

しかしながら、ＬＳＤを使用して超常体験をさせる「キリストのイニシエーション」と呼ばれるものには、さすがに大きな疑念を持つ。自分も経験した超常体験が、真の超常体験ではなく薬物で偽造されたものであったことに気がつきながら、それでも脱会しようとは思わなかったわけである。

（３）帰還へむけて――徐々に抑えきれなくなる疑念

出家後、日々蓄積されていく疑念をついにおさえきれなくなっていった高橋は、それを口に出すようになる。まず、彼は村井に、キリストのイニシエーションの行ない方が杜撰で事故や怪我が起きている等、管理できていないことを相談している。その際のやりとりを紹介しておく。

「ためらいがちの口調ではあったが、自分の思っていることを村井さんにぶつけた。

村井さんは黙って聞いていた。そしてこう言った。

『高橋君の言うとおりです…』

虚をつかれたような感じだった。

『たしかに教団はまだまだ未熟だと思います』

これが村井さんの答え方だった。僕としては村井さんに弁明してもらいたかった。その弁明に向かって僕は議論したかったのだ。ところが彼は意外なほど簡単に引き下がってしまったのである。僕は唖然としながらも、村井さんってやっぱり温和な人なんだ、という印象を持ってしまった。とりあえず村井さんと対立することはなかったが、このとらえどころのなさこそが、実は村井さんの特徴なのである。

僕の批判をいちいち頷きながら聞いていた村井さんは、それに対しては何とかすると言いながら、

『でも、そんなことにとらわれているよりも、きみはきみで自分の修行を進めた方がいいよ。頑張っていきなさい』

ということで話は切り上げられてしまった。僕はそのまま引き下がるしかなかった」(高橋：一三六―一三七頁)

ここでの村井は、相手の意見を受け入れることで、包容力を見せつつ、特に妥協することもなく、結論をうやむやにし、高橋は何気なく納得させられてしまっている。こうした矛盾点を指摘

した高橋に対して、教団の締めつけが入る。前述のバルドの導きのイニシエーションがそれである。これによって教団は高橋に死の恐怖、地獄へ落ちることへの恐怖を植えつけようとする。これに対して高橋は「こりゃお化け屋敷だな、と僕は思った。それなりに工夫されてはいたから、エンターテインメントとしては楽しめる内容だった」（高橋：一三八―一四三頁）と感じる。恐怖を感じることもなく、こんな子供だましのようなものに付き合っていられないと考える。疑念はむしろ強まった。

その後、ヴァジラヤーナの教義に納得できず、上司にあたる豊田を問い詰めたため、ＡＨＩ（オウム真理教附属病院）で健康診断という名の嘘発見器にかけられる。このように疑念が強まる一方であったにもかかわらず、高橋は結局一九九五年三月の強制捜査前には脱会しなかった。なぜか。これに関して決定的に影響したのはまたしてもアーナンダの存在である。

出家後初めてアーナンダに再会したとき、ひさしぶりのアーナンダは、「相変わらず人を包み込むような温かい波動を発散していた」と感じる。高橋はアーナンダについて「ほかの誰とも、一般のサマナはもちろん、麻原さんとも違っていた」と非常に高く評価する。それはグルであるはずの麻原をも上回るものであった。アーナンダは、相手の不安や苦しみというものをそのまま受け入れ、問題点を明確にしたうえで、勇気を与えるかたちでのメッセージを与えてくれる。それゆえ「彼といっしょにいると、なぜだかわからないが元気になる」（高橋：一六八―一七〇頁）と感じた。教団には強い疑念を持ったが、アーナンダの存在が、脱会を押しとどめることになったようである。出家者間の人間関係というものも、非常に重要な意味を持つことを示している。

(4) 帰還——脱会後も消し去れないオウムへの信仰

一九九五年三月二二日が強制捜査の日である。高橋らの出家信者は何が起きているのかまったく情報を持っていなかった。そこで自分で確かめなくてはと、サティアン内で唯一パソコン通信に繋がっているパソコンで情報収集をする。また、村井に直接訊ねるが、やってないと否定されたうえ要領を得ない回答しか得られなかった。徐々にオウムを抜ける決心が強まっていき、テレビ局へ駆け込む。その後、松本署に身柄を拘束され、事情聴取を受ける。

「オウムなんかやめたら、とも言われた。でも僕は、いまこんな状態でやめるわけにはいかない、というと、『おまえね、親が泣くぞ』と言われた。この言葉はかなりこたえた。父や母や姉の姿がうかんだ。胸が締めつけられるようだった。(中略)もう決心はついていた。これ以上オウムにはいられない。オウムを脱出しよう」(高橋:二一七頁)

高橋はオウムに入信するにあたって、終始、家族からの理解は得られず、逃げるように家を抜け出している。しかし、この段階で家族というオウムからはソトに位置する世界への思いによって脱会を決断した。

（5）帰還後――それでもオウムを完全には否定できない

紆余曲折を経て「オウムからの帰還」を果たした高橋だが、すぐには思いを断ち切れず、最後に村井に電話をかけている。

「電話は一方的に切られた。

予想していたことではあった。そしてすでにオウムを脱出した身でもあったはずだった。だが、やはりショックだった。

終わった…。もう村井さんには会えない。（中略）村井さんから、いま関係を絶たれたのだ。それは同時に、オウムとの関係の終りでもあった。もうオウムには戻れない。僕の『オウム人生』は終わった…。あれほど強く決意したオウムとの決別の瞬間のはずなのに、不思議な脱力感があった」（高橋：二二七頁）

オウムからソトの世界に飛び出した高橋がウチの世界に投げかけた電話は、一方的に切られることとなった。揺れ続けた彼はオウムと自ら決別できないまま、オウムの方から断絶されてしまった。

おわりに

高橋は『オウムからの帰還』の終章において、「オウムという怪物」との小見出しをつけて、以下のように述べている。

「オウム真理教を脱会した僕は、それから多くの人に会いに行った。オウムとはなんだったのかという問いかけを出会う人ごとに発し、自分自身にも繰り返し問うていた。脱会したからといって、いきなりオウムのすべてを否定し去ることは僕にはできなかった。一時であったにせよ、オウムはあれほどまでに僕の心をとらえたのだ」（高橋：二三一頁）

これほどまでに人生を翻弄され、疑念に疑念を重ねて、その塗り固められた嘘にも気がつき、ソトの世界へと脱出したそのあとでも、オウムにいたときの自分の感情を否定しきることはできないことが分かる。

本章の事例からも明らかになったように、オウムの脱会信者たちはソトの世界に何らかの不満を抱き、ウチの世界に没入するが、そうして入ったウチの世界において、以前には経験しなかったような違和感や疑念に直面する。しかし、ウチの世界で過激な修行や薬物によるリアルな体験をしたりすると、オウムを脱しソトの世界に出ても、再度ウチに戻ろうとしたり、オウムを否定しきれないような情動がずっと続いたりする。

これはいったん出たソトからのウチへの再志向である。濃密なウチの世界の経験を経ると、そこからの断絶はきわめて困難で、脱会を希望しても曖昧な境界線上を行き来する例も出てくることが分かる。

小説や映画のようなフィクションの世界では、好ましからざる組織から抜け出すことができた時点で、ハッピーエンドとなりがちである。しかし、現実のプロセスはそう甘い話ではない。脱会後に待っている呪縛から解き放たれるまでの過程には莫大な労力が必要であることは、こうした現場に関わる人々は骨身にしみているが、一般に広く知られているものではない。

いったん深く関与した団体から心理的に自由になることはきわめて難しいということは、カルト問題に関わっている人たちは、認知するようになっている。かなりリアルにその問題を描いた映画が欧米には近年いくつか制作されている。例えば『ザ・マスター』、『マーサ、あるいはマーシー・メイ』と言った映画である。

ところが日本ではまだこの点がそれほど深刻に考えられていないフシがある。嫌だったらやめればいい、自分に合わなかったら脱会すればいい。こうした考えを持つ人も少なくないだろう。むろん、そうやってやめることができた人も数多くいるだろう。だが、オウム真理教が示しているのは、共同生活の中での監視体制は強弱にかかわらず、非常に強い心理的影響力を持つ。ソトから見ればなぜやめないのだろうというような状況でも、それを逡巡させる力が陰に陽に働く。

渡辺は夫に連れられて、乗り気ではないが嫌だったら脱会すればいいという認識でオウムの世界に足を踏み入れた。高橋は最初はばかにしつつも興味から講演会に参加し、入信するに至った。

おそらく入信前の彼と同じように、嘲笑の対象としてウェブ上に存在するオウム真理教関連の動画を見ている人もいるだろう。近年、アレフやひかりの輪がサリン事件当時を知らない若者を主たる対象として信者を増やしている例がある。またオウム真理教以外にも嘲笑されつつウェブ上で多くのアクセスを得ている団体が昨今もある。ここに示したような軽い気持ちで、あるいは嘲笑しつつ興味を持ってしまった人の回顧は、大きな教訓となるものである。理性というものは意外にたやすく惑わされるということを肝に銘じた方がいいだろう。

第四章　科学を装う教え
——自然科学の用語に惑わされないために

井上順孝

はじめに

麻原彰晃は修行の結果、空中浮揚ができるようになったと主張した。物理学の常識からすればあり得ないことである。理系の大学院で学んだ信者たちもそれを信じたようである。このようなことはどう考えたらいいのか。宗教の教えはなかなか科学の検証の対象にはなりにくい。神の存在とか死後の世界、霊魂の存在などがその典型である。検証しにくいというのは、その手段を確立させにくいのが一つの大きな理由である。どのような方法をとればこれらが実在することを証明したことになるのか、あるいは否定したことになるのかである。

神は六日間で天地を創造した。イエス・キリストは死んでから復活した。極楽浄土は西方にある。ムハンマドのもとに天使が訪れた。こういったそれぞれの宗教で大前提となっているような教えは、信者たちは基本的には信仰心にもとづいて真理としている。逆にそれぞれの宗教に帰依していない人だと、科学的根拠の無い話として受け止めることもある。

では科学的に検証しにくいというより、明らかに非科学的と言わざるを得ないような教えを突きつけられたら、どうしたらいいのであろうか。冒頭にあげた空中浮揚のような話である。それが教祖だけが持つ特別な能力によって実証できたとし、それを疑うことなく受け入れることを強く迫られるような教団は、現代でも珍しくはない。科学で検証しにくいというよりは、非科学的とみて差し支えないような教えは、ほとんどの宗教に大なり小なり見いだされる。とはいえ、それらが疑いの余地のない事実であることを、あらゆる手段を用いて信者個々人に絶えず教え込もうとまでするような教団は稀である。原理主義的な団体であると、その傾向は往々にして強くなるのであるが。

科学的常識からしてあり得ないと言わざるを得ないような教説、さらにさほど自然科学に詳しい人でなくても、さすがにそれはあり得ないだろうというような類の教えなり主張なりがあったとする。それを受け入れることを迫られたとき、最終的な判断はどうなされるのであろうか。それを非科学的として斥けるという決断を個人がするのは、思う以上に難しい。その理由は宗教の教えが持つ特質というよりも、むしろ科学というもののあり方に関わる。科学の理論、法則は絶えず修正の可能性を残している。また科学技術といったものは日進月歩であって、ある実験結果がそれまでの常識を覆すことがある。技術の発展でそれまで不可能と思われていたことが突然可能になることもある。

この科学の基本的性格を逆手にとって、「偽科学」が登場する。多くの人が非科学的とみなすような教説を受け入れることを迫られたとき、唯一の正解とか明確な判断基準といったものを示すことは難しいが、どこから疑問を抱くべきかの境界線についてては十分議論できる。本章では、麻原による超能力や予言についての説法や記述を取り上げ、その言説に疑問を呈すべき境界線を考えていく具体的な材料とする。

一　幹部に多かった理系の信者

(1) 比喩に惑わされる

麻原彰晃の説法の中には、仏教、キリスト教、ヒンドゥー教、道教、その他の宗教の教えが部分的に、あるいは断片的に紹介されている。またニューエイジが好んだ用語も数多く用いられている。さらには自然科学の概念も部分的に用いられている。一九九五年以前に用いられていた教本、著述、あるいは説法テープ、ビデオ映像といったものを見ると、麻原の説法はなかなか巧みである。とりわけ教えを説くにあたっての比喩の用い方は卓越している。仏教を始め、キリスト教や道教などの基本的な観念や目的とするところを、しばしば身近な出来事や現象に譬えて説明している。宗教の教説に接したことがない人、あるいは非常に難解な説明の仕方のみに接してきた人、この両者にとって麻原彰晃のような説法はきわめて分かりやすく、説得的に感じられたであろうと想像できる。そうした比喩的な表現のところどころに自然科学の法則や用語といったものが組み込まれると、それを文字通り受け止める信者が出ても不思議ではない。

最終的に弟子たちを殺人者に追いやってしまうような教えは、どこかにおかしいところがあるのではないかとたいていの人は思うだろう。だが、どこがおかしいのか、あるいはどこからおかしくなっていったかを指摘するには、実際起こったことに細かい視線を注がなければならない。麻原はこれまでの宗教的概念をいわば自由自在に自分の説法の中に取り込んでいる。日本の仏教関係者、キリスト教関係者などからすれば、自分たちが日ごろの教化において用いてきた観念が、恣意的ないし勝手に解釈されて用いられていると感じられる部分があるに違いない。

一般に宗教的教義は長い歴史の中で多様に解釈されてきた。どれを正しい解釈とするかはつねに論議の対象となり、ときには争いの的になってきた。どれか一つを正統な解釈として他を退けるというのは、結局ある特定の教派なり宗派なりの立場に依拠することによって推進されている。悟りはどうやって得られるか。修行によって得られる特別な能力があるのか、それはなにか。グルには絶対服従すべきか。こうした問いへの解釈は、同じ仏教やヒンドゥー教の中でもさまざまに存在する。それゆえ麻原がこれらに独自の解釈をしていたとしても、それを不適切とする場合は、突き詰めると、どの派なり、どの教学の流れに立っての批判かまでも問題になってしまう。ニューエイジの用語になると、それ自体が必ずしも意味が明確でない用語と概念があるので、麻原がその概念を使っているからといって、オウム真理教において受け入れられた解釈のみを非科学的であると批判的に扱っても、公平性を欠くことになってしまう。

さて、麻原の巧みな説法は、少なからぬ若者を引き込み、彼の説く宗教的信念を受け入れさせた。一部とはいえ、宗教学者さえ事件前はその説くところを評価したりしている。ところが子細に検討するなら、明らかな論理の飛躍が見受けられる。また自然科学の概念なり用語なりについての麻原彰晃の説明が、きわめて突飛である箇所も見いだせる。

たとえ科学で常識とされていることを「一つの仮説に過ぎない」とみなしたとしても、まともな科学者ならその仮説が今の段階ではもっとも正しい理論として受け入れ、その上で議論を重ねる。こうした科学的な立場からするなら、麻原が達成したとする「空中浮揚」など、現時点ではあり得ない話として斥けるべきである。しかし、自然科学にまったく疎い人もいる。ニューエイジ的な主張と自然科学者の大半が受け入れていることとの区別をしようとしない人もいる。

少し前に流行った「水からの伝言」などはいい例ではなかろうか。水に「ありがとう」や「平和」など「よい言葉」をかけると美しい結晶ができ、「ばかやろう」や「戦争」など「悪い言葉」をかけると汚い結晶ができるといった説である。「水にやさしい言葉をかけるとおいしくなる」という言説を受け入れた知識人も少なくなかった。小学校の校長や教員にもこの説の信奉者がいて、児童たちに説いたという新聞記事もある。

これが心理的な変化についての主張であるなら、あり得ることである。つまり水を飲むとき「ありがとう」と言うと、おいしく感じられてくるといった主張なら、当人の主観的問題であるから否定はできない。しかし結晶の仕方が変わるとなると、今の自然科学の常識ではあり得ない話である。ところが、学会発表でこの説を肯定するような発表があったということを知ると、麻原のもとに自然科学を学んだ大学院生がいたというような事実は、見過ごすべきことではなくなる。今後も似たようなことが起こり得るからである。

宗教の教えが科学的にも証明されるという主張は、その宗教の教えの信頼性を高め得る。とりわけ最先端の理論と考えられているものを取り込んで説明されれば、効果は増すだろう。日本の近代新宗教においても、自分たちの教えが科学的な理論に堪え得ることで、その教えの信ぴょう性を示そうとするケースもなくはなかったが、それほど前面には出されない。むしろ日常的な成果、つまり教えを実践することによる病からの回復、生活状態の改善、周囲の人間との関係の改善、精神的充実といったものを説く場合が多い。「新宗教は貧病争を解決する」と言われたのもそれゆえである。これに対し、オウム真理教の場合は、科学との一般的な調和にとどまるのではなく、科学の説く世界を凌駕していると言わんばかりの主張へと大胆に踏み込んでいるのが特徴的である。これはニューエイジの影響を大きく受けたことを一つの理由に想定できるが、それだけではない。

（2）理系の信者たち

オウム真理教の幹部信者に理系の学生が少なからずいたことは、サリン事件後注目されたことの一つであった。これが注目されたのは、理系の学生は宗教に関心を待たないという暗黙の前提があったからに違いない。ただし、こういう考え方は適切と言いがたい。近代新宗教の教団幹部に理系の人は珍しくない。これに関連する実証的な例を一つ挙げると、二〇〇八年に約五千名の学生を対象にして行なったアンケート調査で、理系の学生の宗教への関心は文系の学生と比べて大差ないことが分かった（『宗教文化教育に関する学生の意識調査報告書』大正大学他、二〇〇九年）。とはいえオウムの場合は、理系の学生であった信者の比率が少し目立っていたのはたしかである。となると、とりわけそうした人々を勧誘しようとした結果なのか、理系の人が惹かれる何かがあったのか、何らかの理由が想定される。

後述するようにオウムは実験による超能力の証明といった日本の宗教においては珍しい活動を盛んにやっていた。その背景には、オウム真理教の信者にいわゆる理系の学部を卒業した若者、さらに理系の大学院まで進んだ経歴をもつ若者が幹部に相当数いたことが関係している。確認のために、入信時に三〇歳以下で理系の学問を学んだ幹部を列挙してみる。

林（小池）泰男（一九五七年生）は、工学院大学電気工学科を卒業した。卒業後、世界各地を旅行するなどしていたが、一九八七年にオウム神仙の会に入った。

村井秀夫（一九五八～九五）は、大阪大学理学部物理学科を卒業し、同大学大学院理学研究科に進み修士号を得ている。神戸製鋼に勤務しているとき、一九八六年にオウム神仙の会に入信した。

遠藤誠一（一九六〇年生）は、帯広畜産大学畜産学部獣医学科を卒業後、同大学院畜産学研究科に進み、さらに京都大学大学院医学研究科博士課程に進学した。在学中の一九八七年にオウム神仙の会に入った。遺伝子工学などを研究していた。

中川智正（一九六二年生）は、京都府立医科大学医学部を卒業し、医師国家試験にも合格したが、一九八八年にオウム真理教に入信した。

上祐史浩（一九六二年生）は、早稲田大学理工学部を卒業したのち、同大学の大学院に進み理工学研究科で修士号を得ている。オウム真理教の前身のオウム神仙の会に入ったのは大学院在学中の一九八六年であった。

横山真人（一九六三年生）は、東海大学工学部応用物理学科を卒業し、卒業後は沖電線に就職した。一九八八年にオウム真理教に入信した。

廣瀬健一（一九六四年生）は、早稲田大学理工学部応用物理学科を卒業し、同大学大学院理工学研究科で修士号を得ている。在学中の一九八八年にオウム真理教に入信した。決まっていた企業への就職を辞退して出家信者となった。

土谷正実（一九六五年生）は、筑波大学第二学群農林学類を卒業後、同大学院化学研究科へ進学し、修士号を得ている。在学中の一九八九年にオウム真理教に入信した。博士課程に進んだが中退した。

豊田亨（一九六八年生）は、東京大学理学部物理学科を卒業し、同大学大学院理学研究科物理学専攻に進み修士号を得ている。素粒子理論が専攻であった。博士課程にまで進んだがすぐ中退し出家した。オウム神仙の会に入会したのは大学一年生であった一九八六年である。

富永昌宏（一九六九年生）は、東京大学医学部に在学中に友人の影響で一九九二年にオウム真理教に入信。一九九三年に大学を卒業。東京大学医学部附属病院に研修医として勤務していたが辞め、翌年出家信者となった。

地下鉄サリン事件では、当時のオウム真理教の組織において科学技術省に属していた人物五人が、中心的な役割を果たしている。すなわち同省の大臣であった村井秀夫が指揮者となり、同じく次官であった廣瀬健一、横山真人、豊田亨、林泰男はサリンを車内で散布した実行犯となった。もう一人の実行犯の林郁夫は、まことに皮肉なことに治療省大臣であった。

このうち、例えば廣瀬健一は早稲田大学の大学院で応用物理学における最先端の研究の一つをしていたとされる。その廣瀬が空中浮揚などを信じたことに指導教官は驚き、出家を思いとどまるように説得したが、廣瀬は聞き入れなかったという。廣瀬が修士論文で扱った「高温超伝導の

「二次元」というテーマは、時代の先端をいく分野の一つである。超伝導というのは、金属や合金の温度を低下させていくとき、ある温度で電気抵抗が急激にゼロになる現象を指す。電気抵抗がゼロになると、さまざまな技術に応用が可能になるが、今なお解明途上の現象のようである。社会的には大変有意義な分野に関わっていたことになる。

従来は電気抵抗はゼロにならないと考えられていたのが、ある温度で突然ゼロになるというような現象が知られるようになった。廣瀬はその現象に向かい合っていて、人間が到底計り知れない力のようなものを実感したのだろうか。自然科学は一般的法則を追い求めるが、法則は分かっても、なぜそういう法則があるのかまでは扱わない。例えば二つの物質の間で働く引力に関しては、その力は二つの物質の質量の積に比例し、相互の距離の二乗に反比例するという法則は分かっている。けれども、「一メートル離れていたのが、二メートル離れると互いの引力が四分の一になってしまうというような法則がなぜあるのか?」というような問いには科学は答えない。

最先端の学問は複雑な現象の背後にある普遍の法則を見いだし、そのことが多くの現象、出来事の解明につながっている。そこに魅力があり、また人々がそれに期待する理由でもある。だが、どのような理論であっても、それは「なぜそのような法則が存在しなくてはならないのか」を説明をするものではない。この点こそが、宗教にその存在意義を見いだそうとする場を提供し、ときには荒唐無稽な説明を提供しようとする人が出現する大きな理由の一つと考えねばなるまい。

たいていの人は正確な科学的知識を持っていないので、宗教的説明や荒唐無稽な説明がはびこるのだというような理解の仕方もある。けれどもオウム真理教に入信した理系の、それも最先端の分野を研究していたような若者の存在は、その説明が必ずしもあてはまらない場合があることを物語っている。最先端の分野に関わっているがゆえに、余計その複雑な法則や原理の背後に何かが働いているという考えに魅せられるということもあるようだ。科学はある法則が存在する理由までも研究するものではない。しかし法則が存在する理由が気になる人もいる。原理や法則を発見しようとする心と、そうした原理や法則が存在する理由を求める心とは別種の営みであるが、両者は程度の差はあれ、絡み合ってくる。この点をしっかりふまえておかないと、理系で最先端の学問を学ぼうとしていた若者が、「麻原彰晃の教説に惑わされたかに見える」ことが、すこぶる不可解に思えるだろう。

二　宇宙創造のニューエイジ的解釈

ビッグバンは宇宙の始まりについての有力な仮説である。唯一の仮説ではないし、将来別の仮説がもっとも有力な仮説になるかもしれない。超ひも理論というのもある。ビッグバン理論にしても超ひも理論にしても、これらの正確な理解は多分ごく一部の人しかできないものに思われる。しかし麻原は、ビッグバンの知名度を利用するかのごとき次のような説明をしていた。麻原の説法に科学の概念がどのように用いられたかを見るにはいい例であるので、少し長くなるが引用してみる。

初めに光の大爆発があった。そして光子が衝突し、素粒子ができ、原子ができ、星が生まれ、星雲が生まれた。これが現代物理学の宇宙創造の理論『ビッグ・バン・セオリー』である。もし、私が、『解脱とは、宇宙創造以来生じた総ての世界を経験し、宇宙の法則を理解することによって生じる。』と言ったら、あなたは驚くかもしれない。

しかし、それは『解脱』というものの本当の意味、総ての人を解脱に導く『救済』というものの本当の意味を知らないからに過ぎない。そこで『解脱』と『救済』の真理をヨーガ理論に現代科学を加えて、お話しすることにしよう。

ヨーガ理論によると、この宇宙は、我々の住む『現象界』と、現象界より高次元の『アストラル世界』、更に高次元の『コーザル世界』の三つに大きく分けることができる。現象界は熱優位の世界だ。現代科学が認めるように、核反応、化学反応、三体の変化（固体、液体、気体）等、総ての物質の変化において、熱が中心的役割を果たしている。アストラル世界は音（又は振動）優位の世界だ。この世界は、現象界の原子や素粒子よりもっと微細な物質でできたイメージの世界であり、それが主に振動によって変化する。コーザル体は光優位の世界である。光でできた想念のみの世界で、想念の種類によって光の色が違う。

三つの次元に分けたが、それぞれが更に細分化される。我々の住む現象界の中で比較的高い次元は熱く、低い次元は冷たい。アストラル世界でも高位の世界は美しい音楽が奏でられているが、低位の世界ではモーター音のような音だ。コーザル世界の高位の次元は明るく、低い次元は暗い。

そして、この三つの大きな世界は連動している。コーザル世界である想念が生じた後、アストラル世界にそれに対応するイメージが現われ、その後、現象界にある事象が生じる。逆に言えば、もし時間をさかのぼることができたなら、アストラル世界やコーザル世界にたどり着くことができるはずだ。

この推論は、ビッグ・バン理論と見事に一致する。時間をさかのぼって、宇宙の初期の状態を見てみよう。初めに、光子同士が衝突し、振動とともに光子から素粒子になる中間の状態を経て、素粒子ができ、同時に熱が放出された。時間を逆にたどると、『熱』をともなった素粒子があり、その後、衝突により激しく『振動』している中間状態があり、そのさらに後、『光（光子）』だけの世界があった。それぞれが、現象界、アストラル世界、コーザル世界であることは明らかである。（『〝聖なるみち〟それは光を超える』オウム真理教・入信のご案内）

科学と宗教が究極的には結びついているという説明をしているかのようである。ここで主張されているような、解脱は宇宙の法則を理解することによって生じる、といった言説そのものは、直ちには肯定も否定もできない。解脱自体が一つの宗教的な観念あるいは体験を指しているゆえに、それをどのようなものとして表現したり譬えたりしても、その宗教的信念が成り立つことを受け入れる立場に立たない限り、意味をなさない。

そうすると解脱が現代科学で説明できるかどうかの以前に、解脱という概念について、一定の了解が存在していなければならないのだが、麻原の主張の論理は逆転している。科学が明らかにしつつある現象をもって、麻原の言うところの解脱の証明に当てようとしているのである。ヨーガ理論では宇宙が現象界とアストラル世界と、コーザル世界の三つに分けられるというのは、ニューエイジの理論を援用したものである。これをビッグバン理論につなげている。しかし、「光子同士が衝突し」以下の説明はいい加減なものである。光子も素粒子の一種であり、光子が衝突して素粒子ができたわけではない。振動は最初からある。そうしたことをふまえず、人を煙に巻くような説明をしているのであるが、それが理系の若者にも説得力を持ったのはどのような理由なのだろうか。若い科学者の卵たちが、科学は仮説の積み重ねを歩んでいるという事実を読みそこなった可能性がある。現象界、アストラル世界、コーザル世界という区分の持つ表面上の分かりやすさに惹かれたのかもしれない。

次に引用した箇所を見てもらいたい。

今まで述べてきた、多重次元の宇宙構造と、存在と時間の知覚による定義にもとづいて、解脱のプロセスを考えてみよう。その準備として、ヨーガ理論による宇宙創造のプロセスを見ておこう。

宇宙のできる直前、真我は、本当は自分が一番素晴らしいのに、熱、音、光のほうが素晴らしいと錯覚してしまった。それまで他との接触を全く持たなかった真我は、この錯覚のため、熱、音、光による知覚をはじめた。これが宇宙の誕生である。この時、真我のエネルギーと熱、音、光のエネルギーの結合により大爆発が生じた。これこそ、ビッグ・バン理論における宇宙誕生時の大爆発である。このように、現代物理学の理論をヨーガ行者は何千年も前から知っていたのだ。（同前）

ここでは真我という概念が用いられている。真我は宇宙ができる前からあったとし、真我の錯覚という言い方も出てくる。しかし「ヨーガ理論による宇宙創造のプロセス」となると、人を煙に巻くような話である。科学的な議論からは遠いところにある。ただし、人間が古くから関心を抱いてきたテーマに関わるものではある。つまり宇宙はなぜ作られたか、誰が作ったかである。神話においても普遍的に見られるテーマであるから、神話ができた頃には、こうした問いは存在していたと言える。人間の好奇心をそそり続けるテーマである。それに対する一貫した答えの提示は、それ自体が十分な魅力になる。神話時代の解釈さえ、現代でも本当にそのようなことであったかのような語り継がれ方がなされたりする。

だから説明内容そのものより、麻原は宇宙すべての原理を把握しているのだということを感じさせることの方がより重要な意味を持った。そして事実、幹部たちも麻原に特別な能力が備わっていることを信じるようになったのである。こうした説明は次節に述べる超能力の話などと合わせ、総合的に組み立てられている。

三　空中浮揚の誇示——超能力獲得へのいざない

「超能力」を獲得できるというのは、オウム真理教が信者を勧誘するにあたって用いた大きな謳い文句である。超能力というとオカルト的な響きが強くなるが、麻原は仙道、仏教、密教、ヨーガの修行法と関連づけて超能力を説明している。中国やインドの宗教的伝統の中にある超能力獲得の修行法を秘伝として教えるとしているのである。『超能力「秘密の開発法」』の中で次のように超能力を位置づけている。

超能力は、ヨーガではシッディと呼ばれ、修行の成功の現われという意味を持っている。仏教でもこの語を音訳して悉地と表し、同じく修行の成就という意味に使っている。つまり、修行による超能力の顕現は、ごく当然のことと受け止められている。反対に考えると、超能力が出ないような修行は、遊びのようなもので、解脱など考えるだけでも恐れ多いということである。

ところが、現在の日本はどうか。完全に修行に対する考え方が違うではないか。だから著名な高僧でさえ、ガンの宣告に動揺してかえって命を縮めてしまった、などという話が出てきてしまうのである。（同書：七二―七三頁）

宗教の教え、あるいは修行法において、超能力的なものが説かれることは珍しくない。特にインド宗教は苦行とそれによって得られる特別な能力に関する伝えと技法を豊富に蓄えている。中国の道教にも仙人の持つ特別な能力に関する伝えは数多くある。これらの宗教は、修行により特別な能力が得られること、そのための技法や訓練法が備わっていることを現代に至るまで伝えてきたわけである。とすれば、オウム真理教がその伝統を採り入れようとしたこと自体は、特別な出来事ではない。超能力が示せない修行など遊びのようなものだと言い放つのも、この立場からすればむしろ当然の主張と言ってもいい。

麻原はアジアの宗教的伝統からさまざまな概念を採り入れているが、特に仏教でいう六神通についてしばしばふれていた。六神通とは、神足通、天耳通、他心通、宿命通、天眼通、漏尽通である。この概念を利用しながら、空中浮揚というのは、自在に思うところに姿をあらわし、山海を飛行できる神足通にあたると説明している。さらに、他人の心を読み取る他心通、その人の前世を知ることのできる宿命通といったものも獲得していたと繰り返し述べている。また空中浮揚は多くの弟子たちにも試みさせている。

ではなぜ修行によって得られる超能力の中でも、とりわけ空中浮揚が重視されたのであろうか。空中浮揚はもし実現できたなら、視覚的に確認できて客観的に検証しやすい。それが関係していたのであろうか。『超能力「秘密の開発法」』の中で、麻原彰晃は自身の最初の空中浮揚体験を次のように記述している。

……いつもと違う。何かが違う。目を閉じているにもかかわらず、額からまばゆいばかりの閃光が入ってきた。頭頂部が熱くなった。なんて熱さだ！　まるで真っ赤に焼かれた鉄の塊を押し付けられているかのようだ。駄目だ、耐えられない！　わたしはあまりの熱さに瞑想から覚めてしまった。

今日予定したプログラムはまだ終わっていない。どうしようか。いつもと様子が違うので、このまま進んでいくのも心配だ。しかも、次にやるべきものは、大脳をもっとも激しく刺激するのである。でもここでやめるわけにはいかない。わたしはそう自分に言い聞かせた。

しばらくして気を取り直したわたしは、最後のバストリカー調気法に入った。

しんと静まり返った凍てつくような寒気の中、「シュッ、シュッ、シュッ」という鋭い音が響きわたる。数分後、身体が震え出した。それと同時に、上から身体を引っ張られているような初めての感覚を味わった。わたしは少しとまどった。しかし、考える時間などわたしには与えられなかったのだ。

瞬間的に尾てい骨から頭頂に向かって、〝気〟が吹き上がったかと思うと、蓮華座を組んでいた身体が、上下に激しく跳ね出したではないか。最後に飛び上がったとき、わたしはなんと空中にとどまっていたのである。

空中浮揚――その言葉が脳裏をかすめた。そして夢から覚めるかのように、わたしはドスンと床に落ちた。空中浮揚は終わった。

「浮きましたね！」

「と、飛んでいましたよ！」

目の当たりにこの不思議な光景を見た弟子たちは、口々に叫んで大騒ぎをしていた。いうまでもなく、わたし自身感動と興奮に身を包まれていた。ついにわたしの超能力は、空中浮揚のできるレベルにまで達したのである。これはわたしの修行法が間違っていなかったということを意味していた。（同書：一五一―一六頁）

麻原のこの最初の空中浮揚の体験は、一九八五年二月の夜のこととされている。インドで「最終解脱」をしたとする一年半ほど前である。そして以後は、精神のコントロールさえできればいつでも浮揚できるようになったとしている。この場面を記述に沿って忠実に描写したアニメビデオもある。この空中浮揚は解脱者が備えている超能力の一つであり、正しい修行によってアナハタ・チャクラを活性化し、風（ウン）のステージに到達すると可能になると説明している。なおアナハタ・チャクラとは、ヨーガで第四のチャクラとされ、ハートチャクラとも呼ばれる。両乳頭を結んだ真ん中あたりにあるとされる。

この描写が、「空中にとどまっていたような気持ち」を表しているなら、それはそれで一つの「修行によって得られた境地の表現」である。しかし、文字通り空中にとどまれるということを主張しているのである。そして信者たちもまた、空中浮揚を目指して結跏趺坐《けっかふざ》したまま飛び跳ねる訓練をした。訓練すればたいてい十センチ、二十センチ程度は飛び跳ねることができるようだ。機関誌『MAHAYANA』などには、信者たちが結跏趺坐のまま飛び上がった写真がいくつも掲載されている。例えば二号には新實智光、四号には上祐史浩、五号には井上嘉浩、そして三六号には林郁夫の写真が掲載されている。ただしこれは空中浮揚ではなく、その前段階であるダルドリー・シッディの瞬間と説明されている。九〇年の段階でオウム真理教では数百名がこの能力を得ているとしている。

オウムがダルドリー・シッディと呼ぶものは、あくまで跳躍であり空中浮揚ではない。逮捕後手記を著した杉本繁郎は、特別に優れた人がいて、八〇~九〇センチも跳んだように見えたと述べている。二八号に掲載されたある信者の写真を見ると、他と比べてかなり高く跳んだように見える。しかし中には無理してようやく跳んだような写真もある。

走り高跳びで二メートル以上飛ぶ人がいる。才能も関係するだろうし、また訓練の成果でもある。しかしこれは超能力ではない。ところがオウムでは跳躍したことをダルドリー・シッディと呼ぶことで、あたかも空中浮揚の前段階であるかのような言葉の操作をしていることになる。科学的なフレームにもとづいて説明するなら、座ったままジャンプできる人とできない人がいて、『MAHAYANA』に撮影されているのは、ジャンプできた人の姿ということになる。これに対し、オウム真理教が提示したフレームにもとづいて説明するなら、正しい修行をすると最終的には空中浮揚ができるが、その前段階がダルドリー・シッディに成功した人がいるとなる。しかし肝要な点は、オウム真理教的なフレームの検証は、教団内部においてしかなされていないということである。むろん空中浮揚の実写映像はない。あるのは空中浮揚の場面を描いたアニメ映像だけである。

麻原は科学的な用語を多用し、自分が超能力を持つことを信者たちに誇示しようとした。また訓練により信者たちも超能力を開発できることを、実験によって証明しようとした。水中クンバカは息を止めた状態で水中に長時間もぐっていることである。アーナンダの法名をもらっていた井上嘉浩が試みて失敗した映像がYouTubeにある。アンダーグラウンド・サマディは「地下三昧」ということになろう。三昧は贅沢三昧など一般用語になっているが、元は仏教用語である。サマディの音訳であり、意訳すると定《じょう》・正定《しょうじょう》・等持《とうじ》などとなる。つまり、心を一つの対象に集中して対象を正しくとらえる状態を指す。

しかし、オウムのアンダーグラウンド・サマディは、密閉された地下の部屋で通常の人間よりはるかに長時間生活できることを証明するのがむしろ主目的であった。マイトレーヤ（弥勒菩薩）という法名を麻原からもらっていた上祐史浩が試みた。これは一九九一年秋のことである。筆者はたまたま上祐が地下の部屋に入ったあと、信者たちがテントで行なっていたことを見る機会があったのだが、それは非常に印象的であった。彼らはコンピュータのディスプレイにじっと見入っていた。そこには上祐が入った地下の部屋の酸素濃度と二酸化炭素の濃度の数値が刻々と映し出されていた。まるで実験結果を固唾をのんで見守るという様子であった。修行と科学実験の二つの要素が入り混じったような光景と形容すればいいであろうか。

科学と宗教のそれぞれの最先端を行くかに思わせる麻原の説法、麻原や弟子たちによる超能力の実証の試みというものは、再三発せられた麻原による予言とも密接な関係を持っている。

四　科学を装う予言と外れた場合の非科学的説明

オウム真理教に限らず、予言はしばしば疑似科学的な言説と意図的に混在させられる。科学的には予測というものがある。これは現在の諸条件にもとづいて未来のある時期の状態を計算によって推測するものである。分野によっては現代科学はきわめて精緻な予測ができる。したがって、六～一〇億キロメートルも離れた木星や、一二～一六億キロメートルも離れた土星に宇宙探査機を飛ばし、それを回収するという計画が立てられるわけである。

それに比べて、予言は大ざっぱなものである。麻原もたびたび言及したノストラダムスの予言などはどうにでも解釈できるような内容である。だが、そうした予言の方を好み、多様な解釈ができることを楽しむ人もいる。予言に対するそうした傾向の存在が、予言によって人々をひきつけようとする教祖の出現の条件にもなっている。そこに科学的用語が混じると、予言は魅力を増すようだ。麻原の次の予言を見てみよう。

「冥王星、それから海王星・天王星というものは、もともとあったわけだね。ところが人間が知るところとなって、その、それと感応して、飛行機が現われ、石油が現われ、そして、ね、冥王星の象意、原子核・原子力が現われた、ね。

そして第二次大戦後、いいですか。ここは大切なところだ。さそり座のある星にね、強烈なX線を出す星があるそうだ。これは、まだ正確な情報ではないから、ね、今参考程度に聞いていてほしい、いいですか。そして、それが一九九九年の八月、ね、そのX線を強烈に放射しているさそり座に火星が入ると、ね。そして。X線の、ね、働きってのはわかってると思うけど、放射能ですこれは。そして火星というのは戦争だよ、ね。軍神ってのは火星のことを現わしているわけだけれども、その、ね、火星のもっとも強く出るさそり座に、ね、X線を強烈に放射するエネルギー体があって、そのエネルギー体が火星を通じて増幅して地球に影響をしたならば、おそらくここで核戦争だろうと、いうことになるわけだ、ね。予知とか予言ってのはこういうふうな形でやっているわけだ、ま、オウムではね。

で、例えば、飛行機事故に関してはだいたい九〇パーセントぐらいの確率で今、当たっています。これは、あの、そうだね九月ぐらいに一冊の本として出すつもりでいるけども、今のところ九〇パーセントぐらいの確率で当たっていますね、これは。で、戦争に関しても、だいたい確実にきてるね」（基礎教学システム教本第一課　二級―B「尊師説法テープ　5の5」：二五頁）

冥王星、海王星、天王星という太陽の惑星について言及しながら、それと感応して飛行機が現われ、石油が現われるといったまったく脈絡のない話をつないでいる。さらにこれをノストラダムスの予言に関連づけている。飛行機事故に関してはだいたい九〇パーセントくらいの確率で当たるともする。

ここには天文学に関する話と物理学に関する話、そして神話に関する話が出てくる。天文学に関するのは、太陽系の惑星（地球、火星、そして冥王星、海王星、天王星）に言及している部分である。物理学に関するのは、X線、放射能への言及である。そして神話というのは、「軍神ってのは火星のこと」という箇所である。火星は英語でMarsだが、これはローマ神話で軍神とされるマルスからきており、それはまたギリシア神話の軍神アレースに当たる。これをふまえているのであろう。

個々の話題が随意につなげられ、さらにノストラダムスの予言をこれに関係づけている。それぞれの話題に基礎的知識があれば荒唐無稽な話として退けるかもしれないが、自然科学についての知識がきわめて乏しかったり、知っていても偏りが大きいと、この話のどこがおかしいかの判断をしようとさえ思わないかもしれない。

現代社会においてどの程度の基礎知識が必要かは、そう簡単に論じられることではないが、しかし、小学校で教わったはずの身近な現象であっても、適切に説明できない学生は数多くいることは、体験的に感じられる。例えば日本にはなぜはっきりした四季があるのか？　なぜ夏は暑くて冬は寒いのか？　その理由を地学のもっとも基本的な知識で説明できる学生はそう多くない。自然科学的知識の乏しさは、オカルト的思考の氾濫と深い関係がある。何が未知のことなのか、何が解明されていない現象なのかがまったく分からないと、あやしげな説明をあやしいと感じることができない。

予測と違い予言は基本的に非科学的である。特別な資質、それも本人が自称する資質によってしか知りえないとする時点で非科学的である。キリスト教などでは、神から預かった言葉という意味をこめて、預言という言葉を使う。この場合は神を介在させるから、最初から科学とは違う次元であることを明確にしている。しかし科学的に実証された予言などという主張がなされていたら、要注意である。

実際のところ、麻原の予言もほとんど当たっていない。予言は一般には「当たるも八卦当たらぬも八卦」として受け止められることが多く、お遊び程度の予言は、テレビ番組などでは日常茶飯事である。しかし、予言が当たることをもって教祖の教祖たるゆえんを主張している教団なら、過去の予言を少し検証してみることである。

麻原のなした重大な予言がいくつも外れていることを確認するには、麻原彰晃著の『麻原彰晃、戦慄の予言』（一九九三年六月）や『日出づる国、災い近し』（一九九五年二月）などを読むだけで十分である。また『ＭＡＨＡ－ＹＡＮＡ』16では、「尊師は次のように予言なさっている」として予言の例を挙げている。それらは次のようなものである。一九九〇年、日米経済戦争の本格化。一九九三年、日本の再軍備。一九九六年、日本沈没。一九九九年、世界大戦の開始。そして二〇〇三年、核兵器による徹底的な破局。

ここで明らかに外れた予言と、その後の釈明の例を一、二見てみる。麻原は一九八六年九月に「あと三、四カ月後に（昭和）天皇がなくなる」と予言した。実際に昭和天皇が崩御したのは八九年一月である。予言から四カ月たっても天皇が存命であったので、八七年一月には「アストラル界とこの世は少しズレが生じるんだよ。だからそれは時間の間隔で、もう近いと思いますよ」と釈明した。崩御を二月十日前後とした上で、さらに延命の儀式を行なっている可能性もあると付け加えた。その後、「麻原代表は八七年二月に逝去した高松宮殿下と混同した」という説明が機関誌でなされた。最終的には『ＭＡＨＡ－ＹＡＮＡ』16で、「ほとんど百発百中の麻原尊師の予言にも、一つだけ実現しなかったものがある。それは天皇陛下の崩御に関するものである」として、次のように釈明することとなった。

「麻原尊師は、皇室のご葬儀のヴィジョンをご覧になったのだが、それは天皇陛下のご葬儀ではなく、実際は高松宮殿下のご葬儀だったのである。そうしたヴィジョンを天皇陛下の崩御と結び付けてしまったことについて、尊師は『考えが足りなかった』と述べられている。これには、シャクティーパットで尊師が暗性になられていたことも原因として挙げられるが、アストラルのヴィジョンから未来を予言することが、いかに難しいかを表しているとも言えるのだ。

もう一つは、現代医学による延命の技術が予想以上に発達していたことである。

八七年九月二十二日、天皇陛下はバイパス手術を受けられた。だが、今年八八年九月十九日に、陛下は重体に陥った。そして、同二十四日、朝日新聞にすい臓ガンであることが発表されたのだ。つまり、バイパス手術時に疑いがあったガンであることが、ここで明らかにされたのである。

このことから、次のことが言える。

天皇陛下がガンになったのはいつであったかと言えば、それは、八七年のバイパス手術以前であることに間違いはない。常に、天皇陛下は厳重に健康を管理されているので、初期のガンが発覚したときから、あらゆる先端医学の限りを尽くした治療を受け、やむなく昨年のバイパス手術に踏み切ったと考えられるのだ。すると、もし現代医学が進んでいなかったならば、尊師の予言通りのことがあり得たのではないだろうか。尊師が天皇陛下のお顔をご覧になっていた時期は、本当に危なかった時期に当たるのではないだろうか。事実、バイパス手術から一年間の延命を、現代医学はなし得たのであった。

　こうした理由によって、尊師の予言は適中には至らなかったが、この事実は一つの示唆を与えてくれた。つまり、現代医学は崩御という出来事を変えることができたのであり、未来というのは決定論ではないことが、ここからわかるのである。そう、未来というのは変えることが可能なのだ」


　一九九〇年にはオースチン彗星がもたらす天変地異にたびたび言及した。「オースチンすい星の影響で日本に天変地異が起きる」「今月中に日本は沈没する」「オースチンすい星をきっかけに、地球に大きな動きが訪れる。私はそれが何であるかを知っており、修行を通じて帰依できた人たちだけに明かしたい」。しかしながら、むろん実際には何も起きなかった。そこで麻原は「私が念力で食い止めた」と説明した。

　オースチン彗星は一九八九年一二月にニュージーランドのオースチン氏により発見された彗星である。大彗星になって九〇年五月頃地球に接近するという説も出された。つまりこの「予測」にもとづいての「予言」である。しかし予測は大きく外れ、オースチン彗星が大彗星になることはなかった。予測の外れと予言の外れは意味合いが異なる。

　オウムにとっては皮肉な予言もある。『MAHA＝YANA』三号（一九八七年）で、麻原は次のように言っている。

「そして、あなたがたの苦悩の原因というものを照らしてくれて、その苦悩を取り除くわけだから、当然オウムという組織は今後大きくなっていくでしょう。そして、これが五年、十年とたつうちに、おそらく日本でも一、二を争う教団になるだろう。二十年、三十年とたつうちにオウム以外の宗教はあり得ないという形にまでなるかもしれない」(四頁)

重大な予言が外れても信者は団体を離脱せず教祖の解釈を受け入れようとする現象は、フェスティンガーというアメリカの社会心理学者が提起した認知的不協和理論があてはまる典型例である。教祖は間違っていたという新たな認知を作るよりは、予言が外れたことに対する教祖の解釈を受け入れて、教祖の予言は当たるという認知を継続する方が心理的に楽な場合があると説明できる理論である。

それまで教団に多額の寄付をしていたような人の場合は特にそうなりがちである。もしそこで従来の認知を変えると、それまでの自分の行なってきたことの全否定につながる。それまでたび献金、寄付、あるいは布施をしていた「篤信家」から、いわば詐欺にあった「被害者」もしくは「愚か者」のような立場になる。自分がそのようなばかげた行為をしてきたということを受け入れるのは、非常な精神的苦痛になる。だから、今までの行為が正しいものであったという解釈になる方を選べば精神的に落ち着くし、心理的に楽である。

おわりに

麻原はつねに科学的用語を交えながら、自らがすべてを見通したグルであることを信者たちに示そうとし、超能力の獲得が可能なように思わせ、予言者であるかのように語った。他の章を合わせ読んでもらえば明らかであるが、自らの考えが殺人や暴力の指示につなげていくような場合は、カルマと輪廻の概念が巧みに利用されている。空中浮揚にしろ、アンダーグラウンドサマディにしろ、超能力の実証は、目に見える形で達成する必要がある。

しかしカルマや輪廻は宗教的な観念、世界観であるから、通常自然科学者は、これを実験や実証性の議論の対象とはしない。麻原は科学と宗教の異なる性格を、そのときどきで利用しつつ、グルはすべてを把握しているという結論に導いている。それに疑問を抱かせない麻原の用意周到な説法という問題が一方にある。しかし、他方で科学に求めるものと宗教に求めるものとが、自分の心の中で整理されていなかった信者たちという問題もある。

これに関してとりわけ注意を促したいことは、麻原の「死の恐怖」の利用の仕方である。人間は死後の世界という観念を作り出した。しかもこの観念はしばしば恐怖を随伴する。麻原は人間は死を避けられないという自明のことを繰り返し強調することで、通常の判断力を削いでいったようである。「人は死ぬ、必ず死ぬ、絶対死ぬ、死は避けられない」という言葉は、信者たちの脳裏に刻みこまれた。脱会の難しさを扱った第三章で具体的な例が示されているが、視覚化された死の恐怖をそそるイメージは、それによって死後の世界が、科学的に証明されたかのような錯覚を与えた可能性がある。

それぞれの宗教は人間の生きる目的や世界が存在する理由などについて多くの洞察を提供してきた。宗教は自分を取り巻く環境を理解する場合にも、科学とは異なるやり方をする。だからといってそれがすぐさま非科学的であるということにはつながらない。依って立つ主たる基盤が異なることをふまえて、科学に向かい合う宗教家もいる。

その一方で自分たちの説いている宗教について、科学的説明が可能なことを強く主張する教団もある。むしろその場合の論法にこそ注意が必要である。宗教と科学の調和を目指すという目標は現代世界でよく見られる。これは目標であるから、さまざまに追求することに意義がある。しかし、科学的根拠を誇示して、その宗教への勧誘の道具とするというような場合には、とりわけての警戒が必要となってくる。

第五章　暴力正当化の教えに直面したとき

――何をよりどころに考えるか

矢野秀武

はじめに

宗教集団においては、ときに自分のまわりの人々に対する暴力化を正当化するような教えや実践が生じることがある。いわゆる正当防衛に属するものではなく、明らかな暴力の発動というものである。その上、その集団内部にいる人々がそういった暴力行為をむしろ当然ととらえ、批判的に考えることをしなくなる事がある。それはいったいなぜなのか。

本章では、暴力を正当化する教えに直面した場合の問題を、オウム真理教において実際になされていた説法・教化の場面に即して考えていく。これは広く言うなら、信仰実践において、法的ないしは道徳的に疑問に感じるような暴力的事態を目にしたり、さらにその実行を迫られたりしたらどうするか、といったことにつながる問題である。その問題となる事柄が、教団の理念なり教えなりとどのような関係があるのかを考えてみることが必要なのだが、集団のウチにいる信者がそのような発想を抱くことはすこぶる困難である。

暴力を正当化するような宗教実践が説かれるような宗教においては、批判的考察を妨げる仕組みが発動していることが珍しくない。オウムの場合は、その仕組みがきわめて精緻に組み立てられていた。それゆえ、宗教の教えや理念の議論で個人がそれを批判的に検討するのは、実はとても難しくなる。しかし、「人間としてやっていいことか」という次元での自省は可能である。そのような形での自省が、その教団が暴力を正当化しようとして組み立てる論理の飛躍、いかがわしさ、あやしさといったものについての判断を支えるだろう。

暴力を肯定したり、さらに殺人までも正当化したりするような論理には、飛躍や恣意的な教えの適用と言うべきものがしばしば見いだされる。そして、その特異な教化の論理には、ソトの情報を遮断することの必要性が説かれたり、宗教情報リテラシーを発動させないようにする手法が含まれていたりする。違法性や反道徳性が明らかな行為の実践には、矛盾を乗り越えるための巧みな説得方法が構築されているものである。そういった方法に気づくには、教義内容についての判断能力といった宗教情報リテラシーではなく、暴力や殺人の肯定など、危険な教えへと導く手法についての判断能力が必要となる。ここでは、それを危険回避リテラシーと呼んでおく。

とはいえ、教団のウチにいるものが、そうした危険回避リテラシーを持ち、批判的な目を十全に養うのは至難の業であることが、オウムの例からも分かる。しかし、教団のウチに入りかけている人、あるいは教団のソトからウチへの境界線で判断しかねている人などには、本章で示す実例は大きな参考になるはずである。

一　宗教情報リテラシーを妨げる構造

(1) 宗教情報リテラシーが通じにくい場合

日常的に種々の宗教的勧誘が行なわれるような現代社会においては、適切な宗教情報を得ること、つまり宗教情報リテラシーを持つことがいっそう大切になってきている。諸宗教に関する事実関係や教えの基本等を事前にある程度理解しておくことは、問題ある宗教団体へ加入することへの一定の予防効果を果たすであろう。しかし、オウム真理教が示した展開を検討するなら、一般的な宗教情報リテラシーだけでは判断が難しいような局面が多々あらわれるようになったのも事実である。

オウムに入信した者のなかには、初めから一般的な伝統宗教ではなく、オカルトなどのサブ・カルチャーや精神世界などの、習合的・秘教的な側面に興味を持っていた者も少なくなかった。伝統的宗教についての基礎知識だけでは、オウムが言及していた世界観を判断することは難しい。

というのも、オウム側は自らの教えについて、既存の仏教の教えをより深めたオウム独自の新たな教えだと主張しているからである。オウムは、大乗・小乗・金剛乗その他の仏教的用語を使っているが、それはあくまでもオウム真理教の思想体系の中で意味づけされた独特の概念である。例えば、次のような教説を聞いて、これが伝統仏教の教義理解に照らして正しいのかどうか、間違っているとして、どこが問題なのかを、すぐに判断できる人がどれくらいいるだろうか。

「大乗においては、善行というのはものすごく重きが置かれる。小乗においては、遠離というものが中心となる。そして、金剛乗においては、強い帰依、それからエネルギーの流れ、これが重きを置かれると」(宗教法人オウム真理教『ヴァジラヤーナ・コース　教学システム教本』(以下『教本』と略記):二一一頁)

いわゆるカルト団体と称される教団のなかには、「自分たちの活動は宗教ではない」などと称して勧誘を行なうケースもある。しかしオウム真理教の場合には、むしろ真の宗教、本当の仏教とさえ強調していた。さらには、初心者に判断を預けるような巧みな語りを麻原はしている。保険というきわめて実利的なことを連想させる比喩を用いていることも留意したい。

「ところが、死後の世界が存在するという経験を、例えば仏陀釈迦牟尼にしろそうだし、それにわたしにしろそうだし、あるいはイエス・キリストにしろそうだし、マホメットにしろそうだけれども、経験している。ところが、死後の世界がないんだという人は、その死後の世界がないという経験をしていないはずであると。

この現世に対して、たかだか四十年。五十年に対して、例えば給料の五％、あるいは一〇パーセントかもしれない、あるいは三パーセントかもしれないけれど、いろいろな形での保険を、わたしたちは掛けている。それと同じような気持ちで、死後の世界に保険を掛けるような気持ちで、ご修行なさったらどうだろうか。ただ、この保険というものは、お金の問題というよりも、自分の人生の一部分の時間を切り割いて、そしてそれに充てなくてはならないという違いがある」（『教本』：一三七―一三八頁）

（２）危険回避リテラシー

一般的な宗教情報リテラシーは、危険な団体への入信を回避するための最低限の予防になり得るが、十分なものではない。オウム真理教のように、殺人をも肯定する明らかな暴力志向の教義を信者に教え込んだ団体の場合は、特別な教化の仕掛けを持っていたことが分かる。

宗教による暴力肯定は珍しい話ではない。二〇一四年以降、イスラミックステート（ＩＳ）によるテロや人質殺害が世界中の注目を浴びている。これが宗教の教えに根ざした行為と呼ぶのにはためらいを持つ人がいるだろうが、彼ら自体はイスラームにもとづくと称している。ジハードの濫用という言い方もできるだろうが、宗教の教えを拡大解釈して暴力的行為を肯定する例は、今後もどのような形で出現するか分からない。

オウムのような団体の場合でも、教団のウチにいる際に、危険な状態があればそれを察知しその状況から距離をとれるようにするということが不可能なわけではない。教団のウチとソトの狭間で揺らいでいるような状態にあるとき、あるいは教えや実践の内容に興味を持っているがかすかな疑念を感じている状態にあるときなどは、それなりの宗教情報リテラシーを活用できる余地もある。

ただ一般的に宗教団体の中では宗教情報リテラシーの活用は制限されがちである。自分たちが説いている教えへの疑問につながることを察知しているからである。しかも肉体的・精神的虐待、殺傷行為、人権侵害、極度の経済的搾取など反社会性を帯びた実践へと関わる状況下では、その教団の指導者たちは、信徒による宗教情報リテラシーの獲得や利用を極力妨げようとするだろう。結果的に、そこでは理性的な判断全般を妨げるような構造が重層的に積み上げられていく。オウムではグルに言われるがままの行動に至った幹部信者が何人もいた。

ソトからの情報との比較においてウチを判断することが難しい場合でも、ウチで教化されている事柄そのものについての判断というものは可能ではある。その場合は、教えの内容（論理）よりも、教えの説き方（教化の仕方そのもの）を手がかりに、隠された意図を推測することとなる。これも一つのリテラシーである。

そうしたことを考えるとき、オウム真理教がどのような手段、論理を用いて暴力への道を用意したのかを確認することの意味は大きい。宗教と暴力の関わりの様相はさまざまであるにしても、殺人、暴力を教えによって正当化するという営みには、共通点も見いだされる可能性があるからである。

ではオウム真理教においては、どのような方法が用いられたであろうか。これを検討していくために、出家者の学習用に使用されていた『ヴァジラヤーナ・コース　教学システム教本』（以下『教本』）に注目する。この教本は、総本部、各地方支部や道場、その他大学等で行なわれた麻原による説法録である。時期的には一九八八年八月五日（第一話）から一九九四年四月三〇日（第五十六話）までの説法を収めたものであり、内容的には虐待や殺傷行為を是認するオウム的なヴァジラヤーナの思想、差し迫った終末意識や陰謀論などが展開されている。そのため、暴力肯定の思想だけでなく、それを説得するための非論理的な手法を随所に見ることができる。

なお、そのような非論理性は、説法・説教といった思想面にだけ見られるものではない。カリスマ性を帯びた指導者との関係、信徒集団の在り方、および修行の身体性についても独自の手法が取られるだろう。オウムの場合、出家信者はサティアンなどで共同生活したが、一九九七年にサティアンが壊される際に撮影された内部の写真を見ると、あらゆる箇所に麻原彰晃の写真が貼ってあり、片時も麻原のイメージから逃れることができないような仕組みになっていたことが分かる。テレビのコマーシャルと同様の効果と言えばそれまでであるが、徹底した刷り込み技法であることは明らかである。

こうした視覚を利用した刷り込み、さらに聴覚を利用した刷り込み、あるいは身体の使い方の管理といった面を扱うことも可能ではあるが、本章では収集した資料の性格を重視して議論の対象を思想面に絞っておく。ここでもっとも問題にしているのは、「危険回避のリテラシー」とも言うべきものである。

二　暴力化の論理と語りの手法

(1)ウチへの暴力肯定の論理

オウム真理教における暴力肯定の論理・教説の中心的な思想は、オウム的なポア（救済となる殺生）の解釈を帯びたヴァジラヤーナという考え方である。以下ヴァジラヤーナにおける暴力化の教義内容（論理）と語りの手法を取り上げるが、こうした論理から距離を取るときの眼目となるのは何なのかを考えていく。まず麻原が、暴力をどのように肯定していたか確認しておく。

「すべてを知っていて、生かしておくと悪業を積み、地獄へ落ちてしまうと。ここで例えば、生命を絶たせた方がいいんだと考えて、ポワ（筆者註―ポア）させたと。この人はいったい何のカルマを積んだことになりますか。殺生ですかと、それとも高い世界へ生まれ変わらせるための善行を積んだことになりますかと。ということにあるわけだよね。でもだよ、客観的に見るならば、これは殺生です。客観的というのは人間的な客観的な見方をするならば。
しかし、ヴァジラヤーナの考え方が背景にあるならば、これは立派なポワです。そして、智慧ある人は――ここで大切なのは智慧なんだよ。智慧というのは――わたし先ほど何て言った？――神通力と言ったよね。智慧ある人がこの現象を見るならば、この殺された人、殺した人、共に利益を得たとみます。OKかな、これは。ところが智慧のない人、凡夫の状態でこれを見たならば、「あの人は殺人者」と見ます。どうかな、これは」（『教本』：八三―八四頁）

このような暴力肯定の態度は、教団のソトに対してだけに向いていたわけではなく、ウチにも向けられていた。実際、ウチでの暴力が先に起こり、その後ソトへの暴力として展開するという道順を歩んだ。ウチにおける暴力は、愛の鞭としての「しごき」とされ、信者にある苦の原因を指導者に移行させる救済の意味合いを帯びた実践であった。次の最初の引用でそれが分かる。さらにカルマの移行は、一般的な法則として用いられていたことが二番目の引用で分かる。

「…そして、今回マハー・ケイマ正大師、あるいはマハー・マーヤ正悟師、あるいはカーリー――こういう子たち、つまりわたしの身近にいる人たちから、わたしはステージを引き上げようと考え、いろいろと修行させている。その修行の一つに「ヴァジラヤーナのザンゲ」がある。

そして、わたしはあなた方と違い、容赦なく殴りつける。そして、わたしがカーリーを叩いた後の経験をまず話すことにしましょう。

カーリーに対してヴァジラヤーナのザンゲを十四時間やらせたことがある。このとき、わたしは二時間指導した。そして、そのうちの一時間は、ほとんど竹刀で力一杯お尻を殴りつけるという作業を繰り返した。彼女はほとんど蓮華座を組むこともできず、そして詞章を読むこともできなかった。そして、泣き続けた。

ところが、三回目からは…三回目から四時間に落として、自分でやらせたわけだけれどもね――一人で蓮華座を組み、四時間集中し続け、ヴァジラヤーナのザンゲを続けた。そして、わたしはどうなったかというと、叩いた後、そのまま内熱《うちねつ》が出――内熱というのは、ナーディに詰りが起きて生ずるものだが――その熱によって一日苦しんだ。しかし、まあ今まだ少し残ってはいるけれども、マントラ瞑想、あるいは思索をすることによって、抜け出すことができた。ということは、カーリーのカルマがわたしに移ったんだという事だ」(『教本』：一〇九頁)

「じゃあ、次はヴァジラとは何だと。金剛の心を持たせるためには、金剛の口をもたせるためには、金剛の身体を持たせるためには、わたしたちのカルマのけがれというのを取り除かなければならない。例えば、A君がB君を殴りつけたと。このとき、B君の今までの殺生などのカルマがA君に移行すると。そうすると、そこでA君はいっそう暴力的になり、そして身体を痛め、解脱に対する道筋が失われるようになると。例えば、A君がB君を罵倒したと。そうすると、今までのB君の口のカルマがA君に移行し、A君のアストラルはけがれ、そして本当の意味での神聖な、清らかなヴァイブレーションのマントラが唱えられなくなると。

しかし、ここで問題になってくることは、なぜA君がB君を罵倒しなければならなかったかであると。もし、A君の心の働きの中にB君を本当に真理に目覚めてほしいと、本当に真理の実践をしてほしいという心があったならば、例えば暴力をふるったり罵倒したりしたとしても、A君の心は成就するであろう」（『教本』：六七頁）

（2）暴力肯定の論理を支える「語り」

苦行によって精神のあり方を清めたり高めたりし、神仏と一体化し、もしくは高次の世界に到達するという考えなら、オウム真理教以外にも、諸宗教の実践の中にときおり見られる。苦行において死の淵にまで至り、死を自覚し、しかしそこから逆説的に新たな生命力を宿した自己が立ち現れてくるといった体験が表明されることもある。日本の伝統仏教においても、死に至る可能性を秘めた苦行は一部で行なわれてきた。

こうした苦行の場合、基本的には、自己の判断で行なうものであり、実践上の限界も自分で判断する。しかし、オウム真理教の修行のなかには、苦行を行なうことやその限界の把握そして死までもが、時として、自己の裁量や判断を越えて、他人が行なうものになってしまっている場合がある。あるいはそのような指導を求めるケースがある。先の事例に見られるように、竹刀で尻を二時間殴りとおす（本当に行なったのかどうかは定かではないが）こともそうであるが、A君に殴られるB君は、自身の体のどの箇所を、何を使って、どの程度の強さで何回殴られるのかを、事前に決められない。

そのような他人が判断して実施する苦行においては、ここが限界と自分で下した判断どおりに、他人が修行を中断してくれる保証はない。安全性をないがしろにしたままで五〇度の湯に浸される温熱療法（事前に練習している信者もいたが）や薬物イニシエーションなど、死亡事故（事件）が生じていたと言われるオウム真理教の特殊な修行は（カナリヤの会編『オウムをやめた私たち』二〇〇〇年：八四—八七、九七—一〇八頁）、そういった特質を持っていたと言えないだろうか。

このような危険性を帯びた暴力や殺生等、当該社会の法律や道徳意識から乖離した思想を受け入れることや実践に移すことは、何がしかの正当化の論理や非論理的な手法が必要となる。例えば、以下の例がそうであるが、麻原は明らかに一般社会の通念と自身の主張との大きなズレがあることは承知の上で、それを正当化する論理を展開する。

「客観的に見るならば、これは殺生です。客観的というのは人間的な客観的な見方をするならば。

しかし、ヴァジラヤーナの考え方が背景にあるならば、これは立派なポワです。そして、智慧ある人は――ここで大切なのは智慧なんだよ。智慧というのは――わたし先ほど何て言った?――神通力と言ったよね。智慧ある人がこの現象を見るならば、この殺された人、殺した人、共に利益を得たとみます」(『教本』:八三―八四頁)

三　批判的思考を妨げる手法

(1) 特例化による矛盾の解消

殺生を肯定するヴァジラヤーナの論理は、一般社会の通念と齟齬するだけでなく、オウム真理教のウチの論理においても、基本実践であった不殺生戒と両立しがたいはずである。では麻原は、両者に矛盾が無いということをどう説明しようとしたか。実はこの矛盾を、特別ルールを持ち出すことで解消しようとしているのが分かる。次のような例である。

「じゃあだよ、ヒナヤーナ、小乗の修行をしてる人が、殺すなかれの修行をしてる人がだよ、例えばここにヴァジラヤーナのグルがいて、殺したとしましょうと。これはどうですか。この人は殺人を起こしたというふうに、見ますか。この人は大罪を起こしたというふうに見ますか。それとも功徳を積んだというふうに見ますか。そう、大罪を起こしたと見るよね。というのは、まだヒナヤーナではその教えがないから」(『教本』:八四頁)

「ところが、タントラの菩薩というのはね、自己は悪業をつむことになると、しかしそれが、他に対して利をなすならば、それを最高の実践課題とするわけだ」（『教本』：四五頁）

「だからタントラというものは深遠であるといわれているのはこういうことなんだ。例えば、大乗の、あるいは小乗の教えの中の十戒に〝盗むなかれ〟というのがある。しかし、今のような心の働きというのは、例えば肯定されると。これがタントラの教えなんだね。

（中略）

そして、あなた方が今実践している十の戒めというものは、表の教えと裏の教えがあるんだってことだ。当然、殺生に対しての教え、つまり今話した教えだね。偸盗に対しての教え。そして邪淫に対しての教え。妄語に対しての教え。」（『教本』：五〇頁）

この種の特例化の語りとして『教本』に見られるものとしては、少なくとも次の三種類がある。

①小乗・大乗・密教や、正法・像法・末法といった既存の仏教的概念枠組みを借りる手法

②終末や余命の少なさなど緊急性を強調する手法

③陰謀やお告げといった外部からの影響によってもたらされる新たな教説

いずれの場合もこれまでの教えの体系には無い特別状況における特別ルールを持ち出してくる

という手法である。①の例はすでに示しているので、②と③のタイプの事例を見てみよう。まずは②に属するような、緊急性を強調し、ヴァジラヤーナを支える手法として、以下のような語りがある。

「まず自分自身の死、これを直視するべきであると。つまり、たとえ第三次世界大戦が起きようと起きまいと、ということをわたしは以前から言っていたわけだが、まあ起きるとして、死ぬ確率はかなり高いと。起きないとしてもいずれ死ぬと。この二つの条件を考えるならば、死を直視し、そして死の後、どのような形でわたしたちが輪廻転生を行なえばいいのかについて検討に入り、努力する時期がやってきた。そして、死の準備のためには数週間や数時間ではなかなか間に合わないと。自分自身の本当に決定的な輪廻転生を考えるならば、それは明らかに今から準備するべきである」（『教本』：一六〇頁）

「したがってわたしたちはまともに生きたとしてもあと数年だよ」（『教本』：三〇六頁）

ここでは、大規模な戦争による差し迫った大量死、死の後の輪廻転生の在り方、死の準備への緊急性が強調されている。さらに麻原自身の死といった話までもが、緊急性を強調すべく上塗りされていく。

「なぜ、わたしがこのような話を今日皆さんにしたのだろうか。それはいよいよわたしの生命もこのまま彼等の攻撃を受け続けるならば、一カ月ともたないと判断したからである」(『教本』:二九八頁)

加えて、緊急事態における救済実践ゆえに、救済を妨げる者との戦いも、特別状況として正当化されていく。その際、別種の物語も提示される。この点について、③のタイプ、つまり外部からの介入に伴う新たな教説の発生の事例を見てみよう。

「いよいよユダヤ人――フリーメーソンが登場し出したなと、表面に出てきたなと、これがわたしの印象です。そして、オウム真理教に対する彼等のバッシングの狙いは、オウム真理教を崩壊させること、あるいはオウム信教を従わせることにあると」(『教本』:一〇三頁)

「実はわたしは、九二年の仏跡巡りのとき、これは君たちに話したかどうかはわからないが、バーラナシーのイシパタナミガダーヤにおいて、つまり初転法輪をなさった地において、天空から、「戦う時が来たぞ」という、何度も何度も立位礼拝の最中に神々の声を聞いた」(『教本』:三三七頁)

（2）隠蔽や封殺による矛盾の解消

暴力性への疑問を生じさせないようにするもう一つの手法は、論理矛盾や一貫性のなさを隠蔽したり封殺したりするやり方である。ここでは、疑義の封殺、仮定の封殺、情報源の隠蔽といった事例を示す。まず疑義を封殺する語りだが、次の事例からは、たたみかけるような語り方や、集団の場で同調圧力を利用する様子がうかがえる。これは異論を封殺し、考える余裕を与えないで同意を誘導する。場合によっては士気を高める効果も持ち得る。

「さあ、あなた方は一応、まず原則だけを学んだわけだ。ねぇ、では、あなた方はどの道を歩きたいと考えるか、どうだ。できればタントラの道（筆者註―ヴァジラヤーナとほぼ同義の上級者向けの実践）を歩きたいか、うーん。それは大変だなあ。それは簡単にできないぞ。近藤！

（近藤）はい。

お前はどうだ。

（近藤）タントラの道を歩みたいと思います。

ほんとか？

（近藤）はい。

じゃ、わたしはヒナヤーナでいいという人はいるか。

うん、他にはいないか。じゃあ、自分はタントラはだめだっていう人はいるか。大乗へ行こうと。どうだ。

じゃ、あとはみんなタントラか？　これはすごい集団だね」（『教本』：一四頁）

こういった形式の、問いと同意をたたみかけていく語りは、麻原の説法に頻繁に見られる文体と言える。


「例えば、いいかな、ここに、悪いことをなして大金を持っていたひとがいたと。その人のことをよく知っている者が、「あの人は来世餓鬼道に落ちる」といって、こっそりそのお金を盗んだと。そして、例えば真理のために、例えば貧しい人のために、そのお金を布施したと。これはじゃ善業といえるだろうか。どうだ。――どうだ。

これは完全なる善業といえる。なぜならば、心の働きの中に相手を害そうという気持ちがないからだ。そして相手を高い世界へ至らしめたいと」（『教本』：四九頁）

ときには、疑問となり得る事柄が、あたかも常識（一般的）であるかのように語っていくというやり方もとられる。

「では、例えば酒を飲みながら卒中にかかって死んだ場合どうなんだろうかという問題がある。この場合、二通り考えられる。一つは痛みを生じさせているかどうか、あるいは痛みが無いかどうかによって違ってくる。この場合、一般的には低級霊域、あるいは地獄へと転生する」

（『教本』：三四〇頁）

次に、仮定への疑義が生じることを封殺しようとする語りを取り上げよう。これは、いくつもの仮定や議論のプロセスを積み重ねていく語りのときに、仮定に根拠があるのか、議論のプロセスが妥当なものかを吟味するような余裕を与えずに、すぐさま結論部分に導くやり方である。

「では、タントラ・ヴァジラヤーナにおいてどう考えるのかと。タントラ・ヴァジラヤーナにおいてはアクショーブヤの法則というものが存在する。アクショーブヤの法則とは何かというと、その生命体にとってどの時期に死ぬのが一番輪廻にとってプラスになるのかという実践である。つまり、例えば毎日悪業をつんでいる魂がいるとしよう。この魂は十年生きることによって地獄で十億年生きなきゃなんない。とするならば、例えば一年、二年、三年と長くなればなるほど、その次の生の苦しみは大きいと。したがって早く命を絶つべきであるという教えである。つまり、不殺生の戒と、このアクショーブヤの戒律というものは真っ向から対立することになる。しかし、カルマの法則から見るならば、両方とも正しい。ただ、見ている点が違う

んだと」(『教本』:三四五頁)

ここで語られていることの中には、疑義を感じそうな仮定や議論の運びがあるが、それらを吟味することは一切せず、「早く命を絶つべきという」結論が強調され、それがあたかも唯一の正しい論理の運びであるかのようにしている。加えて説法という口頭での語りの場では、言葉の一つ一つや論理の進め方が妥当かどうか熟考するゆとりが乏しくなりがちである。麻原の説法では語りにおけるこの特性が十分利用されている。

「例えばここにだよ、Aさんという人がいたと。いいですか。このAさんは生まれて今まで功徳を積んでいたので、このままだと天界へ生まれ変わりますと。いいですか、ここまでは。じゃあ次の条件ね。ところがこのAさんに慢が生じてきて、この後、悪業を積み、そして寿命尽きるころには、地獄に落ちるほどの悪業を積んでしまうだろうと。いいですか。こういう条件があったとしましょうと。

(中略)

じゃあ次にだ。このAさんを、ここに成就者がいたとして、殺したと。この人はどこへ生まれ変わりますか。天界へ生まれ変わる、そのとおりだね。(中略)そして、もしだよ、このときにAさんは死に、そして天界にいき、そのときに偉大なる救世主が天界にいたと。そして、その天界にいた救世主が、その人に真理を説き明かし、永遠の不死の生命を得ることができたとしましょう。」（『教本』：八三頁）

一つひとつの説明の妥当性を吟味する暇を与えない語り方と言える。いくつもの条件や仮定が積み重なっている。殺されるAさんが天界に生まれ変わるかどうかという結論に関心を導く語りになっているが、そこには功徳を積んで天界に生まれ変わるという仮定だけでなく、麻原などの「成就者」が、Aさんの未来の悪業を完全に予測できるということも前提となっている。

次に三つ目の手法として、出典や原文を明示せず、自分の見解に合わせて脚色した解説をするといった語り方、つまり情報源の隠蔽の手法を取り上げる。麻原は、例えば次のような語り方を至るところで行なっている。

「神通力には、二つのタイプがある。一つは見世物の神通力である。もう一つは、救済に使われる神通力である。そして、それは仏典ではこのような表現をされている。それはどういうことかというと、戒《かい》・定《じょう》・慧《え》、この三つの修行を達成した者は、解脱に到達すると。そして、解脱に到達した者は、解脱智見《ちけん》を得ると。この解脱智見とは何かといったら、その人の欲する神通力を得るというふうに考えてよろしい」（『教本』：一三五頁）

ここでは仏典にもとづく説法がなされているのだが、たとえば「解脱智見」について、仏典やその解釈の伝統において、本当にそのような説明がなされてきたのかを確認するのは困難であり、多くの場合はこの説明を鵜呑みにするしかない。なぜなら、出典箇所の提示も原文引用もなされていないため、仏典の該当箇所を確認するとしても手間がかかりすぎるからである。したがって原典の記述内容と見比べて理解を深めることも、説明の妥当性を確かめることも難しい。オウム真理教の出家信者は、外部情報をできるだけ取り入れないようにしていたとはいえ、このような説法では、仏典さえきちんと紐解くことができないだろう。

ちなみに、オウム真理教の出家者たちが、教理学習の基本に据えていたのは、仏典ではなく、麻原の説法そのものであった。説法テープを聞き、説法集の一言一句を覚え、まさにグルの思考と一体化し、グルのデータを取り込んでいくといった学習がなされていたのである。

なおこういった情報源の隠蔽と脚色の語りの手法は、仏典以外の教典を取り上げる際にも使用されている。

たとえばキリスト教の福音書に関する説法のケースを見てみよう。聖書であれば相対的に原典をたどりやすく、内容の相違も目立つと思うのだが、それでも以下のような脚色が行なわれている。

「そしてイエスの説く法は、もっともテーラヴァーダ仏教における基本的な、戒律と慈愛であると。そして、彼は聖書の中でこう説いている。「布施、それから慈愛、ね、戒律が守れるようになったらどうしたらいいでしょうか」と。「あなたの持っているものをすべて放棄し、出家しなさい」と。しかしだ。そこで出たその若者は、それを放棄することはできなかったと。そこでイエスはこう言っている。「これは、彼のカルマなんだよ」と。「もし彼がそれを達成することができたら、より偉大な経験をすることができる」といっているね」（『教本』：二〇五頁）

ちなみに福音書の該当箇所はいくつかあると思われるが、試みにマタイの福音書一九の一六―二二から引用してみよう。貧しい人々への施しが布施・放棄と解釈される等、意味合いの違いが見えてくるのではないだろうか。

「さて、一人の男がイエスに近寄ってきて言った。「先生、永遠の命を得るには、どんな善いことをすればよいのでしょうか。」イエスは言われた。「なぜ、善いことについて、わたしに尋ねるのか。善い方はおひとりである。もし命を得たいのなら、掟を守りなさい。」男が「どの掟ですか」と訪ねると、イエスは言われた。「『殺すな、姦淫するな、盗むな、偽証するな、父母を敬え、また隣人を自分のように愛しなさい。』」そこで、この青年は言った。「そういうことはみな守ってきました。まだ何か欠けているでしょうか。」イエスは言われた。「もし完全になりたいのなら、行って持ち物を売り払い、貧しい人々に施しなさい。そうすれば、天に富を積むことになる。それから、わたしに従いなさい。」青年はこの言葉を聞き、悲しみながら立ち去った。たくさんの財産を持っていたからである。」（『聖書　旧約聖書続編付き　新共同訳』日本聖書教会、一九九九年：（新）三七頁）

また次のような事例もある。

「このような現象において神が関与するとユダヤの本質的な経典ではうたっているし、それから、ヒンドゥーの本質的な経典でもうたっていると。

ヒンドゥーの経典においては、ここでカルキが登場すると。カルキとは何か。それはシヴァ大神の化身である、マハーカーラが登場することになっている。

そしてユダヤでは、だれが登場するのかと。これは、天界の第四の御座の神の化身がこの世に現われるという表現になっている。ちょっと言葉は違うけどもね、ニュアンスとして受け取ってちょうだい。そしてその魂は、なんと、紫の衣を着ているそうだ」（『教本』：二〇四頁）

しかし麻原は、すべての説法において出典を曖昧にしていたわけではない。自説の正当化に使えそうな場合には（解釈の妥当性は別として）、出典を細かく提示しているのである。

「この訳はわたしが干渉していない段階での訳、その訳によると――九七年、間違いなくハルマゲドンが起きるであろう。これは単純な理論で、詩の九十七番にそれがあるからだってことだね。

つまりノストラダムスは、二期に分けて予言詩を展開していると。五章までの詩は、年代順に並んでいる。五章以降の詩は、年代順ではなくて、いろいろなキーワードを基に説かなければその順番がわからないという構成になっている。これは今まで、九〇、九一、九二、九三とずっと追っかけていてね、ま、その結果が出たわけだけれども。したがって、記憶が間違っていなければ三章の九十七にこのハルマゲドンの予言詩があると」（『教本』：一九一頁）

これ以外にもノストラダムスの予言に関しては、かなり細かな出典をたびたび提示している。その意味で麻原は、出典・引用の提示や、情報開示の度合いを意図的にコントロールしていたと推察できる。

おわりに

オウム真理教における暴力肯定の論理を支える教化構造には、特例化、それから隠蔽もしくは封殺と呼ぶべき特徴がある。それは非論理的な語り方と言わざるをえないが、他方では論理的な説法もなされている。両者が混在しているのである。ソトからはその非論理性に気づくことができるかもしれないが、すでにウチにいる信者たちにとって、そうした冷静な判断は困難だったことが分かる。信者たちは教本をひたすら暗記した。それらに疑いをはさむことは許されなかった。論理の飛躍など吟味する余裕はほとんどなかっただろうと推測される。

麻原が信者たちに教え込んだのは、何のゆかりも関係もない人をためらいなく傷つけたり殺したりする暴力的行為への宗教的意味づけである。完全にソトにいる人からすると、それを素直に受け入れる人がいたこと自体が不可解かもしれない。しかし現実には少なからぬ幹部信者がそれを受け入れ、そして実践した。これが実際に起こったことであるという事実を認識することが、危険回避リテラシーを具体的に考えていく上での出発点になる。

そして最終的に暴力行為を肯定するような教えに直面したとき、その途中でなされる説明に疑問を抱くことの重要性に思い至らせる。ここにオウム真理教によるいくつか実例を示した。とりわけ、宗教情報としての正しさの問題とは異なる次元の問題、つまり語り方の怪しさに注目した。麻原が用いた論法の一端を示したに過ぎないが、ここに示した実例から、現代社会で起こっていること、そしてこれから起こるかもしれないことに応用するための想像力をいかに働かせるかが課題である。

自分の周辺で起こっていることを少し注意深く見直し、「それはやはりおかしいのではないか?」というような疑問が起こったら、ここで示したような具体例を参照しながら、自問することが必要と考える。

参考文献――さらに知りたい人のために

ジョン・ヒック（間瀬啓允・稲垣久和訳）『宗教の哲学』勁草書房、一九九四年
宗教哲学の入門書。「第七章　宗教のことばの問題」で、日常的な言語使用とは異なった、宗教特有の言語使用のあり方を取り上げている。宗教の教えについての的外れな批判を避けるためにも参考となる。

脇本平也・柳川啓一編『現代宗教学2　宗教思想と言葉』東京大学出版会、一九九二年
第四章の鶴岡賀雄による論考「宗教学者は神秘家のテクストにいかに接近するか」では、言葉にならない神秘的体験についての語りを、宗教学者が読むことの意味合いなどが考察されている。また「意味内容の真理」と「文体の真理」（言い方が伝える事柄）の関係についても論じている。

L・フェスティンガー、H・W・リーケン、S・シャクター（水野博介訳）『予言がはずれるとき――この世の破滅を予知した現代のある集団を解明する』勁草書房、一九九五年
認知的不協和理論をフィールド型の調査で検証した古典的書籍。予言が外れた後、予言をより強固に信じる者とその信念を捨てる者が現われた。その違いを生み出したいくつかの条件などを論じている。

第六章　メディア報道への宗教情報リテラシー
――「専門家」が語ったことを手がかりに

平野直子
塚田穂高

はじめに

宗教に関する報道となると、日本のマスメディアは足腰の弱さを露呈させることが多い。特にテレビ報道には、それが顕著である。おそらく関係者に宗教に関する基礎知識が乏しく、何かが起こった時に、その背景を理解する力があまりないからだと思われる。

しかし、オウム真理教事件のような社会を大きく揺るがすほどの事件が起こった場合には、ほとんどのメディアが報道に加わる。その中では、何が肝心な話なのか、それを誰に取材するのが適切なのか、あまり考えることなく報道するところも出てくる。いわゆる「有名人」のコメントにすがる例も頻発する。

他方で、そうしたメディアの報道に接する人の中には、さらに輪をかけて宗教に関する基礎知識のない人が数多くいるだろう。メディアが流した情報を鵜呑みにする人もいる。「有名人」のコメントであると、そのまま信頼してしまう人も少なくない。まして宗教問題に「宗教学者」がコメントしたということになると、それを批判的に検討するのは、日頃からメディアの媒体ごとの情報の信頼性に注意を向けていたり、身の回りに起こっている宗教現象を注意深く観察していたりといったような人でないかぎり、かなり難しいと言ってよいだろう。

本章では、オウム真理教による地下鉄サリン事件の以前と以後に、メディアでオウム問題について発言し、影響力の大きかった三人の宗教学者（中沢新一・山折哲雄・島田裕巳）に焦点を当てる。実際にどのような語りをしたのか、それが事件前後でどのように変わったのか。ポイントを絞って紹介する。つまり、実態があまり明らかでない団体について、彼らがどう「推測したか」であり、事件後に見誤りがあったと気づいた場合、それをどのように説明したかということである。

むろん、取り上げた研究者の批判をするためのものではない。マスメディアを媒体として、現代宗教に言及しようとする際の難しさを示すのが一つの目的である。他方、「宗教についての専門家」によるコメントを咀嚼する際の「宗教情報リテラシー」を向上させるには、どうしたらいいかという大きな問題がある。これを考えていくための具体的事例を示すのが、さらに重要なもう一つの目的である。

ここで示される事柄は、注意深く読むと、いわゆる「カルト問題」をはじめとする現在進行中の宗教問題にも、すぐさま適用できることが分かるはずである。サリン事件当時よりも、格段に膨大な情報があふれる環境に育った世代は、情報を見極める力を養うことがとりわけ求められている。そうした観点から本章を読んでほしい。

一　中沢新一――期待する世界観との親和性・宗教の反社会性の確信

中沢新一は、一九八〇年代から現在に至るまでメディアで活躍する宗教人類学者で、チベット仏教の修行体験と現代思想を融合させた著作でファンを得た。中沢と一九八〇年代の彼の著作を読んでいた麻原彰晃との対談が、オウム真理教の「ウチ」と「ソト」をつなぐ上で、かなりの影響力を持ったことはたしかである。事件前に中沢は、オウムをもっともよく理解・解説できる専門家として期待され、雑誌で長い対談が組まれたことが二回ある。そこで彼が麻原を好意的に解釈し、語ったことは、オウムに関する「信頼できる」情報として少なからぬ影響を及ぼした。地下鉄サリン事件以降、彼は事件を予想外であったと繰り返しているのだが、彼の事件前後のオウムへの発言をたどり、メディアが宗教専門家の語りをどう扱ったかを考えてみる。

（1）『虹の階梯』とオウム真理教

中沢が広く知られるようになったのは、最初の著作『虹の階梯』（一九八一年、平河出版社発行）だった。彼は東京大学大学院で宗教学の修士課程を修了したあと、一九七八年にネパールに渡航して密教を実践しようとした。その後三年にわたる修行のなかで師に教えられたことをまとめたのが同書だとされる。『虹の階梯』は「ニューエイジ」「精神世界」と呼ばれる知的流行の中でとりわけ若い世代に影響を与えた。

「ニューエイジ」「精神世界」の流行は、一九八〇年代にピークを迎えるが、そこでは従来の科学的思考や近代社会の枠組みを超えた世界を探求しようとする試みが注目された。いわゆる「東洋の伝統」に裏打ちされた心身技法を熱心に求める人々もその中に多くあり、『虹の階梯』はチベット仏教の修行法を具体的に伝えるものとして、彼らに受け入れられた。

当時の書店では、同書のほかにも東洋の思想や身体技法の書籍、ラジニーシやグルジェフといった西洋グルに関する書籍、宇宙人や高い精神性を持つとされる「霊」との交信（「チャネリング」と呼ばれる）による一種の自己啓発書などが棚をにぎわしており、その受け手はノストラダムスの終末予言やＵＦＯ、「失われた文明」といったオカルト的なものへの関心をもつ人々と重なりがあったと考えられる。中沢は、こうした「精神世界」の流行にマッチする雑誌記事や書籍を次々に著した。

このような流行の中で『虹の階梯』を手にとった読者の中に、麻原彰晃やオウムの信者たちがいたわけである。元信者の記録などを見ても、初期（一九八六年ごろ）のオウム真理教でこの本が、しばしば「参考文献」として使われていたことがわかる。麻原自身も、一九八六年十一月三〇日の説法の中で『虹の階梯』から自分の修行のヒントを得た話をしている（オウム真理教　一九九一『特別教学システム教本　第４課②』、六頁）。彼らがチベット仏教におけるヨーガの考え方や実践（主に瞑想の）方法の参考にしたのは『虹の階梯』だけではなく、佐保田鶴治の『ヨーガ根本経典』や、スワミ・ヨーゲシヴァラナンダの『魂の科学』なども修行の「虎の巻」だったとされている。いずれも、書店で手に入れやすい一般書籍であった。

そうした中でも、『虹の階梯』に代表される中沢の本が特にオウムに影響があったように言われる理由は、第一に右のような（元）教団内部の者の証言の存在である。また実際、『虹の階梯』の中には、後にオウム真理教から刊行された書籍の中に見いだされるものと似た記述を見つけることもできる。例えば次のような、師を絶対的に信じ、受け入れることについてのくだりである。

> こうして求めるラマにめぐりあうことができたなら、ラマに自分のすべてを投げ出すような純粋な信頼を託して、その教えのすべてをまるで瓶の水をそっくり別の瓶に移し変え《ママ》る気がまえで学び取っていくのである。（中沢新一　一九八一『虹の階梯』平河出版社：一四七頁）
>
> ラマから教えを得るためには、それこそ自分の身体を犠牲にしてかえりみないほどの心がま

えがいると、チベットのラマたちはことあるごとに説いてきたものだ。(同：一五二頁)

同書によれば、密教の灌頂《かんじょう》（儀式）を受ける際には、瞑想で師を「あらゆる仏陀や菩薩たちの慈悲や神秘な力」が集まるものと観想し、それを「直接無媒介」に自分の中に受け入れる必要があるとされる。このような理想的な心の状態を得るプロセスとして、何があっても絶対的に師を受け入れる訓練が必要だとされている（ただしその前提として、本当に優れた師をよく選ぶよう、また必要なことを得たら師から離れて一人の修行者に戻るよう注意が促されている）。

このような師弟関係のあり方を象徴的に示すのが、過去の密教行者・ティローパとナローパ師弟のエピソードである。弟子のナローパは、師・ティローパの無茶ないいつけ（「塔から飛び降りろ」「手に竹のとげを突き刺せ」等）を、その意図を忖度することなく忠実に実行する。そのせいで何度も半死半生の目にあっても、師を「誠意をこめて信頼し続ける」ことで、言葉では何一つ伝えられなかったにもかかわらず、ついには「師の心をそっくりそのまま知りつくす」（『虹の階梯』：一五二―一五四頁）。これは「師に課された試練はどんなに肉体・精神的に過酷であっても受け入れる」という態度の例であるとともに、その試練は師が弟子の「輪廻の悪縁」を断ち切るために与えるものだという考え方を示している。のちに麻原は、グルと弟子の関係について説教する際、しばしばこのエピソードを用いた。

また、同書が最後の一章を、「ポワ」という瞑想技法に費やしているのも注目される。「ポワ」

とは、死から次の転生までに魂が経験する状態（バルド）について知り、それにもとづく瞑想をしておくことで、死後の魂が悪い方向に引かれることを防ぎ、よい転生を確かなものにする技法とされる。この技法に通じていない人の死の際にあたっては、熟達した密教行者の手で魂をつかまえ、より高い状態へと転生させて（あるいは、悪い転生を防いで）もらうことができるとされる（同：二八二―二八四頁）。

この「ポワ（ポア）」に関する考えは、のちに麻原が頻繁に利用するものとなる。レベルの高い修行者は死者の魂の状態を見抜き、その転生に介入することができる、という考えを殺人に対しても都合よくあてはめたのである。

むろん、このことで、『虹の階梯』がオウムによるテロ事件そのものに直接影響を与えたということにはならない。ただ、オウムの信者たちが実践していたことの思想的な基盤と、その当時の一般社会においても流行していた一つの精神文化との結節点の役を果たしたのは明らかである。

（2）麻原・中沢対談の影響

坂本堤弁護士一家の失踪にオウム真理教が関与した疑惑が取りざたされるようになった時期に、週刊誌『ＳＰＡ！』は麻原が「かねてから親近感を抱いていた宗教学者」である中沢新一と麻原の対談を企画し、それを一九八九年十二月六日号に掲載した。「オウム真理教教祖がすべてを告白〝狂気〟がなければ宗教じゃない」というタイトルであった。中沢と麻原が直接会ったのはこれが初めてであったが、この対談記事は、のちに「オウム真理教を高名な専門家が支持した証拠」として、内外に大きなインパクトを与えるものとなってしまった。

対談は、坂本弁護士一家が行方不明になったことがわかった直後、麻原が家族と信者を引き連れてドイツに出国しようとする直前に行なわれた。麻原は冒頭で、失踪事件で教団に疑惑がかけられたり、『サンデー毎日』誌の告発キャンペーンを中心に激しく批判されたりするのは、教団自体の「カルマ」のためだと言い、このような「仏教的」な世界観を持っていれば動じることはないと主張する。この発言に対して中沢は即座に、「自分もほとんど同じ世界観の持ち主」「いまの日本の社会にいちばん欠けている楽天性を、ここまでストレートに出せる人は珍しい」と応じた。

麻原は続けて、この「カルマの論理」を、批判者である『サンデー毎日』誌に対して展開する。麻原は、同誌編集部はオウムの語る真理に耳を貸さず、自分たちの利益のために教団を叩いているのであるとし、これはこの上ない「悪業」(悪いカルマ)であって、「それならば私たちは、彼のカルマ落としをしてあげなければならない」と言う。オウムの論理を知らずとも、前の文脈からすればこの「カルマ落とし」という表現は何らかの制裁か強制力の行使を意味していることになるが、中沢はそのことには踏み込まず、麻原の同誌への批判に同調する。

中沢　日本のインテリの多くは、自分のいまある生をつくりなしているカルマの論理が見えていませんから、麻原さんたちがそうやって、「このままでは大変なことになってしまいますよ。地獄へ堕ちてしまうことになりますよ」と警鐘を鳴らしても、内心怖いものですから、それだけでビビって、猛烈な反発を始めるんですね。そのあげくが、「そんなに言うんなら、この場で空中に浮いてみろ」とか言いだすんです。そういうレベルのことを問題にしているのではないと言っても、聞く耳をもたないんです。そういう悲しい目には、ぼく自身も何度か遭遇していますよ。

本題である教団の坂本弁護士失踪事件への関与についても、中沢は次のように麻原からたった一言得ただけで追及をやめてしまう。もちろん、このとき弁護士一家はこの時すでに、麻原の指示によって殺害されていた。

中沢　最大の難問が突きつけられているでしょう。例の弁護士さん一家失踪という不可解な事件のことです。これについて、ほんとうのところをお聞かせ願えませんか。オウム真理教をいまの時期、弁護しなきゃいけないという義務を感じているものですから（笑い）、その点だけハッキリしていかないと、どうも腰のすわりが悪いのです。

麻原　（中略）オウム真理教が（そんな事件を）やる意味は、まったく見当たらないのです。

中沢　では〝尊師〟は〝先生〟を前に、はっきり否定されるわけですね。

麻原　はい。もちろん否定します。

中沢　それなら、〝弁護士〟としても気が楽になりますけどね。

こうして中沢は、対談において終始麻原に同調的な発言をするのであるが、それは麻原が、「宗教は本質的に反社会性（狂気）を内包している」という、中沢の宗教論によくあてはまる発言を対談の場で繰り返したことによる。中沢は事件後、その感激を「泥の海の中にちっちゃな宝石が一個光ってる、そんな印象を受けたんですよ」「日本の宗教者でそういう考えを持って共鳴できる人って僕は初めて見たんですよ」と語っている（岩上安身・中沢新一「悪夢の誕生――オウムの精神構造を解く」『現代』一九九五年七月号：六二―七八頁）。このため対談は、告発キャンペーンなどでオウムに向けられた「狂気」「反社会性」をめぐって大いに盛り上がった。中沢はそれらを、チベット仏教やキリスト教の伝統の中における「風狂者」と結びつけた。

中沢　なかでも、いまやオウムのレッテルと化した感のある「狂気」とか、なかなかハデで目立ってますよね。

麻原　「反社会性」をもった宗教とも言われています。でも反社会性と言われれば、たしかにそのとおりだと思います。オウム真理教は、もともと反社会的な宗教なのです。

中沢　（中略）生命と意識の根源にたどりつこうとするならば、どうしてもそれは反社会性や、狂気としての性格を帯びるようになるのではないでしょうか。ですから、その点については、オウム真理教の主張していることは、基本的に、まちがっていないと思います。（中略）カギュ派では、その中でももっとも高度な悟りの表現方法として、ニョンパと呼ばれる「聖なる風狂者」の生き方を生み出してきました。彼らは社会的なスタンダードに縛られて生きることが、豊かな生命の可能性を阻害することになるということを、はっきりと見せるために、狂気に満ちたパフォーマンスを演じてみせるのです。（中略）この聖なる風狂者の伝統というのは、とても奥の深いもので、革命前のロシア正教の世界にも、たくさんの風狂的修行者が放浪してたみたいですし、アッシジの聖フランチェスコだって、言ってみればまあ狂気の人ってことになるでしょう。

初対面のはずの麻原が、中沢が以前から展開していた宗教論を理解していたという点で、彼は麻原に対する評価を高くし、結果的には対談中の麻原のその他の言い分もほとんどすべて支持したことになった。さらに、中沢は、既存の社会構造や文化に異議を呈する「新しい時代」（ニューエイジ）の思想家としての考え方を、出家者の家族たちと教団のトラブルに結びつけ、「反社会的であることこそ宗教としての正統性だ」「批判者や親は意識が古い」と家族たちを批判するような発言もした。このときまでに、オウムと家族のトラブルについて多くの報道がなされていたが、中沢がそれを十分把握していたかはわからない。少なくとも対談における彼は、オウム真理教という固有の団体やそれが置かれた状況についてはあまり踏み込まず、宗教や日本社会一般の問題についての自分の思想を物差しにしてその場の麻原の言葉を高く評価し、それを現実の教団の評価にも結びつけた。

さらに中沢は、この対談の印象を『週刊ポスト』一九八九年十二月八日号「誰も言わない『バッシングの構造』を明かす　『オウム真理教』のどこが悪いのか」にまとめ、あらためてオウムをプリミティブな宗教らしさを持つ宗教と称賛した。なお中沢は、『ＢＲＵＴＵＳ』一九九一年十二月十五日号「麻原彰晃との対話　オウム真理教はそんなメチャメチャな宗教なのか」でもう一度、麻原と対談している。

宗教学者は、現実社会に存在するひとつの宗教団体について、その「ウチ」の論理や「ソト」との関係まで十分理解し解説できるようになるために、通常何年もの時間や膨大な労力を費やして調査を行なう。中沢はチベットのある仏教宗派でフィールドワークを行なったので、その知識を使ってオウム真理教自体の一部の用語や論理を理解することはできただろう。しかし彼は、オウムについては対談前に調査したこともほとんどなく、社会における個別の有り様を詳しく知っていたわけではなかった。そのためこの対談では、麻原やオウムを彼が以前から持っていた宗教や社会の一般論と結びつけて語るほかなかっただろう。

このように、メディアに「専門家」として登場する研究者は、必ずしも対象について十分な知識を持っているわけではないし、適切な解釈の枠組みを用いているとも限らない。またそれが起こすミスリードの危険性を、「専門家」自身が自覚していなかったり、さほど重視していないという場合もある。このことを、読む側は十分にふまえる必要がある。

（3）事件後の中沢の解釈

一九九五年三月に地下鉄サリン事件が起き、オウム真理教に強制捜査が入ると、上で見てきたような中沢の発言や態度には批判が集まった。これに対し中沢は、『週刊プレイボーイ』一九九五年四月一八日号および二五日号において、それぞれ三ページにわたってオウムや事件に対する見解を発表している。彼はこれらの記事で、オウムの起こした事件をロシア革命や日本の戦前ナショナリスト、連合赤軍などの近代革命思想の系譜に位置づけた上で、事件前と同じく「宗教の反社会的な本質」という自分の宗教一般に関する持論に引きつけていく。

> なぜ彼らは革命を志さなくてはならなかったのか。これは非常に深い問題で（中略）人類の宗教思想の根源にまで行き着く問題です。
>
> 宗教運動は（中略）「『社会に生きる自分は本来の自分じゃない』という自分の内面の声に従いなさい」ということから始まる。それは当然〝反社会〟につながるわけです。（十八日号、「「宗教」と「邪教」の間で」）

強制捜査の開始からまだ日が浅く、事件の全貌が見えていないこの時期、中沢は教団や事件を理解し、解説し、「ソト」の世界とつなげていく役目があるものと自任していた。これについて記事では「仮にオウムが犯罪に関わっていたとしても、彼らがそこに向かうことになった内的な論理はなんだったのか――。それを明らかにするのは、きっと僕の役目なんだろうなと考えています」（同十八日号）と述べている。

ただし彼がそのような「役目」を引き受けたようとしたのは、宗教研究者・思想家として彼らを見誤ったことや、不適切な発言の責任を取るためではない。研究者・思想家でありなおかつ修行者である自分の立ち位置が、事の本質を一般より深く理解でき、（元）信者と社会をつなぐことができるものだという立場を表明しつつのことである。麻原逮捕（五月十六日）の直前に書かれたと思われる、『プレイボーイ』誌五月三〇日号掲載の、「オウム真理教信者への手紙」と題された記事は、この「役目」の実践のように見える。

私が、あなた方のグル（導師）麻原彰晃氏とはじめて会ったのは、一九八九年のことでした。

（中略）

「超能力者」としての麻原さんの世間への押し出しの仕方には、あまり共感をいだいていませんでした。ところが、話をしているうちに、この「最終解脱者」を自称している人物が、並々ならぬ知性の持ち主であることに、私は気づくことになったのです。

私はいままでに、何人もの現代の宗教家と話をしたことがありますが、「聖なる狂気（デヴァイン・マッドネス）」という言葉を出したとたんに、あれほどすばやい反応と正確な理解をしめしたのは麻原さんがはじめてでした。（中略）

あなた方に、今日浴びせられている恐るべき悪罵中傷を全力でかきわけてでも、私はこの事実を確認します。あなた方は、なにかの可能性をもっていた人々なのです。

オウム真理教は、日本社会の仕組みを逆なでするようなことを、あえて企てていたのですから、いろいろなところで社会とのあつれきをおこすのも無理もないことだ、と私は思っていました。（中略）

ところがもしも、オウム真理教のような日本社会へのラジカルな批判性をもった集団が、自分の内部に、日本の国家によく似た権力の構造をつくりだそうとしてしまったら、その瞬間から、すべてがとんでもない方向に変化をおこしはじめるだろうということは、たやすく想像がつきます。

中沢はこの記事でも、宗教の本質が「反社会」的であるという持説を繰り返し、その点からオウムにあった「可能性」を認めようとしていた。一方で事件については、その「反社会性」自体が問題なのではなく、教団が（中沢が悪と見なす）現代日本社会的な要素を取り込んでしまったために起こったのだと、かなり苦しいと言わざるを得ない説明をしている。

事件後、時間がたつにつれ、中沢は別の説明図式も使うようになる。教団が道を誤った原因の一端は、麻原やオウム信者がチベット仏教などの教えを「誤読」したことだというものである。例えば、麻原逮捕直後に行なわれた岩上安身との対談では、経典に見られるような、既存の社会の倫理を逸脱するような記述——ティローパとナローパ師弟の逸話のような——は、当然寓話と読むべきなのに、「余裕とユーモア」の足りないオウムの人々が、字義通りに読んでしまったことが問題だったとしている（『現代』一九九五年七月号「悪夢の誕生——オウムの精神構造を解く」：七〇頁）。

中沢とともに現代思想界の旗手と目されていた哲学者・浅田彰と行なった、同時期の対談でも、同じような解釈が示されている。ここではより顕著に事件の責任から身をかわそうとしているのが分かる。浅田は、中沢の本に影響されて信者になったとしたら、それはユーモア感覚の足りない「愚かな読者」であり、したがって中沢に責任はないと強く主張し、中沢もその説明に同調する。

浅田　あのとき問題にしていたのは、外部を持たないこの現実の中に逃走の線を引くということです。構造とその外部とか、秩序とカオスとか、そういう想像的な二元論を捨て去った上で、この現実の中にいかに逃走の線を引くか。言い換えれば、この現実をどれだけ多層的で豊かなものとして再発見し再構成するか。

中沢　一所懸命、そう言っていました。

浅田　（中略）中沢さんでさえ、この現実と違う世界をエキゾチックに描き出して若者たちを誘惑したとは思わない。一見そのように読める部分でも、それは本当はユーモアをもって書かれていて、「よくこんなこと言うぜ」と言って笑いながら読めるようになっている（笑）。そんなこともわからないやつは、たんなる馬鹿でしょう。中沢さんの『チベットのモーツァルト』を読んで、本当に幽体離脱みたいなことが起こると百パーセント信じ込んで、自分も同じことをやってみたいと思ってオウム真理教に入信した馬鹿がいたとして、それは中沢さんの責任だと言う人もあるけれど、僕は書き手はそんな愚かな読者のことまで責任を取れないと思う。

中沢　笑いのために書かれた本が、生真面目によって誤読されてしまう不幸はドンキホーテの昔から、防ぎようのないことです。（浅田彰・中沢新一『諸君』一九九五年八月号「オウムとは何だったのか」：三六—五一頁）

自分の本は「笑いのために書かれた」ものであり、オウム真理教に入信したような人たちはそれを「生真面目に誤読した」という主張である。浅田はそうした人たちを「愚かな読者」と呼んでいる。オウム信者たちはまったくの愚者扱いである。その見方を中沢も肯定している。

メディアが中沢に求めたのは、対象の実像にできるだけ迫ろうとする研究者というより、華麗な筆致で新しい思想を展開し、読者の知的欲求を満たしてくれる「文化人」としての発言であるようだ。その脈絡からすれば、この一見傲慢とさえ思える発言も、それなりの説明を与えるものになったのかもしれない。彼が現代思想の抽象度の高い理論をもとに描き出した、「近代一般」「日本社会全体」を説明するような一般性の高い図式にふれて、オウムを理解する大きな枠組みを与えられたと感じる読者もいた可能性があるからである。しかし、現実に生きる個別の人々や教団について正確に言及しようとするなら、そしてそれが研究者としての立場をいささかでも意識してなされるのであるなら、当然ながら対象についての一定の観察なり、綿密な情報収集といったものが求められる。

そうした調査にもとづかず、大きな枠組みをいきなり持ち込んでの解釈の提示が、事件にどのような影響を与えたかは決して見過ごされるべき問題ではない。さらに中沢の場合、オウムに対する解説の基本姿勢そのものを、まさに事件後の事態の推移に合わせるかのように、そのつど調整していったと言える。変化する状況に合わせて、自らの立場が適切であったことを示せるような新しい解釈の枠組みを次々に創りだしたという方が適切だろう。

通常、宗教研究者は対象となった人物や団体への主観的な価値判断を極力避けようとする。しかし、そうした判断を求める人々もいる。それに応じること自体は研究者の自由と言える。しかし、あえて価値判断を前面に出すなら、それ相応の根拠を事前に集めるのが普通であろう。それがなされているかどうかの判断力を養うことは、当該人物の発信する情報を受け止める側の問題となってくる。そうでないと、発信した側から「愚者」のレッテルを貼られかねないということである。

二　山折哲雄――比較宗教史的な一般化への論点のずらし

山折哲雄の専門は宗教史・日本思想史であり、東北大学大学院で学んだ後、駒澤大学助教授、東北大学助教授、国立歴史民俗博物館教授、国際日本文化研究センター教授（オウム事件前後）、白鳳女子短期大学学長、国際日本文化研究センター所長などを歴任した。日本人の宗教観や宗教に関する現代的トピックなどを、一般向けに平易な言葉で多く論じている。著作も多数あり、メディアにもしばしば登場する。新宗教運動の専門家ではなかったが、メディアからはオウム真理教についての発言やコメントを求められた。

（1）事件前の山折哲雄

事件前における山折のオウムに関する発信は、さほど多くはなかった。だが、麻原と友好的な対談をなした上に、その発言と視点には、かなり特徴的なパターンが顕著であるので、やや詳しく取り上げたい。

山折がメディアを通してオウムについて初めてふれたのは、坂本弁護士一家失踪（実際は殺害）事件の後であり、熊本県波野村での騒動に先立つタイミングであった。

いま、オウム真理教が社会的に注目を集めている。麻原彰晃教祖の特異な風貌が紙面に大きく躍っている。（中略）そのうえ、こうした新宗教というか新カルトの登場には欠かせない、ミステリアスな話題も盛りだくさんだ。「被害者の会」がつくられたり、弁護士一家の失踪との関連が取りざたされたりで、それがまたマスコミに報道されて話に尾ひれがついていく…。われわれは敗戦後この方、こうした現象をどれほどみせつけられてきたか。ああ、またか、という思いにかられるのである。（熊本日日新聞・熊本、一九八九／一二／二七）

これは九州の地方紙の記事だが、後には書籍化・文庫化もされたものである。

次に、波野村での騒動が顕在化した時期に、全国主要新聞からの宗教関係の記事を集めた雑誌『宗教情報』五五号（一九九一年四月）の特集「オウム真理教と波野村」に載ったエッセイ「流入者を排除する〝村〟の掟」（一二一―一二三頁）から引く。

あいかわらず「オウム真理教」が袋だたきにあっている。（中略）淫祠邪教退治なんていうドラマは、もうずっと以前の戦前の話かと思っていたら、ドッコイとんやはそうはおろさなかった。現代社会のホットな事件として、騒々しいドタバタ喜劇があちこちで水しぶきをあげ、火花を散らしている。驚くべきことだ。そして何とも恐ろしい話である。（中略）

私は、「オウム真理教」はけっして世間がいうような淫祠邪教の類ではないと思うのだが、それには三つほどの理由がある。第一は、この教団の道場に集う老若男女の信者たちが、まことに自由な雰囲気のなかで瞑想や修行に打ちこんでいるということである。（中略）第二に、彼らの多くはかつての家庭や職場にいるときよりはるかに大きな度合で精神の自由を感じ、その生活を心から楽しんでいる。（中略）（第三が、）教祖は盲目で（中略）ものを聞くことに全神経を集中させている。（中略）麻原彰晃の安定した温顔と悠揚迫らぬ態度はそこから生みだされたのであろうと思う。

この記事が書かれた頃、教団内ではすでに真島照之さんが死亡し、田口修二さんが殺され、そして教団外では坂本弁護士一家三人が殺されていた。また、衆院選で惨敗を喫した後に陰謀論を吹聴し、石垣島セミナーで終末の恐怖が煽られて数百人規模の出家者が生まれ、財産簒奪が行われている時点でもある。その時に、騒動については「ドタバタ喜劇」、教団については「まことに自由な雰囲気」「精神の自由」と言っている。

何を根拠にした発言であろうか。オウムを実際に調査してはいない。このときはまだ麻原とも会っていない。主としてメディアの情報に対する感想・印象だったと考えられる。

これらの発言には、一つの特徴的視点が読み取れる。それは、「新たな宗教団体への社会的な批判は、歴史上繰り返されてきたおなじみの（程度が低い）反応だ」というものである。同時に、

「宗教史についてよく知っている宗教学者である私は、そのことをわかっている」という前提が存在する。

事件前の山折の言説のうち、もっとも注目されるべきものは、麻原との対談である。山折は『別冊太陽』七七号（一九九二年四月）の「輪廻転生」特集において麻原と対談している（「より高い世界へ　転生するために」：九三―一〇〇頁）。山折は案内役となって、麻原の思想や体験に関する種々の発言を、以下のようなパターンで流暢に読み解いていく。

善い行ないをすれば来世もよい生活を保証されるという、善因善果、悪因悪果の考え方になりますね。伝統的な仏教の考え方と似ていますね。（中略）

古今東西の聖者といわれる人の中に盲目の方、あるいは修行の結果、失明するというケースが非常に多いんです。例えば聖フランシスがそうですし、イエズス会の創始者のイグナティウス・デ・ロヨラや、日本に伝道した修道士の多くも（中略）私は何となく麻原さんをテレビなどで拝見していて、そういう人たちに近い体験をされているのだろうなと思っておりまして（中略）。

上に身体を飛び上がらせるエネルギーというのは、下から突き上げてくるような運動と結び付いていると思います。それはヨーガのシッダアーサナ（完全な坐法）におそらく関係がある。（中略）

昔のお坊さんは、修行中によく断食をしていますね。（中略）イエスが十字架にかけられたり、日蓮が激しい伝道生活の末、佐渡へ流されたように、宗教者にとって迫害は必然です。

こうした言い方は枚挙に暇がないが、この友好的な対談中の随所で繰り返されるのが先ほどの特徴的視点である「オウム――麻原の（ときには珍奇にも見える）諸思想・実践は、世界の宗教史上の他事例にも広く見られるものなのだ」という評価、そして「世界の諸宗教のことを広く知っている宗教学者である私は、そのことをわかっている」という前提である。ただ、こうした説明図式は、山折独自のものというわけではない。

また、こうした説明の仕方は、読者への説明力・説得力も高まるだろう。だが、立ち止まってみてほしい。歴史的事例との類似性の指摘を積み重ねるという姿勢は、一見すると「客観的」な手法に見える。だが、主張されているのは、「歴史上いくらでもあることだ」という言説によって、それが宗教にとって通常のことであるという点の強調である。いくらでもあっても、批判されるべきものもあるはずだが、その可能性にはまったく言及されていない。

また、「ここが似ている」「そこが似ている」と、対象を要素・項目ごとに分解して他事例との類似性の指摘を積み重ねることが、はたして麻原――オウムという実像を総合的にとらえることにつながるか、という疑問も出てくる。それは、頭が猿、体が狸、手足が虎、尾は蛇でできた

「鵺《ぬえ》」の部分的説明をするような手法ではないだろうか。山折はさらに論を進める。

やはりその時代の常識や価値観に根本的に挑戦することではじめて存在理由がでてくる。それをしなければ宗教の意味はないわけですよね。（中略）宗教集団としては、（筆者註―法廷闘争に持ち込んだりするのではなく）最後まで俗世間の法律は無視するという手もあると思うんですよ。（中略）

あまり原典がどうの、サンスクリット語が、パーリ語がどうのと言っていると、宗教運動のエネルギーはそれだけ衰えていくと、ぼくは思いますよ。それは、「オウム真理教」を教団として発展させる場合には、あまりおやりにならないほうがいいですよ。（中略）（筆者註―ヒマラヤでの瞑想・インドへの大旅行の話を受け、）そこが「オウム真理教」のいいところですね。あくまで求道者というところがね。

「宗教は本来的に世俗の論理・倫理を超克・挑戦する求道的なもの」というラディカリズムの肯定は、前節の中沢と相通ずるものがある。この見方は、山折の世界と日本の宗教史理解にもとづくのだが、それがより強く表れるのは事件後のことである。

このように、事件前の山折のテクストからは、「新たな宗教には批判がつきもの」「新奇に見える諸処の宗教的実践も宗教史を見わたせばよくあること」「宗教は本来脱世俗的なもの」という三つの論理が特徴的であることが読みとれる。自らの宗教史理解にもとづく過度の一般化とも言うべきものである。前二者は、質的差異を認める眼を排除する。後者は、眼前で現実的に展開される反社会的なふるまいを看過してしまう可能性を胚胎している。

（2）事件後の山折哲雄

オウム事件後、オウムへの強制捜査当日の夕刊で山折は次のようにコメントした（朝日・東京・夕 一九九五／三／二二）。

麻原代表と対談したころ私がオウム真理教に対して持っていたイメージと、最近の教団の動きには、大きなギャップがある。あの時の麻原代表は熱心に仏教を勉強していることを感じさせた。入信者に全財産を出させるということが伝わり、入信、脱会に際して家族を半ば暴力的に監禁、説得するなどの動きが目立ちはじめた。確たる証拠はないが、教団が別のものに乗っ取られてしまったのではないか、という気もする。

「麻原に会ったころのイメージ」と「現在の動き」が大きく異なるので、「大きく変わってしまった」とする変質論である。認知的不協和の解消という格好の例に見える。「あのころ持った自分のイメージがそもそも間違っていたのかも」という自己認知はしなかったのだ。

事件後の山折のメディアでの発信は、オウム変質論にとどまらず、「近代日本宗教史の帰結・転換点」などといった歴史論・社会論へと論点をずらしていく姿勢が見られる。『諸君』一九九五年六月号に掲載された、「オウム事件と日本宗教の終焉」という「論文」では、次のように述べている（三四―四七頁）。

今年は、日本人の宗教が壊滅的な打撃をうけた紀元元年になる年かもしれない。（中略）オウム真理教への怒りと不快の感情を急激につのらせた市民感情は、宗教の活動にひそむ根深いいかがわしさを告発し、不透明な闇のなかにうごめくデモンの発現を許すべからざる異物として排除しようとする勢いをあらわにしている。（中略）既成の宗教教団はいっせいにオウム真理教の非宗教性をいい立て、新興の宗教教団もまた麻原彰晃の宗教活動を反宗教的なハネあがりとして糾弾しはじめた。宗教集団としての保身のためにはしごく当然のことであったといわなければならない。わが身にふりかかりかねない火の粉を払うためにも、そういう態度にでざるをえなかったであろう。（中略）

われわれに今必要なことは、オウム真理教による暴走と狂気の集団行動を、われわれ自身が生きているこの近代社会のなかにしっかり位置づけるとともに、われわれ自身が体験し通過してきた自己認識の内実を真剣に点検してみることではないかと、私は思う。

ここだけを読むと、当時は日本社会の問題状況を広く言い当てているように読めたのかもしれない。実際に、同論考は比較的高い評価を受け、後にはオウム事件に関する論考を集めた書籍に再録されている（文藝春秋編『「オウム事件」をどう読むか』文藝春秋、一九九五年一〇月、一一三―一三七頁）。だが、事件前から山折がオウムについて述べていた内容と比較するなら、オウム事件を日本社会・日本宗教の問題という「マクロ」なレベルにのみ解消させたと読める。こうしたマクロレベルから論じる限り、それを論じる自らの責任は決して問われることはない。何となれば、それは社会と歴史の問題として考えるべきこととなるからだ。山折がそういう論法をとったのは、まさに「わが身にふりかかりかねない火の粉を払うためにも」「保身のためにはしごく当然のことであった」のかもしれない。

この論点ずらしは、事件前の「新たな宗教には批判がつきもの」「宗教史を見わたせばよくある」「宗教は本来脱世俗的なもの」という三つのパターン的視点と見事に絡ませられて、さまざまなメディアで繰り返し発信されていくこととなる。まとめて引用しよう。

宗教といっても、きれいな面だけではないということを、学校でもっと教えてほしい。十字軍を見ても分かるように、その名のもとに戦争が起き、宗教的な権力者が貧しい人々から金を絞り取ったことは、歴史的にいくらでもあります。そんな事実に目を向ければ、オウムなんて特殊でも何でもありませんよ。これを「異常な例」として片付けてしまうと、何の教訓も残ら

ない。（朝日・東京・夕　一九九五／六／二八）

（オウム現象とは）私の文脈で言うと若い世代を含め、われわれのアイデンティティーの問題ですね。（中略）ヨーロッパの圧倒的な影響下に近代国家をつくってきたが、ヨーロッパ的な方法、概念から抜け落ちる伝統的な文化、価値はいくらでもある。この近代の価値観と伝統文化を、和魂洋才などと言ってバランスを取ってきたが、そのバランスが決定的に崩れた。麻原オウムはこの事実を暗示しているのではないか。キャッチフレーズ的に言えば、「麻原教祖は和魂洋才を引き裂いた男」。日本の近代を引き裂くものでもあるわけです。さらに言えば、根源に彼の憎悪がある。深く国家を意識した憎悪です。宗教というのは、お祭りで発散するなど憎悪を祭り上げる装置でもあったが、今の日本にはその装置もない。オウムには、われわれ日本人の文化と意識についての深刻な問いかけがある。（毎日・東京　一九九五／七／二〇）

そもそも宗教運動は、社会に対する不満から生じる。だから、まず反俗的。世俗の論理を否定し、別の価値観に基づいて救済の道を求める。その意味では、宗教はその登場の初めは既成秩序から見れば、すべて邪宗。オウム真理教も邪宗なら、イエスの原始キリスト教団も、ブッダの原始仏教教団も邪宗です。（朝日・東京・夕　一九九五／八／二）

専門知識偏重で人間が欠落した教育のシステムが事件に影を落としていることは否定できないが、とりわけ責任を感じてほしいのは団塊の世代（中略）精神的価値の発見、科学技術万能主義への懐疑など、オウム事件は七〇年代の大学紛争が積み残した問い掛けを含んでおり、三

〇代半ばの幹部たちが抱く先行世代への同調と反発が交錯している。（日経・東京　一九九六／四／二五）

これらはいずれも全国紙記事では定番の「識者に聞く」スタイルのインタビューやコメントである。このように一貫して、日本社会（とりわけ「団塊の世代」）と日本宗教の責任、ならびに危機的状況論へと帰結させている。

だが、日本社会が、麻原のような「偽物が現れる」（朝日・東京・夕　一九九五／六／二八）のに格好だったというのなら、それを事件前、麻原の対談時に微塵も感じなかったのはなぜか。また、オウムは「淫祠邪教の類ではない」と言っていたはずだが、「オウムも含め、宗教はどれも反俗的で初めは邪宗だ」というのは矛盾しているように見える。オウム事件を「異常な例」と片付けてしまっては「何の教訓も残らない」という点は首肯できても、それを「歴史的にいくらでもあ」るものとみなしたら、はたしてどういった教訓が残るというのだろうか。まさか「宗教はやはり怖い」ではないだろう。「宗教が反社会的行為を行なうのは歴史上よくある話」といった、過度の比較宗教史的一般化をいくら積み重ねたところで、事件の背景解明、同時代社会の反省、あるいは将来的な予防策的に資するところはないだろう。事件後、こうした記事を掲載したメディア側も、事件前に山折がメディアでどういうことを語っていたかにはほぼふれていない。あるいは近代日本社会の問題だとするなら、今後の具体的な方策は何かについてなどを、突っ込んで問う姿勢も見られない。

以上のように、オウムに関する山折のメディアにおける言説は、過度の比較宗教史的一般化と、歴史論・社会論といったマクロレベルへの論点ずらしによって構成されたものだったと総括することができる。「宗教はどれも最初は反社会的で最初は批判を浴びる」「宗教による殺人や戦争は歴史上よくある」といった言い方は、今日でもメディア上などで見られる。しかしこういう問いもある。「目の前のものも同じなのですか」「よくあることだから、それに伴う現実的な「問題」や「被害」は度外視していいのですか」。

三　島田裕巳――調査不足に起因する錯誤

島田裕巳は東京大学大学院（宗教学宗教史学）を出て、事件当時は日本女子大学教授だった。しかし、「オウムを擁護した」とみなされたこともあり、大学の職を失った。本節では、事件前から事件後に至るまでの、メディアにおける島田による具体的なテクストとコンテクストを取り上げたい。

（1）事件前の島田裕巳

島田がオウムについて初めて論じたのは、『別冊宝島一一四号　いまどきの神サマ――退屈な世紀末、人びとは何を祈る？――』（一九九〇年七月）に掲載された、「オウム真理教はディズニーランドである！」（二八―四五頁）という「論文」である。そこでは次のような言葉を並べて、オウム真理教を評している。

オウム真理教が狂気の集団でないとしたら、それはどういった集団なのであろうか。（中略）彼らは表面的には特異な宗教に見えるが、やはり時代の子としての側面を持っている。（中略）ディズニーランドをお伽の国と見なければ楽しむことができないように、尊師を偉大な宗教者と認めなければその価値はわからない。（中略）
オウム真理教の組織は、大学のサークルに似たものとして考えたほうがわかりやすいかもしれない。（中略）サークルとしてのオウム真理教の信者たちも、どこかで自分たちの宗教が本物とは言えないことを承知しているのではないだろうか。（中略）
オウム真理教の信者になるということは、ビックリマンのシールを集めたり、ファミコンをやることとあまり変わらない。（中略）
オウム真理教の宗教活動も、ディズニーランドのアトラクションのひとつとして考えたほうがいいのかもしれない。信者たちは、オウム真理教の活動に参加している時だけ、終末を身近に感じることができる。

このように、全体を貫く視点は、宗教運動論というよりは時代社会論・若者文化論に傾いており、集団内での「ゲーム」のルールに従えば充実感や楽しみが得られるような自発的参加のサークル的集団としてオウムをとらえている点が、大きな特徴である。

内部での信徒殺人、『サンデー毎日』の告発キャンペーン、坂本弁護士一家失踪（実際は殺害）、真理党全滅とその後の石垣島セミナーでの大量出家者誕生という事態がすでに生起している状況下であることを考えると、初見から見過ごしているものが多かったと言わざるをえない。

こうした見過ごしの背景には、島田の調査研究の姿勢が関係すると考えられる。この論考で中心的に参照されているのは、週刊誌記事やワイドショー報道、選挙活動の様子、また教団のパンフレット・マンガなどである。首都圏で展開された九〇年の衆院選の様子くらいは目撃したのかもしれないが、教団施設に継続的に調査に行ったり、当時すでにかなりの数になっていた教団書籍・機関誌類を網羅的に収集して検討したりしたような様子は読み取れない。島田自身も、「あれも編集者から持ち込まれた企画で、それ以前は特にオウムについて関心があったわけではないんですよ」（「ロング・インタビュー　島田裕巳「私にとってオウムとは何か」」『文學界』二〇〇一年一〇月号：一五八―一七九頁）と回顧している。島田の観察は、パンフレットの内容レベル、あるいは道場の末端の在家者の認識レベルであり、苛酷な修行に向き合う多くの出家者の実態やその問題性などについては、想像も至らなかったのだろう。

通常、新宗教運動など現代宗教を実証的に調査している研究者は、自分が知らない・調査していない団体や対象については、「論文」を書くことはない。メディアからの取材依頼にも慎重になる。発言を裏付けるものを持った上で公にするのが一般的である。さらに言えば、「調べたこと」「知っていること」の一部が、「書けること」「言えること」となる。調べてもいないことに言及するのは、研究者としては不適切な行為である。

島田のオウムに関する基本的姿勢は、次のような文章によく表れている。

私たちは、オウム真理教の奇妙な行動にふれるたびに、その裏に何かが隠されていると考えてしまいがちだが、彼らの行動や主張はむしろ文字通りに受け取るべきではないだろうか。なぜ文字通りに受け取るべきかの明確な根拠は示されていない。後に、「騙された」という言い方が出てくるのも必然的であろう。ところが、同じテクストにおいて、島田は以下のようなことも言っている。

彼らの現状認識や活動方針もどちらかと言えば漫画の世界に近い。たとえば、彼らは終末に対する危機意識を強調し、富士宮に本部を作ったのも、予想される富士山の噴火を遅らせるための手段だと説明している。衆議院選挙への出馬も、宗教的な救済だけでは迫りくる終末のときに間に合わないという信者の要請に尊師が応えたからだというのだ。（中略）

修行を助けるために用意された数々のテクニックや、「修行グッズ」とも呼べる道具のたぐいも、アニメの世界にふさわしいものばかりで、おもちゃ箱をひっくりかえしたような感じがする。（中略）

オウム真理教は、終末から人類を救うために戦うという目標を掲げているが、それはあくまでも夢、ヴィジョンであって、具体的な戦略を立てて行動しているわけではない。

これは文字通りに受け取っていると言えるであろうか。自らの理解を超えるような幻想的で奇抜と思われる部分については、「漫画の世界」「アニメの世界」「子ども」「夢」「ヴィジョン」として扱おう、という首尾一貫しない論理になっている。では、その「夢」「ヴィジョン」が「本当」「本気」だったらどうなるのだろうか。

島田はその後事件直後に至るまで、オウムに対する好意的な態度を続ける。一九九〇年代前半はオウム真理教と幸福の科学に関する話題がメディアを賑わしたこともあり、月刊誌やオピニオン誌などに多く寄稿することになる。一九九〇年一二月には、島田は波野村のオウム道場に行っている。道場を見た島田は、その様子が予想以上に整然としていて、「オウム真理教には狂信的な部分は少なく、信者を強制的に隔離して洗脳を行なっているようには見えなかった」としている（「オウム真理教をめぐって」熊本日日新聞社編『オウム真理教とムラの論理』葦書房、一九九二年二月：二一三―二一五頁）。同二七日には、熊本市内のホテルで麻原と一時間ほど会談した。

一九九一年九月二八日には、オウムと幸福の科学の対決で話題となった「朝まで生テレビ」に出演し、麻原らと同席している。

同年一一月四日、島田は千葉県の気象大学校の学園祭で麻原と対談を行なった。これは当初島田のみに依頼があったものを、島田自身が麻原との対談に変更させたものである。ここで島田は、幸福の科学を批判的に論じながら、対照的にオウム――麻原の発言の先導役を務めている。なお、この対談の様子は、オウムの書籍にも収録され、布教に利用された（「現代における宗教の存在意義」、麻原彰晃『麻原彰晃の世界ＰＡＲＴ11　自己を超えて神となれ！』オウム出版、一九九二年二月：一六六―二五二頁）。

一九九一年一一月、雑誌論文等をまとめ、『いま宗教に何が起こっているのか』（講談社）を刊行した。前掲の「（オウムの言うことは）文字通りに受け取るべき」という部分は、ディズニーランド論文からそのまま再録されている。また、「宗教は外の社会がつくりあげるものなのではないだろうか。とくに現代の社会ではマスメディアが宗教をつくりだしている面がある」として、オウムをはじめとする新宗教・現代宗教を文化現象・社会現象に還元して読み解くという姿勢も一貫している。

『オウム真理教とムラの論理』にも「宗教版ディズニーランドの試み」と題して、「信者たちはオウムを素晴らしい宗教として考えることによって、自分たちの活動を楽しんでいる。（中略）出家は、おとぎの国へのパスポートです」との変わらない見解を寄せている（前掲：一九一―一九六頁)。

こうした経緯を経て、島田は『宝島30』一九九五年三月号で、のちに大きく問題視されることになる見解を発表する(「独占取材! サリン製造工場か⁉ 疑惑の施設「第七サティアン」」:三一─三六頁)。同年元日の『読売新聞』の上九一色村サリン残留物報道を受け、一月一八日に同誌編集部とともに島田は教団弁護士の青山吉伸にインタビューを行なった。ここで島田たちは、「教団側の反論は実に的確」として、青山のオウムは毒ガスの被害者であって麻原は重病であるとする説などをほぼ鵜呑みにするとともに、疑惑の第七サティアン内部視察の要請をした。「島田裕巳氏一人であれば認める」と教団の許可を得た島田は一月二五日、「法衣」に着替え、外部の者としては初めて第七サティアンに単身乗り込んだ。そして、「宗教施設であることは間違いなかった」「結局のところ、オウム真理教は、この四年間のあいだに、より宗教教団らしい集団に発展してきたことになる」という見解を発表した。

ところが、第七サティアンは実際にはサリンプラントだったのであり、麻原らの指示のもと、急遽発泡スチロールのハリボテなどで宗教施設らしい偽装がなされたところだった。教団内では、「教団に好意的な宗教学者の島田さんにでも見にきてもらうか」と話し合われていたようである(二〇一四年一月二八日、東京地裁平田信被告法廷における杉本繁郎無期懲役囚の証言ほか)。

調査経験を重ねた宗教研究者ならよくわかっているが、宗教団体がいつも本当のことを話すわけではない。自団体に不利なことなどであれば、隠したり、伏せたりするのは当然と言えるかもしれない。宗教研究者やメディアが意図的に嘘をつかれること、騙されることもある。だが、嘘の説明を受けることと、それをそのまま自分の言としてメディアで発信することとは、別のことであろう。島田の場合は、教団の言い分を鵜呑みにし、自分の目と足で確認して断言したのであった。

この例から何を学ぶことができるだろうか。一つは、十分な調査や裏付けもなく、オウムの言うことを「文字通りに受け取った」ことの問題だろう。島田は、「日本人全体が、オウム真理教の人間たちと同様に、明確な根拠のないまま、伝えられた情報をそのまま信じてしまう、「信じやすい心」の持ち主に変化してしまったのである」（『信じやすい心――若者が新々宗教に走る理由――（再販）』ＰＨＰ研究所、一九九五年六月）と述べているが、これは島田自身にもっともあてはまる表現だろう。「調べたこと」と「言えること」とのアンバランスさが顕著であり、結果的に宗教団体の代弁者・擁護者として機能したということである。

また同時に、自らの基準で恣意的な線引きをして、オウムの終末論や過激にも思える世界観を、「夢」などとして看過したことも注目すべきである。宗教団体が社会的に奇妙に見える実践をしたり、到底受け入れがたい予言や宗教的メッセージを発したりすることはままある。そういったときに、社会は「信じられない」「ばからしい」として、無視したり、笑いとばしたりするといった対応を取ることはあるだろう。だが、宗教の専門家たる宗教学者もまた、それを「夢想」「幻想」だとして看過してしまってよいだろうか。宗教団体とその信奉者は、「本当に」「本気で」そのことを信じていることは多いのである。その社会的意味や問題性を、注意深く分析し、それを公にしていくことにこそ大きな意義があるのではないだろうか。

加えて、現代社会がオウムをつくる、マスコミの姿勢がオウムの在り方を決める、という視角を過度に強調すると、そもそもオウム――麻原自体が持つ問題性や特殊性を看過させる働きを持ちかねない点も指摘しておきたい。

(2) 事件後の島田裕巳

事件後、強制捜査の報を受けた島田の第一声のコメントは以下の通りである。

オウム真理教はこの四年間に出家者が二倍以上の千二百人になるなど、教団が大きくなるにつれ、社会との接点も増えトラブルも多くなった。今回の強制捜査は、宗教弾圧とは意味合いが違うが、オウム内部のことがよほど分からないため、行ったのだろう。しかし、確たる証拠が出なければ、かえってオウム側の潔白を証明することになるだろう。(毎日・東京・夕 一九九五/三/二二)

上九一色村の施設を見たことがあるが、内部を見せてもらったのは一つの施設だけ。(中略)信者は四年間で倍増しており、トラブルが増えるのも仕方がない。(中略)麻原教祖は体調が悪いので最近、表に出ていない。教祖の不在が、組織に影響を与えていることも考えられる。

（信濃毎日新聞・長野・松本　一九九五／三／二三）
また、地下鉄サリン事件前後にちょうど執筆していた論考においては、次のように述べている。

ここまでの原稿を書いたのち、オウム真理教をめぐって大騒動が持ち上がった。（中略）私が見学した第七サティアンの場合には、内部が二重構造になっていて、隠れた部分にサリンを製造するための秘密工場があるという報道さえなされた。この報道が事実なら、私はだまされたことになる。（「オウム真理教――尊師と出家者たち――」清水雅人編『新宗教時代③』大蔵出版、一九九五年五月：九七―一六〇頁）

現実には、オウムは四年前より前に殺人事件を起こしており、第七サティアンはサリンプラントであり、麻原は重病でも不在でもなかった。また別の報道によれば、「最近ずっと接触がないから教団の内部にどんな変化があったのか良くわからない」などともコメントしていたようである（産経・東京　一九九五／三／三〇）。あるいは、ディズニーランド論についても、「その見方は今も変わっていません。隔絶された世界という点で、今もオウム真理教はディズニーランドと同じなのです」（北国新聞・金沢・夕　一九九五／四／四）と継続している。

しかし、「私たちの取材は、カモフラージュのために利用されたのであろうか」（「教祖の病いと教団の危機」『宝島30』一九九五年五月号）と述べたり、「私の頭の中では、まだオウム真理教とサリンがうまく結びついてくれない。（中略）サリンの生成物や残留物が本当に発見されたとするなら、オウム真理教の施設にサリンが存在したことは否定できなくなる」（「罪深き」私にとってのオウム」『宝島30』一九九五年六月号）などと述べたりもしている。次第に現実に向き合い、不安になっていく様子も見えてくる。

その後、TVのワイドショーなどに出続けた島田は、評論家やメディアからも厳しく糾弾され、弁解の姿勢に終始した。そうした中で、「自分も騙された被害者だ」「利用された」などと唱えるようにもなっていった（「私はオウムに騙されていた――宗教学者の懺悔録――」『新潮45』一九九五年六月号）。教団の青山吉伸弁護士に番組中に「騙したのか？」と詰め寄ったこともあった（噂の真相　一九九五／六）。また、「僕が見誤っていたとすれば、みんなも見誤っていたんですよ」（週刊ポスト　一九九五／五／二六）とも述べている。

そうした弁明のなかで島田は、「自分はオウムの教えなどに興味があったわけではない」という論も並行して打ち出していった。時期的には早くも強制捜査の直前の時期であろう、ジャーナリストの江川紹子の取材を受けた島田は、「オウムに興味ないもん」「彼らはそう言っている、彼らはそう考えている、と書いているだけ」などと答えている（週刊文春　一九九五／三／二三）。事件が明るみになった後も、「（第七サティアンのルポを書いた時は）オウムに関心がなかった」「教えとかには関心がなかった」（東京新聞・東京　一九九五／五／二二）、「社会と宗教のかかわりを調べただけ。教義には関心がなかったし、教団の教本は読んでいない」（スポーツニッポン 一九九五／一二／二）などといった言説を繰り返していった。

事件後六年たった二〇〇一年に、島田はオウム問題に「一応の決着」をつけるべく、大部の著作『オウム――なぜ宗教はテロリズムを生んだのか』（トランスビュー、二〇〇一年）を著した。しかし、そこでは「ディズニーランド論文」のことはそれほどふれられていないし、『宝島30』のこともまったくふれられていない。自分の見誤りについては、宗教学の方法論がそもそも持つ問題性に転嫁されている（四二五―四二七頁ほか）。「不当」なバッシングについては、自分が統一教会を擁護しているからとみなされたゆえに受けたものだ、などと書かれている（四〇四頁）。同書は、事件前から事件後に至るそれまでの島田の論に比べれば、ほぼ初めてオウム真理教に関する多くの文献資料を参照して著した書と言える。ただ、多くの部分で推測や思い込み、恣意的な線引き、論点や責任のずらしがなされていることを指摘しておきたい。

このように、事件後に島田が著したものは、基本的には事件前に述べたことに対する弁明姿勢によるというふうに理解できる。オウムとその事件をめぐる解説も結局はそれが基本にあると言っていいだろう。事件前に記述されたことを丹念に読んでいくなら、そう理解するしかないのである。

おわりに――メディアにおける「専門家」を読むリテラシー

以上、本章では、中沢新一・山折哲雄・島田裕巳の三人について、メディアにおいてオウムに関する発言を継続して発信してきた「宗教学者」の事件前後の言説を対比しながら議論を進めた。そこからどのようなことを教訓とすべきだろうか。

本章で取り上げたようなそれぞれの問題点は、多くの宗教研究者や人文・社会科学者にもそのままふりかかり得るものである。何をどの程度まで調べたら、それをメディアを通して発信し得るのか。そのときどのようなことに注意すべきか。つねに反省の迫られる課題である。今日はツイッターやブログなどで、より容易に、あるいは安易に発信できる状況になったので、いっそう深刻に考えるべき点であろう。

次にそれらを受け取り、読み解く側の問題である。まずは「専門家」とされる人物がメディアで発言しているからといって、それをそのまま鵜呑みにしないということである。とりわけ安易な一般化の言説や、わかりやすい筋書きのまとめには注意しよう、ということが言える。「宗教」という文脈で言うならば、「宗教はそもそも～」「いかなる宗教も～」「歴史上よくあること～」などといった言説である。こうした言い方にはたしかに強みがあり、一定の信頼性を置きやすい。だが、個々の特殊性はどうなるのか、歴史的な傾向性と現在の現象をそのまま直結できるのか、などを考えてみる必要があるだろう。

このように、こうしたメディアや知識人・言論人らのある種の「権威」をまとった言説を批判的に考える、何がおかしいのか考えることのできるようなリテラシーを持つこと、これこそがオウム事件とメディアと専門家の言説の「失敗」から汲み取れることではないだろうか。

参考文献——さらに知りたい人のために

宗教情報リサーチセンター編・井上順孝責任編集『情報時代のオウム真理教』春秋社、二〇一一年

第七章　学生たちが感じたオウム真理教事件
——宗教意識調査の一六年間の変化を追う

井上順孝

はじめに

奇しくもオウム真理教による地下鉄サリン事件が起こった一九九五年に始まった大学生に対するアンケート調査がある。毎回、全国三〇～四〇校の大学で数千人の学生を対象にして実施した宗教意識調査である。二〇一二年までに一一回行なわれた調査のうち六回の調査において、オウム真理教に関する質問項目が設けられている。九六年の第二回調査で、初めてオウム関連の質問が設けられ、これまでの最新である二〇一二年の第一一回調査でも設けられた。

これらを比較することで、この事件に対する学生の意識が、一六年の間にどのように変化したのかが分かってくる。あまり変わらない意識もある一方で、時間の経過とともに弱まった意識も見受けられる。大きく変化した回答結果に対しては、その理由を考えていきたい。

オウム問題に限らず、学生の宗教に関する知識や関心は、マスメディアの報道内容、そこで当てられている焦点といったものに大きく左右される。一九八〇年前後に突然起こったイエスの方舟事件のように、比較的小さな事件であれば報道に決定的に左右されるのは当然である。しかし、統一教会（世界基督教統一神霊協会）の霊感商法問題、あるいは合同結婚式問題など、かなり長期にわたって持続している問題であっても、報道がなされるかどうかで、そのときどきの学生たちの認識の度合いは大きく変わる。それゆえ、ここで示す学生たちのオウム問題への意識は、マスメディアの報道の仕方をかなり反映していると考えていい。

しかし、オウム真理教は他の日本の教団には滅多に見られないような特徴を持っていた。それが学生たちの強い関心を惹起したという面がある。調査の結果からも、教団への関心、そして教祖である麻原彰晃への関心は、二〇一二年の調査でもかなりの高さを持続している。心理学的にも脳科学的にも、二十歳前後の学生は、中高年に比べれば、身のまわりの環境からの刺激に対し、より敏感に反応し、より柔軟に対応すると考えられている。事件の衝撃はより大きく、また報道内容からの影響もより大きいということになる。

オウム事件の影響、そしてそれを扱ってきたマスメディアの報道の影響というものが、若い世代にどう及んだかを正確に議論しようとするなら、広範で綿密な調査が必要になる。しかし、ここで示すような調査結果からもいくつか重要なことが見えてくる。

一　オウム真理教への関心の度合い

この調査がサリン事件が起こった年に始まったのは偶然である。一九九〇年に筆者を責任者とする宗教教育プロジェクトが國學院大學日本文化研究所でスタートした。九二年に多くの学外の研究者の協力を得て、全国三二の大学で約四千人の学生を対象にアンケート調査を実施した。この調査結果は非常に興味深いもので、メディアでも注目された。

回	年度	実施校	有効回答数	オウム質問
1	1995	32	3,773	
2	1996	42	4,344	○
3	1997	41	5,718	○
4	1998	43	6,248	
5	1999	73	10,941	○
6	2000	42	6,483	
7	2001	38	5,769	
8	2005	32	4,252	○
9	2007	35	4,306	
10	2010	37	4,311	○
11	2012	30	4,094	○

表1　アンケート調査の概要

九三年に「宗教と社会」学会が設立されたが、それを機に二〇人ほどのメンバーとともに宗教意識調査プロジェクトを立ち上げ、筆者が責任者となった。そして九五年からこのプロジェクトと日本文化研究所の宗教教育プロジェクトの合同の調査を実施することとなった。一九九四年から調査項目などを準備して、九五年四～六月に実施した。地下鉄サリン事件は、九五年三月二〇日であった。すでに質問用紙はメンバーに配りはじめていたから、調査内容の変更はできなかった。それゆえオウム真理教に関する最初の調査項目は翌年の九六年の調査に盛り込まれることとなった。以後行なわれた調査年度、回答者数、オウム真理教関係の質問が盛り込まれた調査は表1の通りである。九九年だけ、一万人以上というとりわけ多い有効回答者数となっている。これはこの頃、ノストラダムスの大予言が関心を呼んでいたこともあり、例年に比べて多くの大学で調査を実施し、より精緻な数値を得たいということで、意図的にそれまでと比べて大がかりな調査としたものである。

(1) 最初のオウム関連の調査

九六年に実施された第二回調査におけるオウム真理教に関する質問内容は次の二つであった。

Q　オウム真理教について以下の問いに答えて下さい。
SQA　地下鉄サリン事件が起こる以前のあなたは次のどれに当たりますか。（複数回答）
1　オウム真理教の勧誘を受けたことがある。
2　テレビや雑誌などで報道されると関心をもって見ていた。
3　オウム真理教のビデオや出版物を買ったことがある。
4　オウム真理教のことは知っていたが関心がなかった。

5　オウム真理教については何も知らなかった。

SQB　犯罪にはかかわらなかったが、オウムに入信していた人についてどう思いますか。
（1つを選択）

1　こんな宗教に入信した彼らの行動はまったく理解できない。
2　入信したくなった気持ちはある程度理解できる。
3　自分もひょっとしたら入信したかもしれないと思う。
4　自分には関係ないことだから、何とも思わない。
5　その他（　　　　　　　　　　　）

グラフ1で分かるように、事件以前の関心は低く、三分の二ほどが「オウム真理教のことは知っていたが関心がなかった」と答えている。ビデオや出版物を買ったことがある人は一%にも満たない。勧誘された経験も二%程度である。直接勧誘されたり、情報に接したことのある学生の割合は低い。とはいえオウム真理教関連の報道には、二割程度が関心をもっていたことが分かる。

関心の内容を男女で比較してみる。「ビデオや出版物を買ったことがある」割合を見ると、男性は女性の二倍以上である。逆に「何も知らなかった」というのは女性が多く、男性の一・五倍である。全体として、オウム真理教が発信する情報やオウム真理教についての報道に対して関心を持つ割合は、男性の方が若干高い。

グラフ2で示したように、犯罪には関わらなかった信者、つまり一般の信者に対してどう思うかの回答はやや複雑である。「彼らの行動はまったく理解できない」と回答したのは女性の方が多い。男性の方が少しだけ信者の行動を理解する割合が高いということになる。「入信したくなった気持ちはある程度理解できる」と回答した割合も、また「自分もひょっとしたら入信したかもしれないと思う」と回答した割合も、男性の方が少し多い。以上からは男性の方が入信した人たちへの共感が少しだけ強いと言える。しかし、「自分には関係ないことだから、何とも思わない」も男性の方が多い。この選択肢への回答結果からは、男性の方が一般の信者にはあまり関心がないことになるが、関心を持った男性の場合は、女性より少し自分にも起こりうる問題として受け止めたと解釈できる。

回答者には卒業した高校が宗教系の学生とそうでない（以下「非宗教系」と表記）学生とがいる。また在籍している大学も同様である。非宗教系とはつまり、国公立の学校もしくは宗教とは関係ない一般の私立の学校ということである。回答結果を宗教系か非宗教系かでどの程度異なるかも調べてみると、勧誘された経験は卒業した高校別でも在籍する大学別でも、宗教系の方が少し多いことが分かる。例えば宗教系大学が二・三％で、非宗教系大学が一・三％である。またオウム真理教関連の報道については、いずれも宗教系の方が少しだけ高い。宗教系大学が二一・三％で非宗教系大学が一七・五％である。またオウム真理教について知らなかった割合は非宗教系

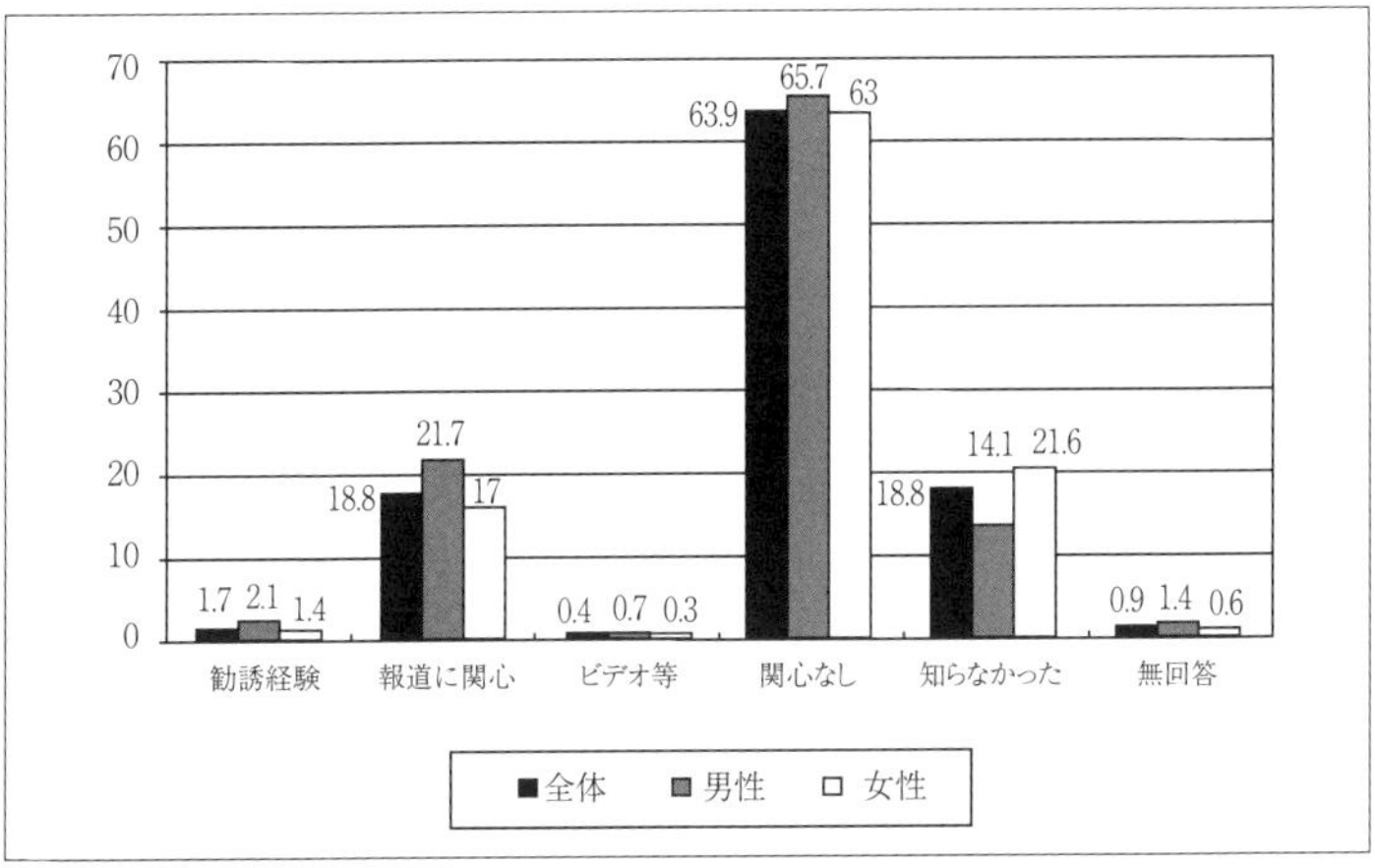

グラフ1　サリン事件以前のオウム真理教についての関心

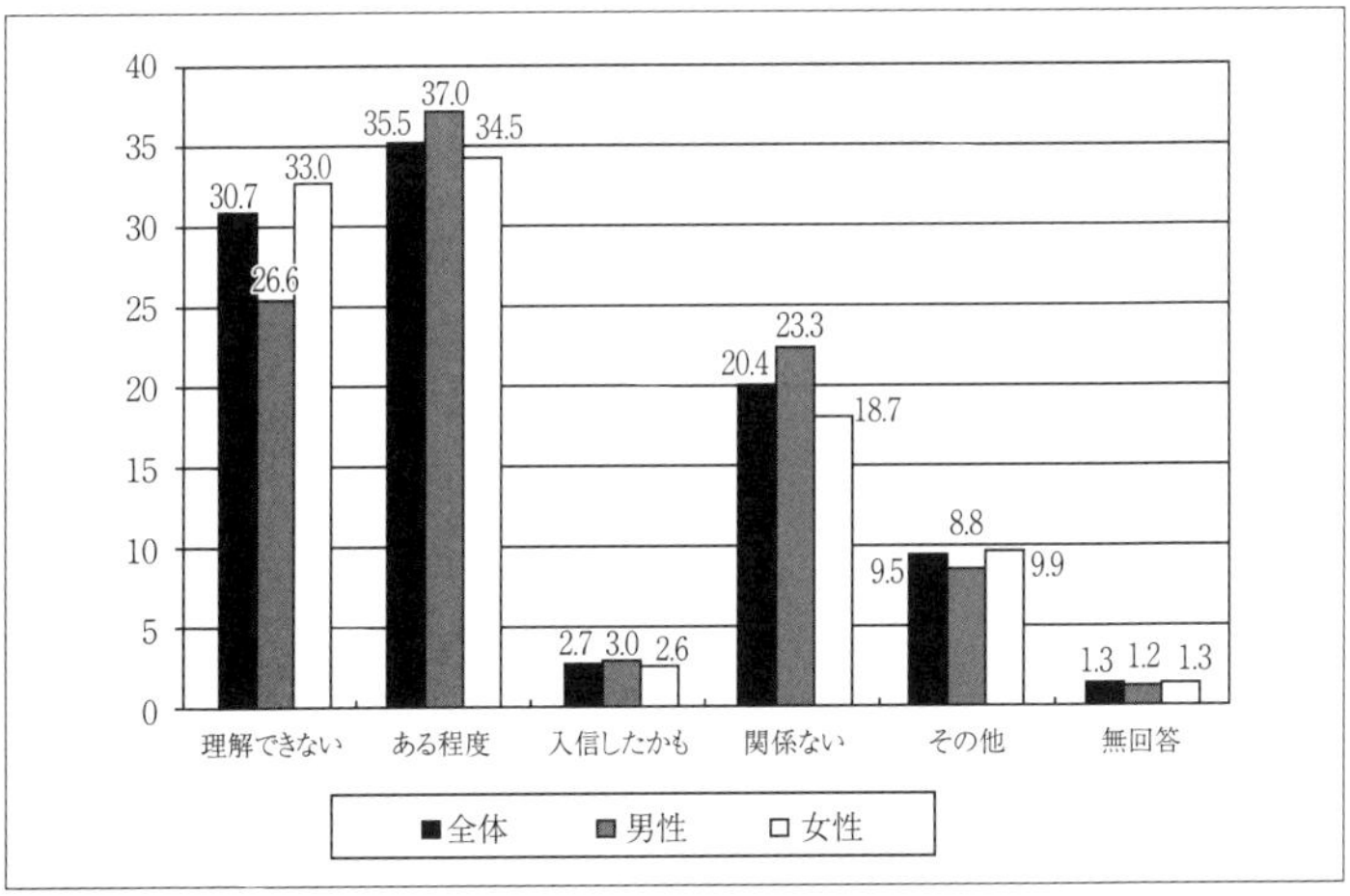

グラフ2　信者への感想

の方が高い。宗教系大学が一四・八％で、非宗教大学が二一・〇％である。また信者への感想でも、非宗教系の場合は自分とは関係ないととらえる割合が少しだけ高い。

これらから、宗教系の高校にいたり、宗教系の大学に在籍する学生の方が、オウム真理教について知っていたり、報道、さらに信者たちに関心を持っている割合が高く、また勧誘された経験も多いという傾向であることが分かる。これだけでは宗教教育の効果を議論できないが、少なくとも現代の宗教問題への関心は、宗教系の高校に在籍していた、あるいは大学に在籍している学生の方が、より強いということが推測される。

二　事件から二年後の調査にみるオウム報道への関心

九七年に実施された第三回調査では、事件後二年たった時点での、オウム真理教関連の報道への関心と、その関心の内容について質問した。事件以前に比べれば、関連する報道には関心を持つようになったはずであるという想定をもって調査した。質問項目は次の通りである。

Q　現在あなたは、オウム真理教についての報道に対して、どれくらい関心がありますか。次の中から選んで下さい。

1　非常に関心をもっている　　2　多少関心をもっている

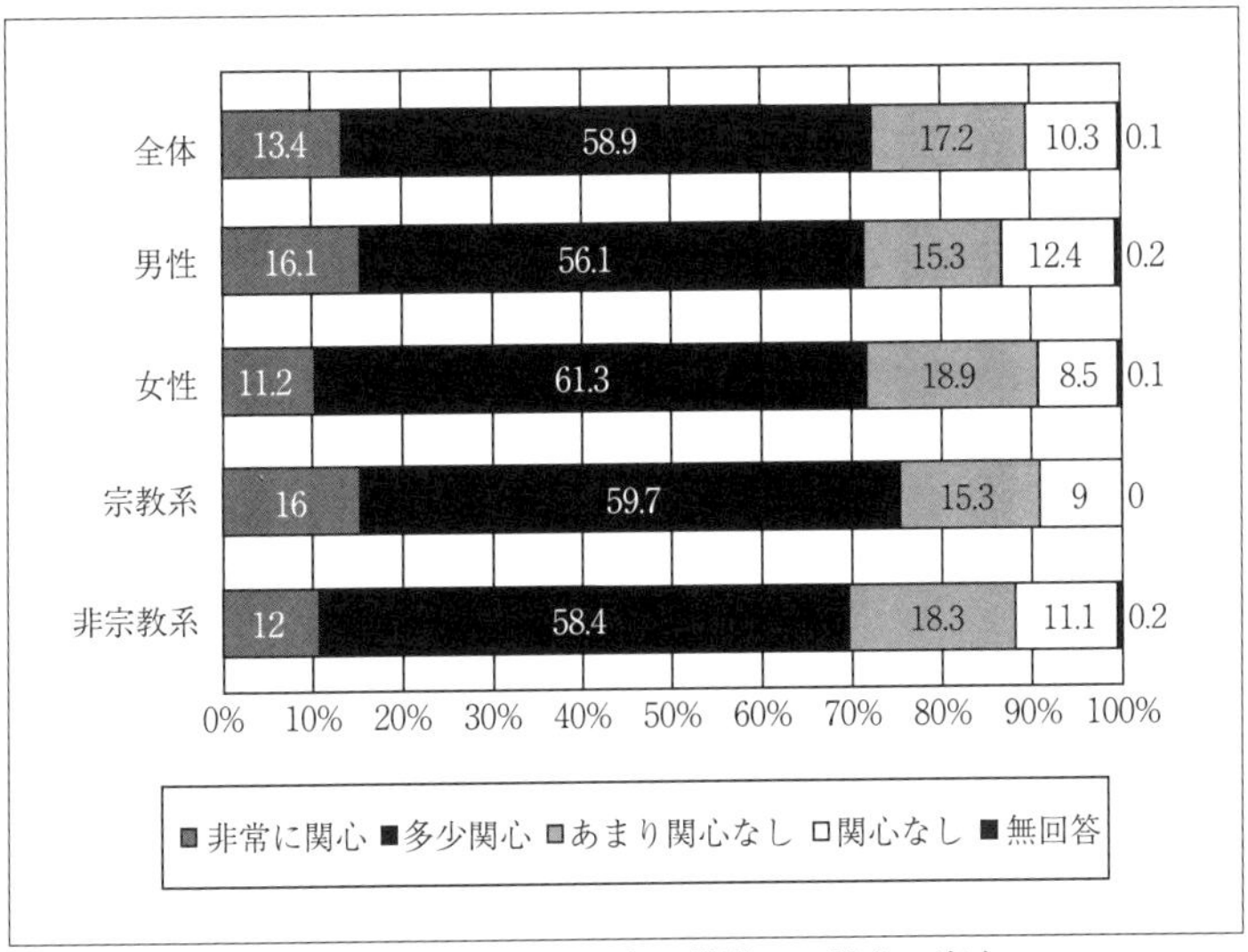

グラフ3　オウム真理教関連の報道への関心の度合い

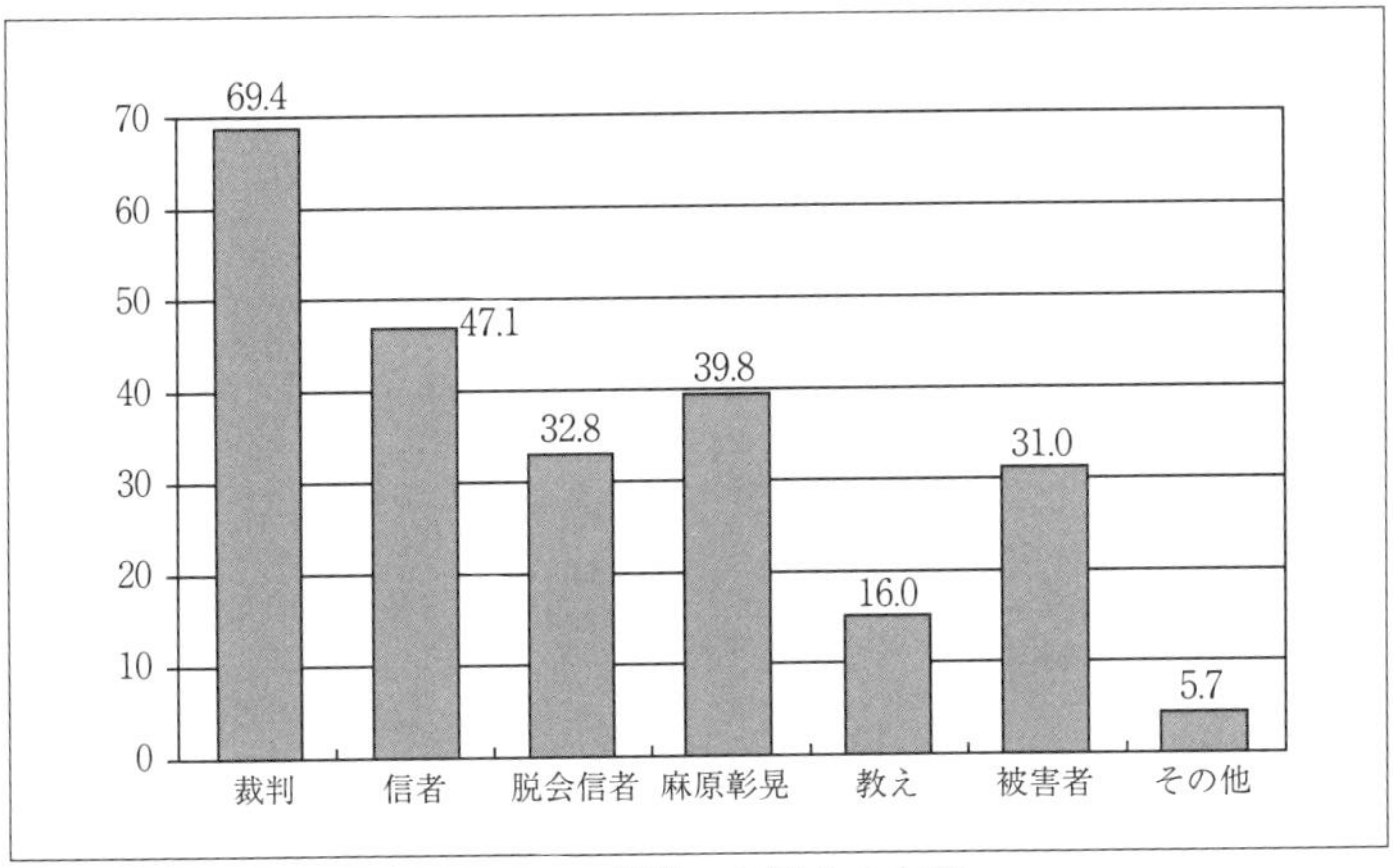

グラフ4　報道への関心の内容

3　あまり関心をもっていない　　4　関心はない

SQ　Qで1〜3を選んだ人はその関心の内容について次から選んで下さい。（複数回答）

1　裁判のなりゆき　　2　今でも信者である人たちのようす
3　脱会した信者の社会復帰　　4　麻原彰晃（松本智津夫）の言動
5　オウム真理教の教え　　6　サリン事件の被害者に関すること
7　その他（具体的に：　　　）

オウム真理教についての報道には、全体で見るとおおよそ七割ほどが大なり小なりの関心をもっている。事件以前に比べれば「関心はない」の割合が、六三・九％から一七・二％に減っている。関心は明らかに高まったが、これは当然であろう。九五年のとくに事件後半年ほどは、ほぼ連日のようにオウム真理教関連の報道がテレビをにぎわしたからである（グラフ3参照）。「非常に関心がある」と答えた割合で比較すると、男性の方が若干高い。ただいずれも多少関心を持っているという割合まで含めると、男女差は狭まる。性別で見ると、前年の調査と同様、いくばくか男性の関心が高い傾向である。これは大学における講義やゼミにおける印象とも合致する。事件後オウム真理教を演習のテーマに選びたいという学生は男性の方が多かった。また宗教系の大学に通う学生は、非宗教系の学生と比べて、非常に関心がある割合が若干高い。多少関心があるという回答を含めても、宗教系の方が高い。これも前年の調査と同じ傾向である。

この時期になると、報道内容も事件そのものよりも教祖をはじめ逮捕された幹部たちの裁判に関する報道が多くなる。それを反映していると考えられるが、オウム真理教に関する関心の内容としてもっとも高いのが「裁判のなりゆき」となった。約七割がこれを選んだ。「今でも信者である人たちのようす」、「麻原彰晃の言動」がそれに次いでいる。これに比べると「脱会した信者の社会復帰」や「サリン事件の被害者に関すること」はいくぶん関心の度合いが低い。「オウム真理教の教え」は一六％ともっとも低い。だが、この年の調査で「現在信仰をもっている」と回答した学生が全体で一一・七％、非宗教系で五・八％であったことを考えると、これだけの学生が教えに関心を持ったということは過小評価すべきではない（グラフ4参照）。

三　一九九九年の大がかりな調査結果

一九九九年は先に述べたように回答者が一万人を超える大がかりな調査を行なった。調査を実施した大学も七三校にのぼる。それゆえ、より精度の高い調査結果とみなしていいだろう。この年はオウム真理教に関する次の三つの質問を設けた。

Q　あなたの宗教に対するイメージは、オウム真理教事件のおこったことでどうなりましたか。

1　大変よくなった　2　少しよくなった　3　かわらない
4　少し悪くなった　5　大変悪くなった

SQA　現在あなたは、オウム真理教についての報道に対して、どのくらい関心がありますか。次の中から選んで下さい。
1　非常に関心を持っている　2　多少関心を持っている
3　あまり関心を持っていない　4　関心はない

SQB　SQAで1～3を選んだ人は、その関心の内容について次から選んで下さい。
1　裁判のなりゆき　2　今でも信者である人たちのようす
3　脱会した信者の社会復帰　4　麻原彰晃（松本智津夫）の言動
5　オウム真理教の教え　6　サリン事件の被害者に関すること
7　その他（具体的に　　　　　　　　　　）

オウム真理教事件は新興の教団のみならず、宗教一般のイメージを悪化させたということが事件後しばしば言われた。では学生たちの反応はどうであったか。事件後四年が経過しているから、回答した学生の大半は中学・高校時代に事件を経験しているものが大半である。事件にかなりの

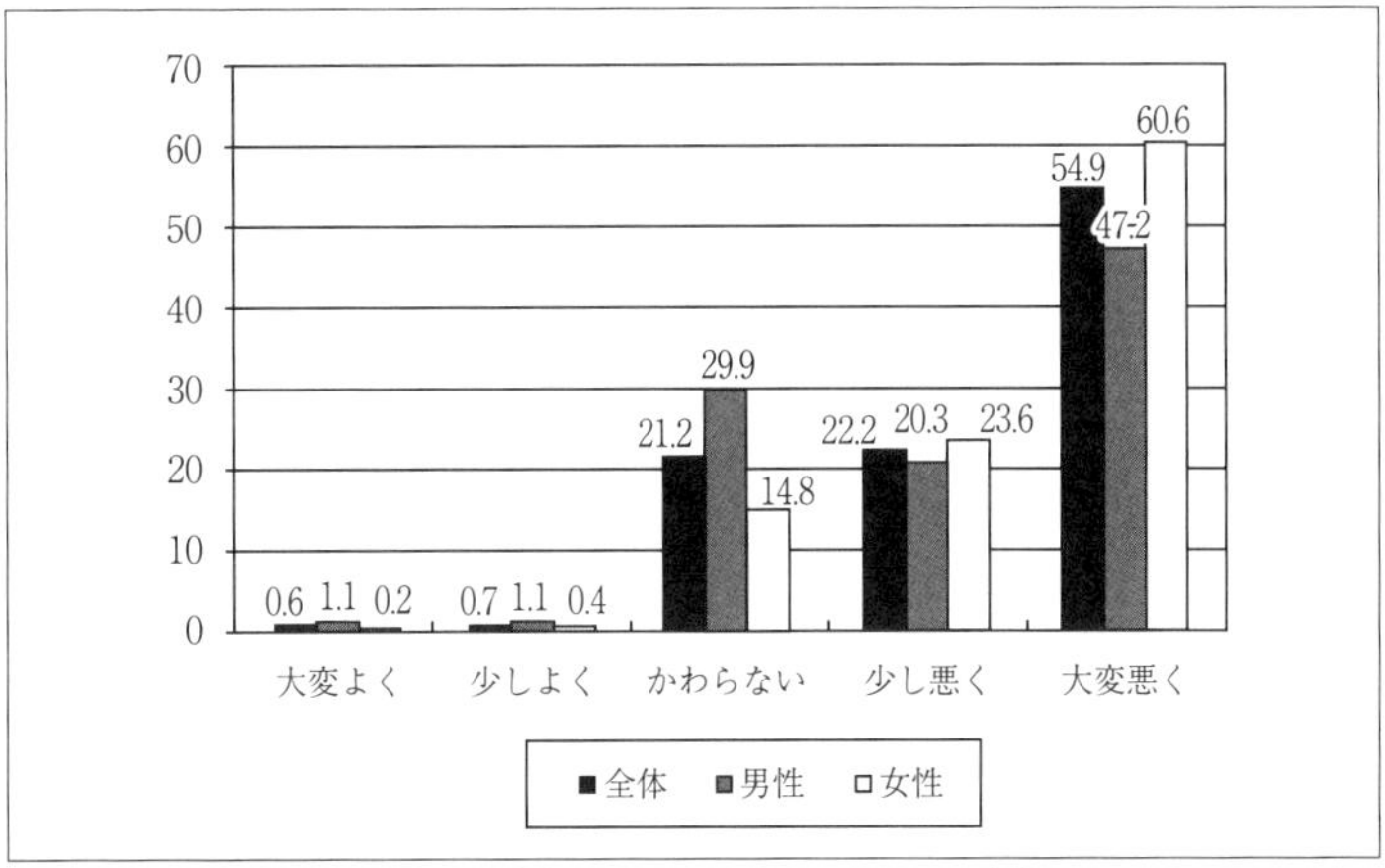

グラフ５　事件による宗教イメージの変化

衝撃を受けたと推測される。グラフ５に示した通り、イメージの悪化ははっきり出ており、「大変悪くなった」と回答したものが五割を超えている。「少し悪くなった」という回答を加えると、七七・一％になるので、この事件が宗教のイメージ悪化に大きな影響を与えたことは疑うべくもない。特に女性のイメージ悪化は顕著で八割を超えている。

報道への関心は九七年に比べてどうであったろうか。グラフ６で見ると、「非常に関心を持っている」と「多少関心を持っている」がやや減少し、「あまり関心を持っていない」と「関心はない」がやや増加している。二年の間に全体として若干関心が減少していると言えるが、それほど急激な減少とは言えない。

ところが報道の内容への関心になると、かなりの変化がうかがえる。裁判への関心は二〇％以上減り、「今でも信者である人たちのようす」が逆に二〇％

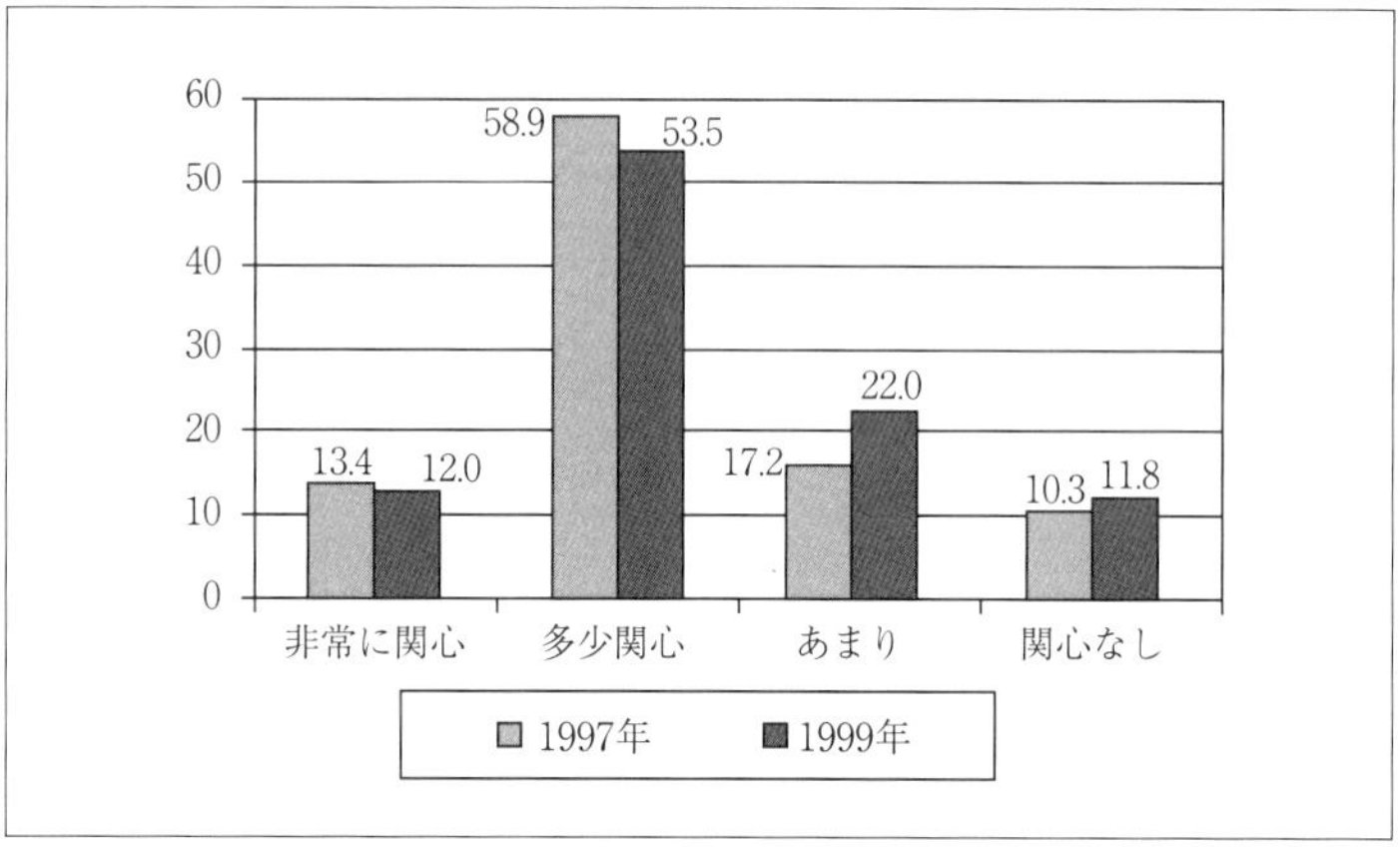

グラフ6　オウム真理教事件への関心の比較

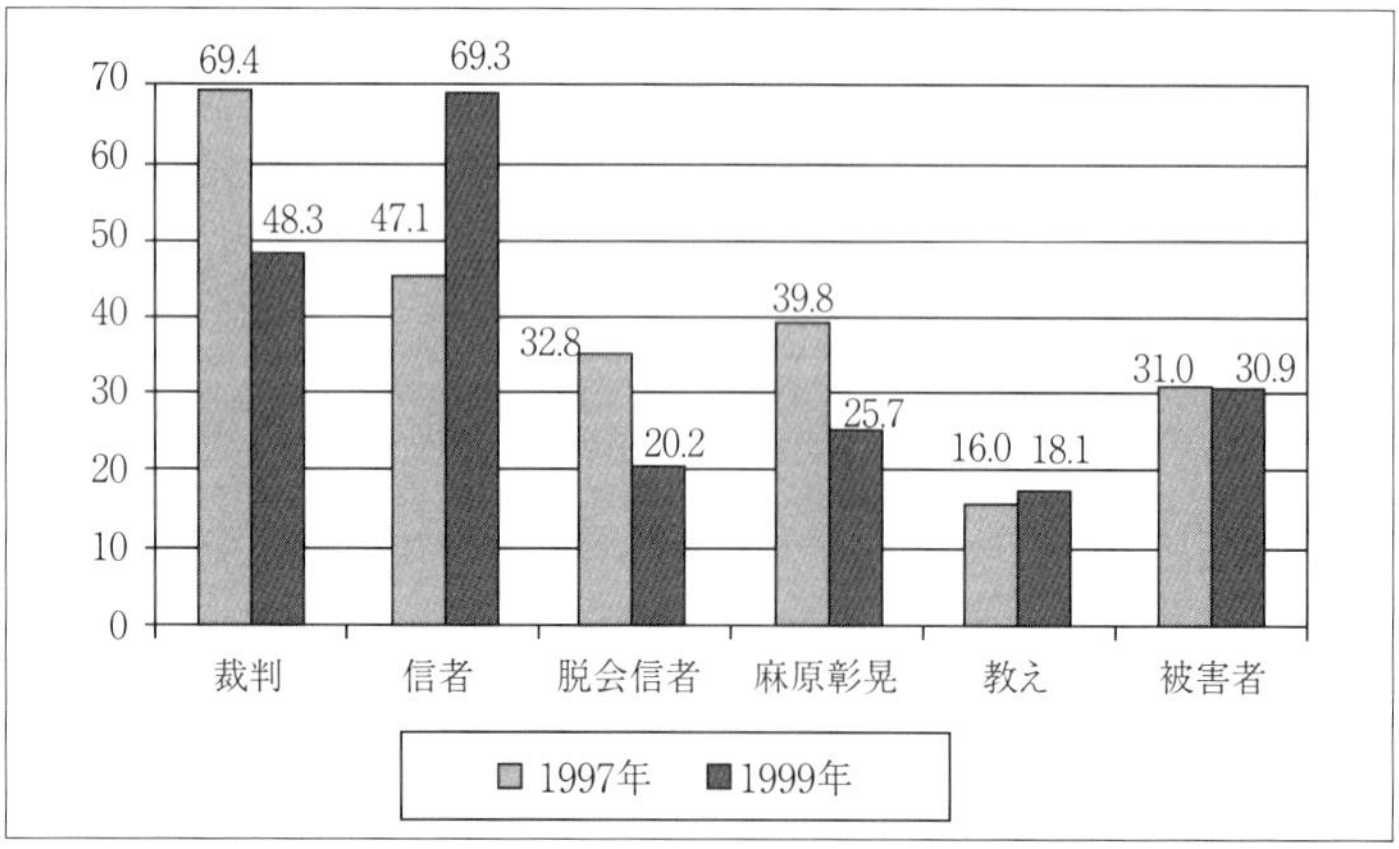

グラフ7　関心の内容の比較

以上増えている。同じ信者でも脱会信者への関心は減り、麻原彰晃への関心も減っている。教えへの関心はわずかだが増加気味である。九九年の調査で「信仰をもっている」と回答した人は全体で七・九％、非宗教系で六・三％である。九七年に比べて全体では信仰を持つ人は少なかった。しかし、教えに関心を持つ人は若干増えている。ここから何を読み取れるであろうか。時間とともにすべてに対して関心が薄れるばかりではなく、逆に高くなっている関心がある。この点にオウム真理教が若い世代に与えた影響の大きさと複雑さとを想定すべきである（グラフ7参照）。

四　事件から一〇年後の調査

二〇〇五年の第八回アンケートでは、オウム真理教に関する四回目の質問をした。事件から一〇年がたった時期である。このときの回答者は事件当時小学校の中学年ないし高学年であった者が大半ということになる。当時は状況を十分把握できなかった可能性もある。主としてそうした世代に、オウム真理教について何を知っているか、また関心を持っている事柄は何かを質問したことになる。それもあって、それまでの三回とは異なった質問内容とした。それは次の二つである。

Q　オウム真理教について、以下のうちあなたが知っているものに〇をして下さい。（複数回

答可）
1　1995年に地下鉄サリン事件を起こした
2　教祖は麻原彰晃（本名松本智津夫）である
3　現在はアーレフと名乗って活動している
4　修行によって空中浮揚など超能力が得られると主張した
5　信者たちが修行していたところはサティアンと呼ばれていた
6　オウム真理教については何も知らない

↓右の質問で6を選んだ人以外は次のSQAの質問に答えて下さい。
SQ　あなたは、オウム真理教（アーレフ）について、次のどの点に関心がありますか。（1〜4は複数回答可）
1　麻原彰晃（松本智津夫）の裁判のなりゆき
2　今も信者である人と彼らが住んでいる地域住民とのトラブル
3　アーレフに関するネット上の情報
4　サリン事件の被害者に関すること
5　オウム真理教（アーレフ）については何も関心がない

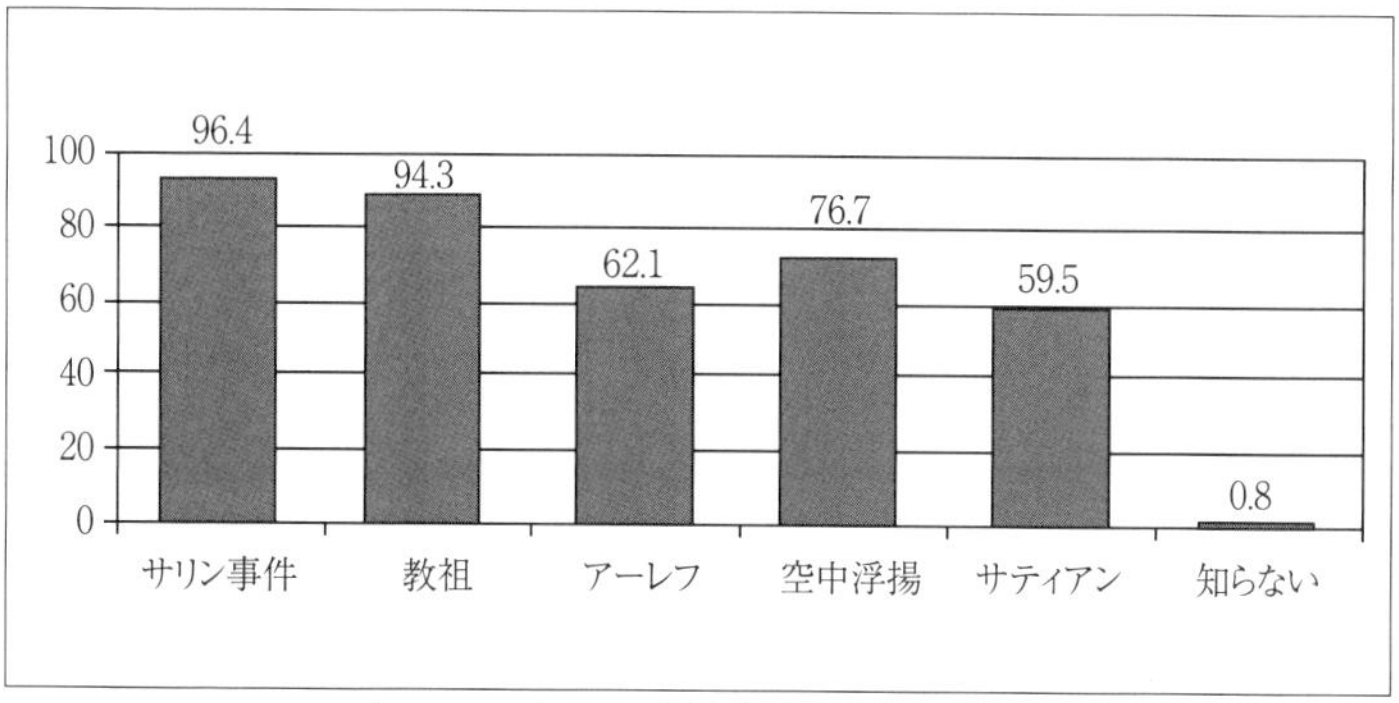

グラフ8　オウム真理教についての知識

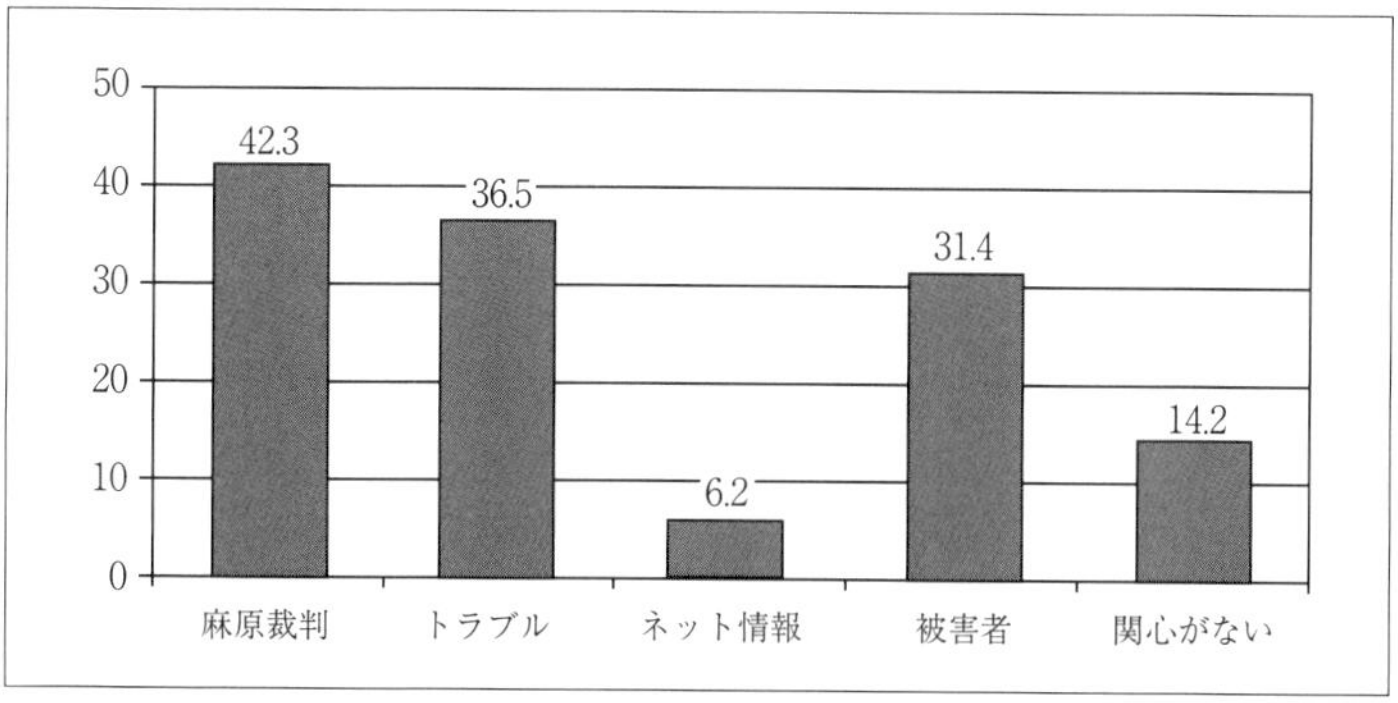

グラフ9　関心の度合い

さすがに地下鉄サリン事件や教祖が麻原彰晃であることはほとんどの学生が知っている。ただアーレフ（現在はアレフ）がオウム真理教の後継団体であることは三分の二弱しか知らない。またサティアンについて知っているものは六割程度である。調査時点ですでにサティアンは取り壊されていた。九七年には「テーマパーク富士ガリバー王国」が近くに建てられたが、わずか四年で閉鎖されて一帯の景観はすっかり変わった。若い世代でなくともサティアンが記憶から遠ざかるのは必至と言える状況になっていた。

質問形式が同じではないので、単純な比較はできないが、麻原への関心はそう減少していない。九七年の調査で、「麻原彰晃の言動」についての報道に関心があると答えたのは三九・八％であったが、二〇〇五年の調査では「麻原彰晃の裁判のなりゆき」に関心があると答えたのは四二・三％である。「サリン事件の被害者に関すること」は九七年が三一・〇％で、二〇〇五年が三一・四％と微増であるのを考えると、麻原への一定程度の関心が続いているのは明らかである。

その一方でアーレフへの関心は低く一割に満たない。オウム真理教がアーレフと改称したのは二〇〇〇年である。その後二〇〇三年にアーレフと改称したので、調査時にはアーレフとして質問したのである。そして二〇〇八年に今度は Aleph（アレフ）と改称した。少なからぬ数のオウム真理教の信者がここに属しているにもかかわらず、それについての情報はかなり乏しい。事件後アレフに入信する若者がいることが公安当局を通して発表されているが、このこととアレフの認知度の低さとの間の関係は想定していいだろう。

五　二〇一二年の調査で分かったこと

オウム真理教についての現時点での最新の調査データは二〇一二年の第一一回調査によるものである。内容は二〇一〇年の第一〇回と同じである。このとき回答した大学生にとっては幼少期の事件である。事件後一七年が経過していたことを考え、オウム真理教に関する報道への関心の度合いを二〇〇五年と比較するための質問を設けた他、事件をどの程度知っているかの質問を設けた。また大学におけるいわゆる「カルト対策」についてどのような意見を持っているかも質問した。三つの質問の内容は次のようなものである。

Q　オウム真理教にかかわりのある次の3つの問に答えてください。

QA　現在あなたは、オウム真理教に関連する報道に対して、どれくらい関心がありますか。次の中から選んで下さい。

1　非常に関心をもっている　2　多少関心をもっている
3　あまり関心をもっていない　4　関心はない
5　オウム真理教が何であるか知らない

QB　オウム真理教に関連する次の事柄のうち、あなたが知っているものの番号を○で囲んでください。（複数回答）

1　教祖は麻原彰晃（本名松本智津夫）である
2　教祖は修行によって空中浮揚など超能力が得られると主張した
3　信者たちが修行していた建物は、サティアンと呼ばれていた
4　（一九九五年三月に）東京で地下鉄サリン事件を起こした
5　地下鉄サリン事件では10名以上の死者を含む数千人の被害者が出た
6　サリン事件にかかわった教祖と幹部の何人かは死刑が確定した
7　オウム真理教の元信者の一部は、現在アレフという団体に所属している
8　麻原彰晃の弟子であった上祐史浩は「ひかりの輪」という団体を作った

QC　大学が主催して、新入生などを対象に「カルト対策」の教育をすることについてどう思いますか。次の1～5から1つ選んで○をつけてください。

1　ぜひやるべきである　2　やったほうがいい　3　あまりやらなくてもいい
4　やるべきではない　5　「カルト対策」というのが何のことか分らない

オウム報道への関心を、九七年から二〇一二年への一五年間の変化で見ると、それほど低くな

っていないと言える（グラフ10参照）。二〇一二年でも「非常に関心をもっている」と「多少関心をもっている」を合わせると六割強になる（グラフ11参照）。九九年と比べると横這いに近い。二〇一二年が事件から一七年経過していることを考えると、一定程度の関心が維持されている。回答者の大半にとっては幼少期の事件であるが、肝心な点については八割以上の学生が知っている（グラフ12参照）。すなわち教祖が麻原彰晃であること、一九九五年三月に地下鉄サリン事件が起こり、多くの死傷者が出たこと、そして教祖と幹部の何人かは死刑が確定したことである。

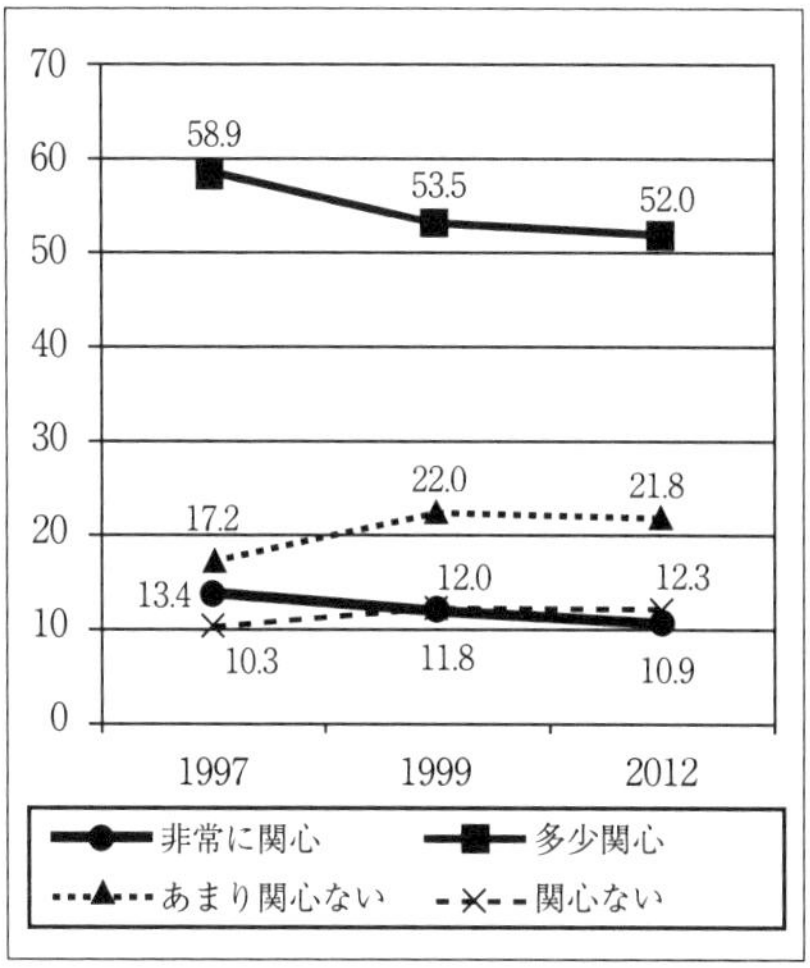

グラフ10　関心の度合いの変化

　しかし、サティアンについての知識は二〇一〇年が二一・五%、二〇一二年が二四・二%と四分の一以下の学生しか知らない。七年前の二〇〇五年の調査に比べると、知っている人の割合が三五・三%も減少している。後継団体であるアレフを知っている人もさらに減り、二〇〇五年から二〇・九%減少している。

　上祐史浩が「ひかりの輪」という団体を作ったことを知っている学生は二〇一〇年が二六・一%、二〇一二年が二九・八%と約三割弱である。ひかりの輪は二〇〇七年にアレフから分派した団体である。麻原彰晃の愛弟子と言える存在であった上祐史浩は、一九九九年に懲役三年の刑を終え広島刑務所を出所したのち、二〇〇二年にアレフの教団代表となっていた。だが、教団内で分裂が起こり別派を形成した。調査時にはすでに五年にわたりひかりの輪という団体名で活動していた。特にインターネットを通しての教化・布教に力を入れ、上祐はオンラインで説法をするなどしていた。そうしたひかりの輪の活動を知る学生が三割弱ということをどう評価すべきであろうか。「三割しかいない」とは表現しがたい。オウム真理教に関連した事柄の中ではたしかに低い数値である。けれども学生が他の新興の教団について持っている知識に比べれば決して低くはない。オウム真理教やその後継団体、分派には、事件後一七年たった時点でも、依然として強い関心が存在することを示していると解釈できる。

カルト対策への回答を見ると、「ぜひやるべきである」または「やったほうがいい」と、カルト対策の教育を積極的に支持する割合は、五六・七％と過半数を占める。二〇一〇年の調査でも五六・五％である。ところが宗教系の大学の学生と非宗教系の大学の学生を比較すると、カルト対策を支持する割合が、非宗教系の方が一四％近く多いことが分かる（グラフ13参照）。さらに「カルト対策」というのが何のことかわからないという割合が宗教系の方が二倍近く多い。ところが宗教系の高校を卒業した学生と非宗教系の高校を卒業した学生を比較すると逆になる。カルト対策を積極的に支持する割合は、宗教系で六八・三％、非宗教系で六五・六％となる。

これはどういうことを意味するか。そこで卒業した高校が宗教か非宗教系で分け、さらに在籍

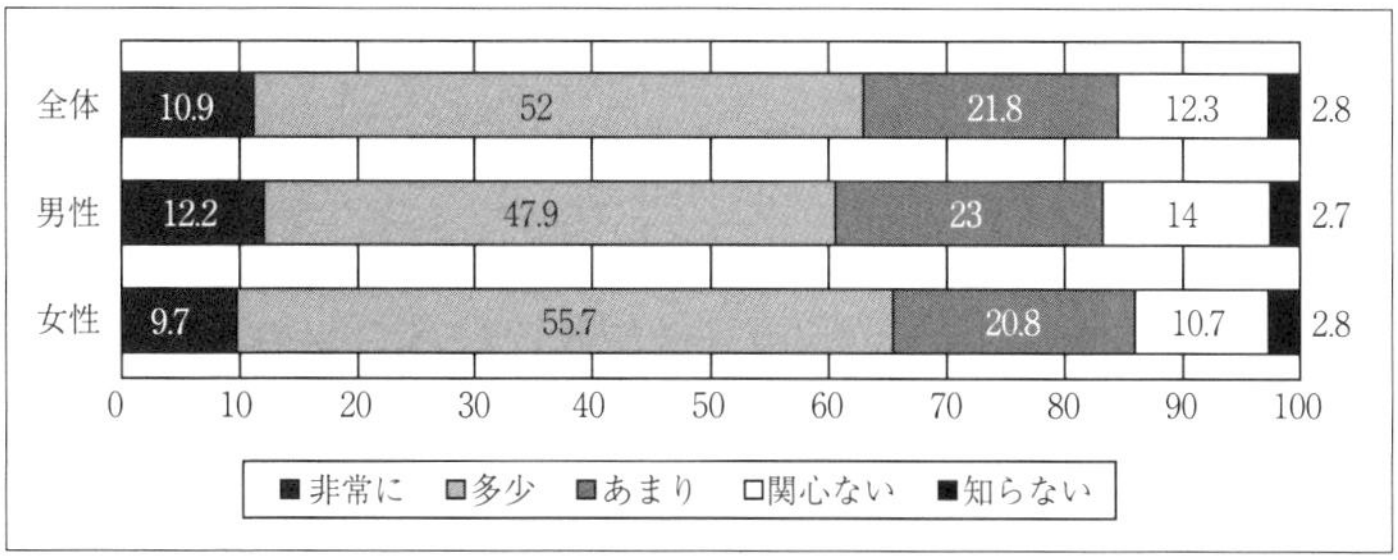

グラフ11　報道への関心

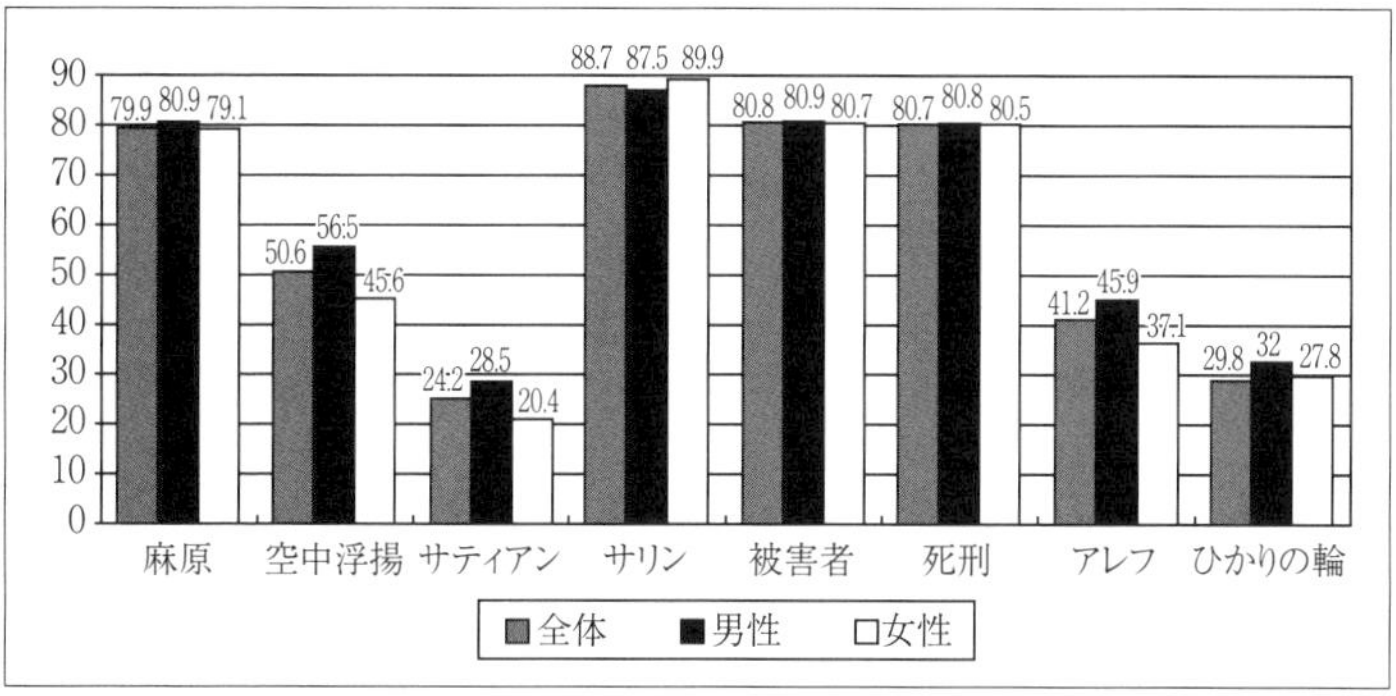

グラフ12　オウム真理教についての知識

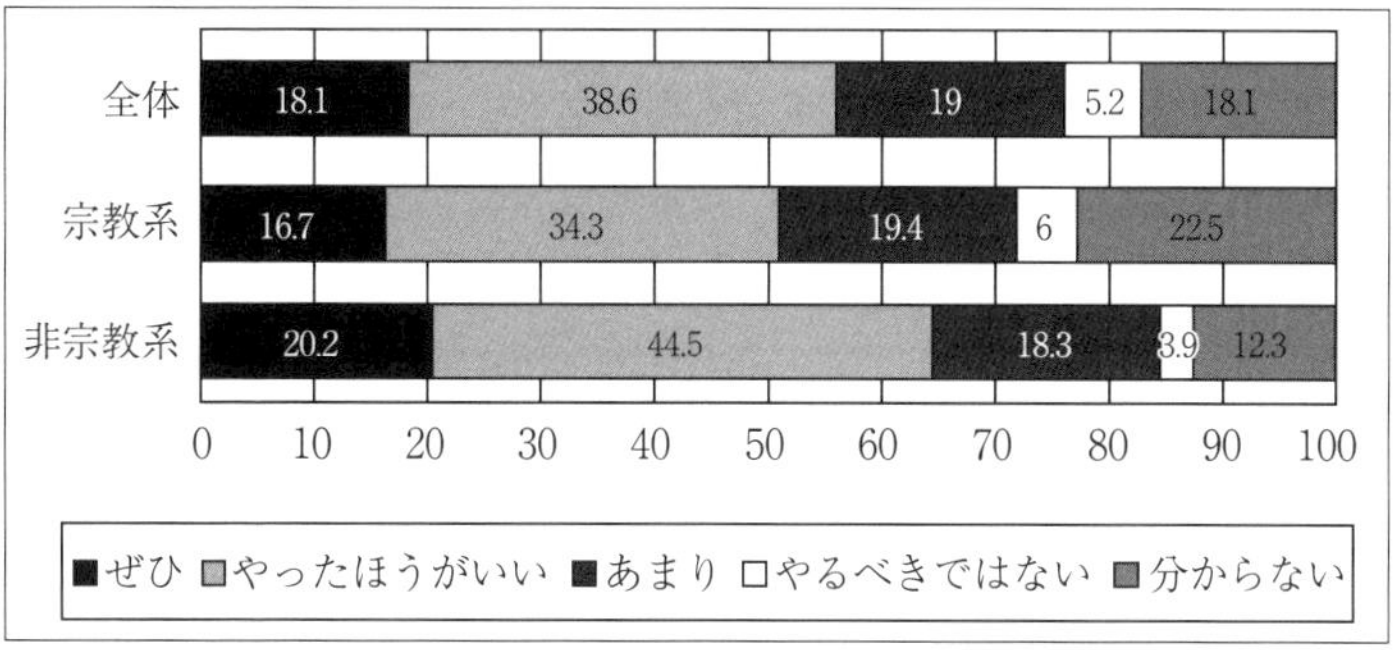

グラフ13　カルト対策に関する意見

高校＼大学	宗教系	非宗教系
宗教系	65.4% (303名)	73.7% (148名)
非宗教系	48.9% (2,016名)	64.9% (1,502名)

表2　カルト対策の積極的支持の割合

高校＼大学	宗教系	非宗教系
宗教系	16.8% (303名)	7.4% (148名)
非宗教系	23.3% (2,016名)	11.7% (1,502名)

表3　カルト対策の意味が分からない割合
（　）内の数字は、それぞれのカテゴリーの人数

する大学が宗教系か非宗教系かで分ける。そうすると四つのパターンができる。興味深い結果である。カルト対策を積極的に支持するのは、宗教系の高校を卒業して非宗教系の大学に通う学生である。逆にもっとも支持しないのが、非宗教系の高校を卒業して宗教系の大学に通う学生である（表2参照）。そしてカルトを知らない割合がもっとも高いのが非宗教系の高校を卒業し宗教系の大学に通う学生であり、もっとも低いのが宗教系の高校を卒業し、非宗教系の大学に通う学生である（表3参照）。

二〇一〇年の同様の調査でも、宗教系の高校を卒業し、非宗教系の大学に通う学生がカルト問題対策を積極的に支持する割合がもっとも高かった（七〇・〇%）。なぜこのようになったのか、たまたまであるのか、この調査では結論は出しにくいが、宗教教育の影響を考える際の参考にしてほしい。

おわりに

ここで示した一連の調査から読み取れるのは、オウム真理教に関する主たる事柄についての知識や意見の全体的な傾向である。クロス集計することで、宗教教育の影響の度合い、性別による違いといったことへのヒントを得られるが、それもある程度の推測にとどまる。それでもこの事件がいかに大きな影響を若い世代に与えたかが確認できる。

彼らを取り巻く情報環境に深く留意すべきことを示唆している点も重要である。テレビ、新聞、雑誌よりも、インターネットやスマートフォンを通しての情報摂取が一般的になってきた時代である。理性で判断してあり得ないような教えを説く宗教について、どんな情報が飛び交っているのか把握するのはきわめて困難になるので、この点は今後いっそう大きな課題となる。

調査結果からは、オウム真理教に対する学生の関心は依然として高いと判断すべきである。過半数が同団体に対して何らかの関心をもっていると答えたからという絶対値だけの評価ではない。他の宗教団体への関心と比較して、明らかに高いと判断できるからである。

現代宗教についての知識や関心を質問したアンケート調査は若干ながらある。その結果を見ると一般に新宗教と称されている教団への関心というのはそれほど高くない。例えば二〇〇八年には科学研究費による宗教文化教育に関するアンケート調査が、五千人ほどの学生を対象に行なわれ、その中に講義で宗教に関するどのような講義を聞きたいかという質問項目（複数回答）が設けられた。神話について聞きたいという学生が六〇・七％でもっとも多かったが、新宗教についで聞きたいと答えた学生は二八・六％であった。またカルト問題と答えた学生は三六・八％であった。この調査でオウム真理教のことがどの程度念頭に置かれていたかは分からないが、全般的に新宗教についての関心はそう高くはない。

こうしたことを考慮に入れると、やはりオウム真理教は際立った関心を集めているとみなせる。「はじめに」でもふれておいたが、その理由を大きく二側面から考えておきたい。一つは一九九五年以来のオウム真理教に関する報道量の多さということである。もう一つはオウム真理教が持っている特徴である。

第一の点に関しては、その報道の質ということまで考えていかなくてはならない。事件直後のテレビなどはまさに興味本位が大半であった。その後は冷静なものも見られるが、ワイドショー的扱いや猟奇的なものへの関心といったものが少なくない。こうした報道から繰り返し情報を得たことで、若い世代のオウムへの関心は高まったかもしれないが、宗教が社会問題化したときの適切な判断力が養われたのか、はなはだ疑問である。

ここでは十分議論はできなかったが、マスメディアが宗教問題を扱う姿勢、特に新宗教とか新興宗教と呼ばれてきた団体を報道するときの基礎知識の不足は、今に始まったことではない。それはもっとも信頼が置かれているはずの全国紙とて例外ではない。いい例がオウム真理教事件のほぼ一五年ほど前に起こったイエスの方舟事件である。この事件ではサンケイ新聞（現産経新聞）が「イエスの方舟取材班」を結成し、一九八〇年二月からほぼ一年間近く、徹底してイエスの方舟の批判キャンペーンを行なった。サンデー毎日が信者たちにも取材し、実情を調べようとしたのに対し、サンケイ新聞はセンセーショナルな見出しをつけ、教祖の千石剛賢（当時「千石イエス」と称されていた）が、若い女性をたぶらかしたいかがわしい人物であるという視点からの報道を続けた。サンケイ新聞のみならず大半のマスコミが批判的視点から報道を続けた。しかしほどなく、親を嫌って家出してきた女性たちが数人含まれていたことが、問題を大きくした主因であることが分かった。概要が知れると、イエスの方舟に関する報道は、まさに潮が引くようになくなっていった。

もっとも一部の新聞や雑誌にはこれが苦い教訓となってしまい、新しい宗教団体に社会的トラブルが生じてもその批判に二の足を踏む傾向が生じたとされる。サリン事件以前にはオウム真理教の活動を批判するような報道が少なかったのは、そのせいという説もある。しかし、宗教についての報道の問題点は、批判するのがいいのか悪いのかではなく、きちんと必要な取材をして報道しているかどうかである。そこが第一に検証されるべきであったのに、その点を教訓とした気配はきわめて薄い。それゆえオウム真理教のその後に関しても、また他のいわゆるカルト問題に関しても、当該団体に関する基礎知識を適切な手段によって得た上で、関係者に広く取材をするということがあまり見られない。のみならず昨今は一部からカルト視されているような教団を支援しているかのような記事を掲載する日刊紙さえある。事態はむしろ悪化していると見た方がいいかもしれない。

第二の点に関しては、何よりも麻原彰晃という人物の個性の強烈さである。超能力があると標榜し、無謀とも言うべき衆議院選挙への挑戦をし、サティアンに共同生活させた若者をさながら意のままに操るがごとくであり、最後はテロへといざなった人物。数としては少数派に違いないが、こうした人物、その人物が組織した団体に強い関心を持つ若者は絶えないということである。またオウム真理教が作成したアニメのいくつかは、今でもYouTubeで見ることができる。再生回数が百万回単位になっているものがいくつもある。ニコニコ動画などでは元のアニメに手を加え、茶化したようなものもあるが、そのこと自体が若い世代の関心を反映している。むろん大多数は興味本位と推測されるが、その影響は無視すべきではない。

とりわけ若い世代は理性を優先した判断からは非科学的とか、非常識として斥けられそうな情報であっても、ときに強い関心を抱く。この近代を通して観察される現実には注意と自省が必要になる。というのも、現在においても、少し理性的に考えれば受け入れられないような教えを大々的に喧伝する教団はいくつかあり、それらに関心を抱く一定数の若者がいるからである。若者が宗教に関心を抱くときは、人生の苦しみや悩み、あるいは深い不安に動機づけられることが多い。したがって理性にもとづいてある教団の信者となるというより、情緒的、直感的なものが大きく作用して入信することが多い。どのような高度な学問を学んでも、古代の人間と同じ悩みや苦しみと向かい合わなくてはならないという人間の宿命が、宗教の大きな基盤である。そのときどのような宗教に出会うかである。

学問の成果とか発展は世代を超えて継承され構築される。人間全体がその構築に関わってきたと言っていいだろう。それゆえ今日の壮大で高度な諸学問へと展開してきたわけである。だが、生きていく過程で生じる悩みや苦しみは個人的なもので、それへの対応もみな個人で作りあげていかなければならない。ゼロからの出発というに近い。あるところまでの共感は可能だろうが、個人と個人の感情の境界線は厳然としている。成長の過程で、現代人にも古代人と同じような種類の苦しみや悩みが襲う。仏教で言う生老病死の教えが、今なお強い説得力を持つのはそれゆえである。こうした問題への理性の対応には限界がある。

おそらく麻原彰晃はそのあたりのことを十分心得ていたと考えられる。その点を考慮することなしに、オウム問題から教訓を得ようとしても、あたりさわりのない常套句しか出てこないだろう。理性が感情に及ぼす限界を知った上で、なお理性はどこで力を発揮できるかを考えていかなければならない。このことを考えさせることが、これからの宗教についての教育においては欠かせない。

参考文献――さらに知りたい人のために

『学生宗教意識調査報告』第一回〜第一一回、國學院大學日本文化研究所、一九九五〜二〇一三年

一九九五～二〇一二年までの調査結果が報告書として刊行されている。各回の報告書のタイトルは統一されていない。信仰を持つ割合、親が信仰を持つ割合、宗教問題に関する意見、神や仏を信じる割合など、宗教に関する現代的テーマについて質問している。これらへの回答とオウム真理教問題への回答を比較することで、学生たちの宗教問題、オウム問題への関心や全体的傾向を考える手がかりが得られる。

なお、本稿執筆時には結果が得られていないが、二〇一五年四～六月には第一二回の学生宗教意識調査が実施され、オウム真理教関連の質問項目もある。二〇一五年度中に國學院大學日本文化研究所より報告書が刊行されることになっている。

井上順孝『新宗教の解読』ちくま学芸文庫、一九九六年

近代になってからのマスコミの新宗教についての報道の特徴について分析している。興味本位の報道を続けていることが、真に問題とすべきことから目をそらさせる結果になることも指摘する。

井上順孝他編『新宗教事典　本文篇（縮刷版）』弘文堂、一九九四年

この事典の「Ⅶ　新宗教と社会」の「3　マスコミと新宗教」において、イエスの方舟問題、その他の新宗教報道に際してのメディアごとの特徴が、資料を提示しながら詳細に示されている。イエスの方舟事件に関しては、田島忠篤が丹念に調べ、サンケイ新聞の一九八〇年二月から一二月までの記事見出し六七点をリストにしている。

第八章　今なおロシアで続くオウム真理教の活動
――日本とロシアの並行現象

井上まどか

はじめに

オウム真理教は、一九九〇年代にきわめて短期間に日本以上の信者をロシアで獲得した。その数は三万人ないし四万人と言われている。そして今なおその活動は続いている。このことはグローバル化が進む世界では、日本で活動が制約されるような宗教団体でも、国外ではまた別の展開をたどり、それがまた日本での活動に影響を与える可能性があるということを示している。

ロシアにおけるオウムの活動は、一九九一年頃に始まったが、一九九五年三月に地下鉄サリン事件が起こってからは、布教活動が禁止され、宗教法人としての登録も抹消された。しかし、ロシアにおけるオウムは決して過去の宗教ではない。二〇一五年時点でも、例えば、インターネット上ではオウムに関する多くの情報がロシア語で発信されている。その情報内容は多岐にわたる。日本のオウム真理教がかつて出版していた本をロシア語訳し、全文公開している。麻原彰晃の日本での講演会の動画も流されている。

本章では、こうした現状の背景を探るために、オウムがロシアで活発な活動を行なっていた一九九〇年代前半、および二〇一〇年代前半のロシアでの状況を取り上げる。この二つの時期の活動を分析することにより、日本から国外に進出してグローバルに展開する宗教活動の現代的特徴が見えてくる。

以下で具体的に述べていくが、一九九〇年代前半の活動を調べて明らかになったことは大きく二つある。一つは一九九〇年代前半には、ロシアと日本で並行して布教活動が展開されていたこと、もう一つはロシアで活動しているという実績が、麻原の教えの権威づけのために利用されたということである。これらの点はあらためて確認する必要がある。というのも、日本生まれの新宗教がグローバルな展開をする過程で、それぞれの国でローカル化するというのが従来の通例であったが、オウムの場合、それとは異なる面があるためである。

オウム真理教の場合、日本での活動・教えが国外で現地の風土に合わせて変容していく、という過程を経ていない。むしろ、オウムが行なっている宗教実践（修行）を科学的に説明するという手法が、日本でもロシアでも同時期に訴求力を持ったのである。

二〇一〇年代前半の活動から明らかになるのは、日本におけるオウムの記憶とロシアにおけるそれが異なることである。今日の日本においては、オウムのサリン事件以前の活動内容、例えば彼らが出版した本や麻原の講演会の内容を一般の人が目にすることはほとんどなくなった。他方、ロシア語の世界では、麻原はネット上の写真や講演を通して現在もグルとして崇められている。二〇一〇年代前半の活動については、このロシア・日本両国における記憶の違い・ズレに注目する。これらの分析により、オウム真理教の問題を国内問題としてだけ見ていると、大きく見損なう面があることが分かってくる。

一　一九九〇年代前半の活動――ロシアから日本へ

(1) ロシア布教までの道のり

ロシアにおけるオウム真理教の活動は、一九九一年秋頃に端を発する。ちょうど、オウム真理教が「ノストラダムスの予言」の研究を開始した時期にあたる。その頃日本国内ではどのような活動が展開されていたか、簡単に確認しておく。

一九九〇年二月には、衆議院選挙でオウムが擁立した候補者が全員落選するという大敗を喫している。その後、同年五月には熊本県波野村にオウムの宗教施設の建設が開始され、八月中旬より麻原をはじめとする信者たちが移住する。その後、波野村をめぐって国土利用計画法違反があったとして全国のオウムの主要施設が強制捜査される。波野村での試みは、オウム真理教にとっては、日本に理想の国「シャンバラ」を築くという「日本シャンバラ化計画」の一環であった。選挙大敗に続いて主要施設の強制捜査が行なわれたことは、当時およびその後のオウムの国外での布教戦略を考える上でも、ひとつの大きなポイントであろう。

ロシア布教は麻原の教えの権威づけにも使われることになったのであるが、ロシア布教前の同様の権威づけはどうであったか。著名な宗教指導者や学者との対談を社会にアピールすることで、麻原の教えを権威づけようとしたことがうかがわれる。例えば、一九八八年七月にはダライ・ラマ十四世との対談が行なわれている。その翌年の八九年頃から、文字媒体での露出が増えてくる。一九八九年には、雑誌『SPA！』に中沢新一との対談が掲載されている。また、ロシア布教へのきっかけがつくられる一九九一年には、雑誌に加えテレビでの露出も目立つ。テレビのワイドショーでオウム真理教が取り上げられた初めての例は八九年一〇月の「おはよう！ナイスデイ」にさかのぼるが、九一年九月には「朝まで生テレビ！」で、麻原をはじめとするオウムの幹部が出演し、幸福の科学の幹部と議論する光景が映し出された。

同九一年には、麻原と荒俣宏との対談、「朝まで生テレビ！」の司会者田原総一朗との対談が雑誌に掲載されている（前者は『03』（九一年六月号）、後者は『サンサーラ』（九一年十月号）に掲載）。さらに、九一年には、大学の学園祭で麻原が講演する例も多く見られる。信州大学を皮切りに、東北大学、東京大学、京都大学、気象大学校で講演を行なっている。翌九二年には、東京工業大学、信州大学、東京大学、京都大学、大阪大学、千葉大学、横浜国立大学などで講演を行なっている。

他方、オウムによる布教開始前後のロシアはどのような状況にあっただろうか。詳細は「ロシアにおけるオウム真理教の活動」（『情報時代のオウム真理教』二〇一一年）でふれておいたので、ここでは概略のみを示しておく。ロシアでは、一九九一年のクリスマスにソ連のゴルバチョフ大統領が辞任、ソ連共産党が解散した。いわゆる、ソ連解体である。この時期の混乱に乗じて、オウムは人道支援という名のもとでの経済的・物質的支援を行ない、政府要人とのパイプを利用して、ロシア布教の地ならしをした。モスクワのほか五つの都市に布教拠点を設立し、ラジオ・テレビの放送枠を獲得した。九二年には、ロシア人演奏家から成るオーケストラ「キーレーン」を組織し、モスクワのオリンピック・スタジアムで大規模なイベントを行なっている。

(2) テレビ番組「真理探究」とロシアの知的土壌

では、オウム真理教はどのような形でロシア人たちに受け入れられていったのであろうか。その影響の大きさということを考えると、テレビを媒介としたものに着目する必要がある。テレビで放映されていたオウム真理教関連の番組を取り上げながら、ロシアでオウムが受け入れられた知的土壌というものを見ていく。このことはロシアで短期間に日本以上の信者が生まれた背景を考える上で重要である。

ここで取り上げるのは、ロシアのテレビ局「二×二《ツー・バイ・ツー》」で放映された「パスティジェーニエ・イースティヌィ（真理探究）」（以下「真理探究」）という番組である。この番組は一九九二年一一月一九日に放映が開始された。麻原をはじめ出家信者が複数出演して話をする番組で、司会者が彼らにインタビューするというかたちをとっている。

「真理探究」という番組の特徴は、オウムの修行を科学的に解明しようとする点にある。オウムの出家修行者の実践を科学的に検証することによって、宗教と科学は対立するものではなく、むしろ相補的なものであるという認識を示そうとしている。オウム真理教は、それまで秘技とされがちであった瞑想や修行に、科学的メスを入れて、瞑想や修行という実践の正しさをアカデミックに示す団体であることを印象づけようとしたと考えられる。

ロシアでの「真理探究」番組の放映は、オウム真理教の権威づけに大いに利用された。この番組の内容は、その後、ロシアで一流とされるような科学者の推薦文を付して、日本で刊行されることになる。すなわち「麻原彰晃の真理探究シリーズ」として二冊、『検証「死」（サマディ）――人類進化の鍵をにぎる究極の瞑想状態』（麻原彰晃の真理探究シリーズ①、一九九四年）、『チャクラの科学――能力開発の秘密に迫る』（麻原彰晃の真理探究シリーズ②、一九九四年）である。『検証「死」（サマディ）』の本の帯には、大きく「科学する「宗教」」と記されている。「ロシアの宗教界・科学界に一大センセーションを巻き起こした麻原彰晃尊師出演のテレビ番組『真理探究』が、単行本になって日本上陸!!」というキャッチコピーがある。さらに「『真理探究』はわたしたちに科学的示唆を与え、人間の霊的進化の可能性を開示する」というモスクワ大学数理学部教授V・A・イェヴォロフ教授の言葉が、同教授の顔写真とともに本の帯に印刷されている。イェヴォロフ教授の推薦文によれば、彼は「真理探究」番組を見た後、オウムの六〇時間ノンストップセミナーに参加し、四冊の麻原の著作を読み、アストラル音楽のコンサートに参加し、麻原と直接話したという。彼が寄せた推薦文から、一部を抜粋する。

「ロシアで開発されたその数学モデル（筆者註―推薦文では、フォレスター博士、メドウス博士とその仲間によって開発されたものとされている）は、経済的・生態学的なアプローチを使って地球の発展を知的にコントロールすることができれば、地球の危機は回避できることを示しています。（中略）わたしはこのように、麻原尊師の教義を学んだ結果、次のように思うようになったのです。先程述べた数学的モデルの示唆するように、麻原尊師は、地球の生態系や文明の崩壊を防ぐため、人々の邪悪な欲望を取り除いて霊的な土台を形成し、彼らに真理の道を歩ませ、崩壊防止のための具体的な行動を起こさせるのではないか、と。つまり、地球の発展を知的にコントロールする方法を麻原尊師が人類に与えてくれるのではないかということです」
（真理科学技術研究所編、『検証「死」（サマディ）』一九九四年：五頁）

ここに見られる「地球の発展を知的にコントロールする」という発想や、その「知的なコントロール」のためには人類が「霊的な土台」にもとづかなければならないという発想は、特に珍しいものではない。既存の宗教の中に、近代文明や工業化・機械化の行き過ぎへの批判や、人間が謙虚さを取り戻すべきとの主張はしばしば見いだされる。また、一九六〇年代以降に欧米諸国を中心に展開してきたニューエイジ思想・運動も、近代化批判と人間の霊性回復が大きなモチーフとなっている。つまり、イェヴォロフ教授の語っている内容自体に格別目新しいところがあるわけではない。ただ、ここで展開されているロジックには注意が必要である。霊性回復の必要性を説くにあたり、科学者による数学モデルを援用するなど、科学的な装いが強くなされている。

ロシアの知的土壌という視点から注目したいのは、霊性にもとづき人類および地球が新たなステージに至るというモチーフは、二〇世紀以来のロシアにおいてしばしば見いだされるということである。例えば、「生ける倫理（ジヴァーヤ・エチカ）」という名前で活動する団体の創始者であるレーリヒ夫妻（夫一八七四〜一九四七、妻一八七九〜一九五五）は、人間が倫理的完成を目指すことで人類は次の段階に進むことができ、宇宙という生命体と一体化することが可能であると説いた。

夫のニコライ・レーリヒは芸術家でもあり、七千点もの絵画作品を残している。また国際的に知られるロシアの芸術プロデューサーであるディアギレフ（一八七二〜一九二九）が率いる国際的なバレエ団「バレエ・リュス」の舞台美術に関わったこともある。同時に、一九五四年に採択された文化財保護に関する条約（通称ハーグ条約、「武力紛争の際の文化財の保護に関する条約」、別名レーリヒ条約）の草案者でもある。「生ける倫理」は、「アグニ・ヨーガの教え」とも呼ばれ、東洋思想とキリスト教思想と科学的知識を統合しようという点に特徴がある。夫妻は、西欧・米国に滞在した後、一九二三年からインドに滞在し、ヒマラヤ山脈を横断・探検して西ヒマラヤに学術研究所を設立した。

レーリヒ夫妻によれば、自由意思によって潜在意識を無限に発展させ、エゴイズムを克服して倫理的に完成した人々は、宇宙の霊的階層を構成する存在となり、他の人々の「上昇」を助けることができる。これらの存在は諸宗教で、それぞれ「菩薩」「阿羅漢」「マハトマ（偉大なる聖人）」「聖人」と呼ばれてきたが、いずれも人類の次の段階に到達した人々であるとする。イェヴォロフ教授のことばを額面通りに受け取るならば、教授はこうした霊的人格を麻原や出家信者たちに見いだしたということになる。

二〇〇四年の段階では、「生ける倫理」はロシア全土で六十二団体が宗教法人として登録されており、首都モスクワには「レーリヒ国際センター」がある。科学者や文化人にも支持者がおり、「アグニ・ヨーガの教え」を実践する人々だけでなく、研究・出版など学術的な活動に従事する者も少なくない。筆者がサンクト・ペテルブルグに滞在していた二〇〇〇年代初頭にも、当地の国立大学で国際学会が主催されていた。

レーリヒ夫妻の思想には、当時のロシア宗教哲学や宇宙論の影響が見いだされる。ロシア哲学の雄、Ｖ・ソロヴィヨフ（一八五三〜一九〇〇）は、「全一性の哲学」を掲げ、認識論・宇宙論などにおける「統合」の重要性を説いた。また、人類・地球の霊的発展というモチーフが科学的色彩を帯びるケースとしては、N・フョードロフ（一八二九〜一九〇三）があげられる。死を克服すること、つまり不死の達成が人類の共同事業であると主張したフョードロフは、飛散した粒子を集めることで死者の復活が可能になると説いたり、今日のクローン技術を思わせるような、肉体改造の方法を論じている。

ソロヴィヨフやフョードロフの思想内容は、一九九一年のソ連崩壊後、宗教思想や宗教史に関する書物が百花繚乱の様相を呈して書店に出回ったときに、一般の人々にも広く知られるようになった。ソ連時代には、宗教関連書は地下出版の書物として回覧されるのみであり、このように一般の人々が手にとれるようなものではなかった。つまり、ロシアの一般の人々は、ロシアの宗教思想とオウムの教えに、ほぼ同時に出会ったということになるのである。

不死の達成というモチーフは、ソ連の「宇宙開発の父」と呼ばれる、ロケット工学者のK・ツィオルコフスキー（一八五七〜一九三五）にも見いだされる。彼もまた、人間がさらに発展して、天使のような完全な知的存在・不死の存在となり、宇宙エネルギーそのものになることを信じ、この内容を扱ったSF小説として公にしていた。ツィオルコフスキーは何よりもまず科学者・ロケット工学者・数学者として知られる存在で、現代のロケット工学の理論的基礎を築き、ロケットの設計図を描き、宇宙服、宇宙遊泳、宇宙ステーションなどを考案している。ソ連時代に死去したが、その折には国葬が行なわれ、後の世代のロケット開発にも大きな影響を残している。ロシアの科学者・数学者は、ツィオルコフスキーのような存在を身近に知っているわけだから、科学と宗教の対立を前提とするよりも、宗教と科学の統合の方を好む研究者の出現は不思議ではない。そう考えるなら、オウム真理教の書物の推薦文を執筆したイェヴォロフ教授も、報酬だけを目的として引き受けたとは思えない。オウムの思想や実践方法に共鳴した上でのことと考えられるのである。

オウムがロシアで多くの信者を獲得したという事実について、ソ連崩壊後の政治的・経済的・社会的混乱のなかで、オウムが金銭や物質的援助によって人々を買収したという見方もある。だが、その説明のみでは、今日においてもオウムの教えが受け入れられている理由として十分ではない。

ロシアにおいて「統合」はひとつのキーワードである。ソ連崩壊後、国家としてのアイデンティティが模索されるなかで、ヨーロッパとアジアを結ぶ存在としてのユーラシア＝ロシアという思想が注目されるようになった。その思想はユーラシア主義として知られる。ユーラシア主義は、元はソ連時代に国外に亡命した知識人たちが夢想したロシア像である。ユーラシア主義がプーチン時代に政治的に見直されるようになって、ヨーロッパとアジアを結び、統合する存在としてのロシア、というモチーフが前面に出てきた。本節で見たように、哲学つまり認識論においても統合が目指され、科学者たちは人類の発展という視点で宇宙との一体化を夢みて、宗教と科学の統合を目指してきた。「統合」がキーワードとなるソ連崩壊後のロシアにおいて、宗教的実践（修行）を科学的に解明しようとするオウムの姿勢が好意的かつ積極的に受け入れられたのも、不思議なことではなかったと言える。

（3）テレビ番組「真理探究」にみられる科学的言説と日本の知的土壌

テレビ番組「真理探究」にみられる科学的言説はどのようなものであったか。また同時期における日本で、この番組に対応するようなトピックがテレビ等でも放映されていたことなどを確認していく。前述のイェヴォロフ教授は、「真理探究」番組で放映された科学的検証法のうち、その一部を取り上げて高い評価をしている。そのうちのひとつが脳波測定という手法である。

「麻原尊師とオウム真理教の修行者たちが、現代の科学的アプローチと科学技術を、修行者の内的機能の変化を調べるために利用し、また、修行者の霊的プロセスを進めるために利用しているのは、今までの宗教とまったく異なる画期的なアイデアです。例えば、脳波測定によって、修行者の霊的なステージが高いほど脳波の周波数が低いという結果が出たのは、人間の霊的進化の科学的証明であると思いました」（真理科学技術研究所編、前掲書、一九九四年：六頁）

脳波測定あるいは脳波解析という手法は、当時の一般的な日本人にとっても、比較的知られたものであった。一九九一年三月の「ＮＨＫスペシャル　立花隆リポート　臨死体験　人は死ぬ時何を見るのか」では、臨死体験は脳が作り出した幻覚であるという説が展開された。この番組は「霊的体験を脳のはたらきによって説明する」というアプローチを一般の人にも、より広く知らしめるような内容であった。そしてこれは『臨死体験』という単行本としても刊行され、ベストセラーとなっている。

他方で、イェヴォロフ教授が取り上げていない科学的検証法もある。これを見ると疑問が残るところも多い。例えば、『検証「死」（サマディ）』に収録されているうちの一つを取り上げよう。出家信者が、瞑想中一一時間二〇分にわたり呼吸停止していたことを証明するために、密閉された瞑想施設の中で、酸素消費量がほとんどなかったことがグラフで示されている（二九頁、九九頁に再掲）。しかし、呼吸停止を証明するのであれば、呼吸時に排出される二酸化炭素の濃度量が示されるべきであるが、そのデータはない。しかも、安全性を確保するために、施設内には酸素ボンベがある（一五一頁）ということであれば、実験の真正性が疑われても仕方がない。

なお、麻原は瞑想中この修行者のように呼吸停止しても肉体を保全する機能を持つものとして「プラーナ」があると述べている。だが、「プラーナ」についての麻原の語りは、すでに経験としてその存在を知っていると強弁する姿勢と、今後の科学的検証を待つという謙虚とも見える姿勢の双方が混在している。

「そして、これは将来において科学的に検証しなければ成らない内容の一つだとわたしは考えているのだが、「プラーナ」と呼ばれる別のエネルギー形態が存在すると。この「プラーナ」の存在は、わたしたちが呼吸停止あるいは心臓停止をなしていても、しっかりとその肉体を保全する働きがあるということが経験的にわかっているわけだね。だからその経験的な部分をあくまでも科学的に検証する場合、今の検査技術がもう少し微細になるならば、そこのところも明らかになるのではないかと考えています」(真理科学技術研究所編、前掲書：八二頁)

「プラーナ」という存在について、「経験的にわかっている」と主張するのみでは、読者を満足させられなかったかもしれない。科学的検証を待つという姿勢を同時に示すことで、この語りは読者の期待を高めるような効果を生んでいる。

ロシアに進出する前後のオウムは、(1)で述べたように、国内で、荒俣宏との対談(九一年六月)、島田裕巳との対談(九一年一一月、気象大学校学園祭)、中沢新一との対談(九一年一二月)など、作家や宗教学者などとの対談を通して、自らの活動・教えの権威づけを図り、また、全国各地の大学で講演を行なうことで、大学生という受け皿を準備していた。そこにロシアの国立大学の中で一流とされるモスクワ大学の理系の教授の推薦を得た書物を出版することで、オウムの教えの権威づけをさらに行なったということができるだろう。

また、日本の一般社会における「宗教嫌い」が、オウムの「科学的検証」という姿勢を受け入れさせるような土壌を形成した、とも言える。理系の学部に進学した廣瀬健一は、宗教への不信感を持っており、ＴＭ（Transcendental Meditation）に入会した理由も、ＴＭが「(自分たちは)宗教ではない」と宣伝していたことや、脳波計などを用いて瞑想の科学的分析を行なっていたからであると述懐している。その後、オウムの書籍を読解するなかで、「今まではない実証的なもの」をオウムに見いだすのである。

「真理探究」番組の内容は、当時の日本人にとっても馴染みのあるものであった。その番組に引用されている科学的知識は高校から大学の初学者レベルのものであるのに加えて、ＮＨＫで放送された「ＮＨＫサイエンススペシャル　驚異の小宇宙　人体」などからの引用もはさみこまれていたことを追記しておきたい。

二　二〇一〇年代前半のロシアにおける「オウム」

地下鉄サリン事件以後、日本ではオウム真理教は「破壊的カルト」の典型例として報道されるのが常となっていった。しかし、ロシアでは異なった展開が起こる。事件から十数年を経た二〇一〇年代前半のロシアにおけるオウムに関わる動向に注目し、ロシア・日本両国におけるオウムに関わる記憶のズレを明らかにしてみよう。

（1）地下鉄サリン事件後のロシアにおけるオウム（一九九五年〜二〇〇〇年代）

実は地下鉄サリン事件が起きる以前に、ロシアではオウムの布教活動中止を求める運動が行なわれていた。運動を担っていたのは、「全体主義的セクトから青年を守る委員会」である。ロシアでは、「カルト」という言葉はあまり用いられず、代わりに「全体主義的セクト」という言葉が用いられている。「セクト学」の専門家として知られる研究者もいる。「全体主義的セクト」の代表的存在とされるのは、オウムのほか、統一教会やエホバの証人などである。

一九九五年三月二〇日の地下鉄サリン事件の後、ロシアのオウムは、すぐ活動禁止が命じられ、翌四月には宗教法人としての登録を抹消されている。その後、ロシア支部に残っていた唯一の日本人である大内利裕も、一九九八年三月、事件の三年後には、国外退去の処分を受けている。

地下鉄サリン事件の翌年の一九九六年に、二六〇人のロシア人信者がいたとされる。その約十年後の二〇〇四年には、約三〇〇人のロシア人信者がおり、その大半がモスクワ在住であることが知られている。

地下鉄サリン事件から二〇〇〇年代にかけてのロシアで、オウムに関する代表的な事件が二つある。一つは、いわゆるシガチョフ事件、すなわちシガチョフ首謀による麻原奪還計画である。二〇〇〇年七月に開催された沖縄サミット（第二六回主要国首脳会議）に合わせて、日本でテロを行ない、麻原をロシアに移送するという計画が立てられ、二〇〇〇年から翌年にかけて、計画した五人が三〜八年の禁固刑を受けている。

もう一つは、二〇〇五年二月にモスクワ市内で起きたロシア人信者死亡事件である。ロシア人信者が運営するヨーガ教室で、麻原の教えにもとづく「温熱修行」を行なったロシア人信者が死亡している。このとき、このヨーガ教室には日本人信者もおり、事件後、日本人信者は全員、一時帰国したとされている。

(2) ウェブ上でのオウムに関わる情報

二〇一〇年代前半においても、オウムに関わる活動は、ロシア語世界において、活発に行なわれている。以下では、ウェブ上の活動、およびモスクワ近隣の現地での活動を見てみよう。後者については、セクト学者のA・ドヴォルキンによる調査にもとづいている。そのうえで、ロシアでの仏教の興隆という視点から、昨今の状況を考察する。

ロシア語で書かれた「オウム真理教」の公式ウェブサイトは、オウムに関する最新情報を更新している（URL: http://www.aum-sinrikyo.com/）。このサイトを運営しているのは、モスクワ在住の信徒であるとされている。オウムの信者あるいは共鳴者が運営していたサイトは、過去に公開と閉鎖を繰り返しているが、二〇一五年時点で見ることができる右のサイトは、二〇一一年に運営が開始されたと見られている。

この公式サイトで提供されている情報は、動画、音楽、テキスト、体験談など多岐にわたる。

テキストとしては、オウム真理教の著作物に加えて、弁護士の安田好弘の著作や渡辺脩の発言などのロシア語での紹介がある。また、前節で紹介した脳波測定器による「科学的検証」の結果も掲載されている。

公式サイトの注目すべき点を挙げる。まず、サイトの中央にある「彼らはきっと戻ってくる！」という言葉が目をひく。また、麻原やその教えを権威づけるために、「知識人の評価」として、日本知識人のコメントを掲載しているページもある。そこには、中沢新一、中島尚志、吉本隆明のコメントが掲載されている。中沢新一のコメントは、宗教の本質をなす「聖なる狂気」という言葉を中沢が口にしたときに、麻原がすばやい反応と正しい理解を示したことについてのものである（『週刊プレイボーイ』一九九五年五月三〇日号掲載）。中島尚志のコメントの出典は明らかではないが、中島は吉本隆明のコメントを引用したうえで、「私は麻原と実際に会って話をし、彼の本を読みました。正直に言えば、私は『この人は神秘体験を理解し、それを受け入れたんだな』と思いました」と述べているコメントが掲載されている。吉本隆明のコメントは、地下鉄サリン事件の約半年後、一九九五年九月五日付の産経新聞に掲載されたインタビューである。「私（吉本）は麻原氏を宗教家として力を持っている人だと評価している」と述べているコメントを取り上げた上で、麻原の著作『生死を超える』を「とても良い本だ」と評価しているくだりを取り上げている。（この三人のコメントは、顔写真とともに掲載されていた（二〇一五年三月二十三日閲覧確認）が、その後サイトの改変が行なわれた（四月八日閲覧確認）。独立したページに顔写真つきで掲載されていた三人のコメントは、「グルについてのことば（スロヴァー・オ・グル）」というページにまとめられ、ダライ・ラマ十四世など宗教指導者たちが麻原を評価しているコメントの後の方に掲載されている。三人の顔写真は削除され、中沢新一の名前は、セリザワ・シンイチに変更され、吉本隆明の名前は、ヨシモト・タカアシとされたうえで、吉本のコメントの一部は中島尚志のコメントとして掲載されている。また、劇作家・演出家の山崎哲のコメントが加えられている。）

日本では、オウムや麻原を評価した知識人・宗教学者に対して、地下鉄サリン事件後に激しいバッシングがなされ、今日においても、麻原や事件に関わった信者を擁護するような発言は強い批判を受ける。ここにあげた、中沢や吉本の肯定的評価は、今日、日本語のウェブサイトで再掲されることはあっても、それは批判の対象として取り上げられるのみである。他方、ロシア語のウェブサイトでは、知識人たちによる肯定的評価が今も掲載されているのである。日本とロシア語世界のオウムに対する評価の大きな違いを見て取れる。

体験談は「到達（ドスティジェーニエ）」と名付けられたページに掲載されている。修行を通じて、どのような力を獲得したか、個別のエピソードが掲載されている。例えば「千里眼」と名付けられた体験談には、瞑想中に見た外の自動車事故の光景が、その時、現実に起きていたことだということを知ったときの驚きが語られ、瞑想によって「千里眼」の能力を獲得したと述べられている。

また、ある体験談では、ロシア人信者が一九九三年に麻原に初めて会ったときのことを述懐するというかたちで語られている。最初は「尊師」に対して否定的な感情を抱き、その正体を暴こうとして近づくのだが、戸口に立つ「尊師」を見たとき、自分の意識が「父よ！」と叫ぶのを聞き、その後、空中浮揚を体験する、という体験談である。

このようにロシアにおいては、オウムの修行によって得られる超自然的な力への信仰は生きていて、「尊師」である麻原も「偉大な師匠」「グル」として人々の身近にいるのである。麻原の肉声は、麻原が歌う歌を通して、また、ロシア語字幕つきの学園祭の講演会の動画を見ることで、いつでも聞くことができる。つまり、ロシアにおけるオウム・ロシアにおける麻原は、いまだ影響力を保持した存在なのである。

オウムに関して、どのような著作がロシア語訳がなされ、公式サイトに掲載されているのかを、以下に示しておく。

まず、挙げておきたいのは、麻原の主任弁護人を務めた安田好弘の著作『「生きる」という権利　麻原彰晃主任弁護人の手記』（講談社、二〇〇五年）のロシア語訳である。これは以下のサイトに全文ロシア語訳がある。

URL: https://docs.google.com/file/d/0B2XFajPLIHxgTGVNNUJGLWdpaWs/edit?pli=1

この著作の紹介文には、「彼（安田）の熱意のおかげで、（麻原の）裁判の不条理と不公平とが明らかになった」という記述がある。また、安田氏は麻原の裁判が始まって二年半後に逮捕されているが、逮捕の理由について、「前もって定められていた犠牲者（麻原）に制裁を加える邪魔をしないためである」としている（（　）内はいずれも筆者による補足）。

またオウム真理教関連の書籍のうち、ロシア語の全文訳があるのは以下のものである。『生死を超える』（一九八六年）、『イニシエーション』（一九八七年）、『マハーヤーナ・スートラ』（一九八八年）、『滅亡の日』（一九八九年）、『タターガタ・アビダンマ』（第一誦品〜第三誦品）（一九九一〜九二年）、『キリスト宣言』（Part 1,2）（一九九一年）、三『STEP TO 真理』（一九九二年）、『色別恋人判定法』（一九九二年）、『ボーディサットヴァ・スートラ』（一九九四年）、三浦英明・安田好弘・渡辺脩『麻原を死刑にして、それで済むのか?』（三人の論考の抄訳集）。

公式ウェブサイト以外に、オウムに関する動画、音楽、テキストなどを掲載しているサイトがある。その代表的なものが、次の三つである。このうち、三つ目の「マハーヤーナ・スートラ」というサイトは、とりわけ麻原の写真と音楽を数多く掲載している点で特徴的である。

Live Journal 上のオウムに関わる二つのサイト

① URL: http://asaharasonshy.livejournal.com/

② URL: http://sinrikyo.livejournal.com/

「マハーヤーナ・スートラ」という名称のサイト

③ URL: http://mahayana.narod.ru/index.html

（3）モスクワ近隣の活動とロシアにおける仏教の興隆

二〇一三年時点で、モスクワから約三五〇キロメートル離れたウラジーミル地方のエリツァが、冬の間の活動拠点となっていることが知られている。エリツァは一九九〇年代末から二〇〇三年初頭までロシア人信者が施設を建設し、活動拠点のひとつになっていたが、二〇〇三年二～三月に、施設閉鎖および土地売却がなされたと報じられていた。また、ロシア人信者が「白い睡蓮（ベールィ・ロータス）」の名前で活動を行なっていることや、信奉者が飲料水関連などの会社を経営していることが知られている。

ここでロシアにおける仏教、とりわけチベット仏教の興隆という点に注目して、オウムとの関係についてみていくことにしよう。ロシアにおける仏教は、歴史的には、ブリヤート人、カルムイク人、トゥバ人のあいだに広まっているチベット仏教が中心であるとされ、仏教の信奉者は、ロシア全人口の約一％以下とされている。つまり、非ロシア人（国籍はロシア連邦であるが、民族的には非ロシア人）の間で信奉・実践されているのが仏教であると歴史的にみなされてきた。ロシア仏教の中心地といえるブリヤート共和国の仏教者たちは、ダライ・ラマ十四世との関係性については口をつぐみ、むしろブリヤート共和国の仏教の独自性を強調し、ブリヤートから、キリスト教の宗教改革に比するような、仏教改革運動を起こしていく、という気概に満ちている。その背景には、ロシアと中国の関係が比較的良好であることなどから、ダライ・ラマ十四世の訪露ビザが、近年発給されていないという事情もある。

今日的な特徴といえるのは、ブリヤート人、カルムィク人、トゥバ人だけでなく、民族的ロシア人の間にも、チベット仏教の実践は広まりつつあることである。とりわけ、西欧出身の、あるいは、西欧に滞在経験のあるチベット仏教の指導者が民族的ロシア人の間で受け入れられているという印象がある。

例えば、ロシアの「カルマ・カギュ派ロシア仏教協会」は、カルマ・カギュ派のラマ・オレ・ニデル（一九四一〜）を指導者と仰いでいるが、ラマ・オレ・ニデルはデンマーク人で、カルマパ一六世の初の欧米人弟子となり、カルマ・カギュ派の少数派（シャマル派）がカルマパ一七世と仰ぐティンレー・タイェ・ドルジェのもとで欧米を中心に活動を行なっている人物である。筆者がハバロフスクにあるこの協会の支部を見学した時には、ラマ・オレ・ニデルとその妻の肖像写真が飾られていた。

また、チベット仏教ニンマ派およびボン教に伝わるゾクチェンを指導するナムカイ・ノルブ・リンポチェ（一九三八〜、チベット出身）を指導者と仰ぐ国際ゾクチェン共同体があるが、このロシアのセンター「クンサンガル」は、モスクワやサンクト・ペテルブルグを含め、約四〇の都市に支部を持ち、ロシア人メンバーを多く集めている。

日本でも訳書を通して知られているナムカイ・ノルブ・リンポチェは、ニンマ派により高名な導師（アゾム・ドゥクパ導師）の転生活仏であると認定されている。また、ブータン国の建国者でもあった導師（シャブドゥン・リンポチェ）の転生活仏としてカルマ・カギュ派により認定されている。彼はチベット動乱後の一九六〇年からイタリアに在住し、ナポリ大学の東洋学研究所で教鞭をとった。

ナムカイ・ノルブ・リンポチェが初めてロシアを訪れたのは、一九九二年のことであり、モスクワ、サンクト・ペテルブルグ、ウラン・ウデ（ブリヤート共和国首都）で説法を行なっている。一九九八年秋の訪問時に、モスクワ近郊を拠点に定めて「クンサンガル」と命名、一九九九年七月には一五〇〇人の弟子とともにその施設で初めて瞑想を行ない、二〇〇一年六月にも同様の瞑想を行なっている。なお、この高僧の瞑想には、日本人信者大内の逮捕後、ロシアの元オウムメンバーが二百人ほど参加しているという。

このように、西欧出身、あるいは西欧に滞在経験のあるチベット仏教の高僧が指導する団体が発展している。つまり西欧を経由しているからといって、仏教の教えの真正性が減じるというような発想はないと考えられる。むしろ、西欧を経由している方が、ロシア人にとって受け入れやすい仏教なのかもしれない。

これから推測するなら、オウム真理教が「日本経由の仏教」として受け取られることに、ロシア人としての格別の抵抗はなかった可能性がある。

おわりに

本章では、一九九〇年代前半のロシアにおいて、修行の科学的検証というオウムのアプローチが有効であったことを、「宗教と科学の統合」を志向するロシアの知的土壌との合致という点から明らかにした。また、ロシア人科学者のお墨つきを得たことが、麻原の教えの権威づけとなったことを指摘した。

さらに二〇一〇年代前半においては、ロシア語のウェブ世界での活発な活動を紹介することで、ロシアにおいては麻原彰晃の率いるオウム真理教が今なお影響力を保持していること、そして、日本語の世界とロシア語の世界では、麻原とオウムをめぐる認識・記憶にかなりの相違があることを指摘した。ロシア人の間で欧米や日本経由の仏教が興隆している背景として、これらの地域を経由して伝えられた仏教であるということが、仏教の真正性を保つ上で、必ずしもマイナスにはならないことがある。

本章を通して読者に注意を喚起したいことは、次の二点にまとめられる。一つはオウム真理教について、国内問題としてのみとらえていては、今後のオウムに関わる全体的動向は読めないということである。二節で見たように、ロシアにおける「麻原率いるオウム」は現在進行形のものと言える。とりわけ、今日のロシア語ウェブ世界では、麻原の存在感は、一九九〇年代前半の日本と同様に、なかなかのものである。今後、ロシア語ウェブ世界の活動が、日本における活動に影響を与えることも視野に入れる必要があるだろう。

もう一つは、他の章でもふれられているが、科学的装いや知識人によるお墨つきに騙されてはいけない、ということである。ロシアの科学者がオウム真理教の真実性を認めたというような筋書きを与えられると、それを普通の人が検証するのは、きわめて困難になる。ロシアにおける当該研究者の位置づけを確認することはよほどの専門家でもない限り、非常に難しい。

テレビなどではときおり、宇宙人やＵＦＯの存在を実証するという番組がある。あるいは霊能力を持った人物を検証する番組がある。こうしたとき、国外でインタビューした研究者と称する人のコメントが紹介されたりする。疑わしい内容と感じても、はたして当人が放映された通りにしゃべったかどうか、確認するのは事実上きわめて難しい。

ではどのような手立てがあるだろうか。ここで示したようにロシアの科学者を介してなされたオウム真理教の主張も、テレビ局の番組を使った主張も、それらを批判する人たちの情報を合わせて読めば、その妥当性を考えるための広い視野が得られる。少なくとも外国の研究者や報道が評価しているから正しいに違いない、というような単純な考えは留保すべきである。「自分たちの教団の正しさが検証された」という類の主張に直面したときは、当該団体が発信する一方的な情報にのみ依存するのではなく、それを批判する情報はないか、どちらが適切に論じているかを判断しようとする態度があっていいだろう。これも宗教情報リテラシーの一環である。

参考文献――さらに知りたい人のために

井上順孝『若者と現代宗教――失われた座標軸』筑摩書房、一九九九年

本章で取り上げた日本とロシアにおけるオウム真理教の広範な普及については、本書で著者が指摘する「ハイパー宗教」という視点を切り口にすると、より理解がしやすくなる。一九八〇年代以降、宗教のありかたが変化してきた。伝統的に受け継がれてきた各々の宗教の体系的なまとまりから、情報が個別に遊離して、自由に結びつき、科学やビジネスとの境界が曖昧になる。そのように伝統と断絶した宗教を「ハイパー宗教」と著者は定義している。

島薗進『精神世界のゆくえ――現代世界と新霊性運動』東京堂出版、一九九六年

本章で述べたロシアにおける「科学と宗教の統合」というモチーフは、欧米におけるニューエイジ運動においても、ひとつのモチーフである。ロシアの精神世界を理解する上で、ニューエイジ運動および本書の著者が「新霊性運動」と呼ぶ運動の思想・実践についての説明は大きな助けとなるだろう。

特別寄稿　地下鉄サリン事件遺族の二〇年

高橋シズヱ

一　サティアンがあった場所

「オウム真理教のサティアンがあった所に行ってみたい」

地下鉄サリン事件から二〇年の追悼行事を計画しているときに、被害者の中からそんな声が出た。犯罪被害者の時計は止まったままなどとよく言われる。事件後の精神的な症状には、感情が麻痺したり、事件に関わることを避けたり、警戒心が強くなってそれまでと同じような生活ができなくなることがあるが、二〇年近くたつ頃に、やっと加害者側に目が向くというのは、まさにこういうことなのだと、遺族の私が言うのもおかしなことだけれど、そう思った。

サティアンがあった上九一色村（現在は富士河口湖町）に、私は四、五回行っているが、オウムの施設はすでに全部取り壊されて何もないことは知っていた。現在はどうなっているのか、ちょっと調べてみると、富士山総本部道場の跡地が盲導犬の訓練センターになっていて、その片隅に、かつて地元住民がオウムと闘ったことが記されている「団結の碑」がある。また、假谷さん事件や信者リンチ殺人があった施設の跡は公園になっていて、そこには慰霊碑がある。当時を忍ばせる物はこれくらいだった。

私が上九一色村に最初に行ったのは、事件から二年後の一九九七年二月、ジャーナリストの江川紹子さんからの奇抜な誕生日プレゼントだった。それまでに裁判を傍聴していて、サティアンとか、コスモクリーナー、シールドルームといった言葉が出てきたが、私にはよくわからなかったから、それはとても興味ある贈り物だった。

はたして、今や世界文化遺産となった富士山の麓に、いやしくも宗教団体を名乗っていたオウムのサティアンと呼ばれた教団施設は、ニュース等で見聞きしていたとはいえ、宗教とはかけ離れた異様さがあった。こんな所でサリンが作られ、こんな部屋で地下鉄車内に撒くという指示が伝えられたのか。サリンを撒けば大勢の犠牲者が出ることがわかっていながら、実行犯たちはどうして唯々諾々と命令に従ってしまったのか。

二　すべてが一変

一九九五年三月二〇日の東京は大混乱に陥った。無辜の一般市民六二八六人が受傷し、内一三人が命を落とした。

その死亡者の一人が夫だった。夫は営団地下鉄（現在は東京メトロ）霞ケ関駅の助役だった。朝のラッシュアワーに、千代田線のホームで勤務中、液体が漏れ出している異物を車内から運び出して倒れた。事件が起きた日は、朝の仕事が終われば帰宅するはずだった。翌日の司法解剖から帰された夫は、棺の中に横たわり冷たくなって、すっかり変わり果てた姿になっていた。

どうしてこんなことになってしまったのか、前日の泊まり勤務の夜には電話をかけてきて旅行の話をしたのに。私たちは、五月に行く結婚記念日の旅行の計画を始めたばかりだった。毎年、三人の子どもたちが祝ってくれた。ちょうど二男が高校を卒業したし、私たちそれぞれの両親も元気でいるので、夫婦で気楽に過ごせる時期がきたと思っていた。

すべてが一変してしまった。

いつも「後悔しない日々を送ろう」と心掛けていたから、夫に対しても後悔するようなことはないけれど、事件が起きた日の子どもたちには後悔していることがある。

搬送された病院で、夫から離れることができないでいる私に、「もう泣くのやめなよ、俺だって我慢しているんだから」と言った長男。夫と同じ地下鉄の制服を着てうなだれている姿を見ていながら、心配することも慰めることもしてあげられなかった。職場から駆けつけてきて、ベッドにすがって「お父さん！　お父さん！」と泣き叫んでいた長女。しっかり抱きしめてあげればよかった。外出していて連絡が取れず遅れて来た二男に、少しでも悲しみが増えないように言葉をかけてあげればよかった。

青白く動かない夫の、子どもたちにとっては父親の、その前でそれぞれ心が潰れてしまいそうだったのに、何も良い手当ができないまま、何年もがたってしまった。

三　被害者の会

その間に、私は「地下鉄サリン事件被害者の会」の代表世話人として駆け回っていた。会の活動の目的は被害者救済だった。被害の賠償責任は、もちろん加害者であるオウム信者や教団にあるので、被害者や遺族は民事訴訟を起こし、さらに教団を破産にも追い込んだ。

地下鉄サリン事件に関しては国にも責任がある。坂本弁護士一家殺害事件後、松本サリン事件では長野県警が、第一通報者の被害者を、地下鉄サリン事件が起きるまで容疑者扱いしていた。江川さんホスゲン襲撃事件が起きても、水野さんＶＸ事件が起きても、永岡さんＶＸ事件が起きても、警察はオウム真理教を捜索しなかった。假谷さん事件が起きたことで初めて捜索の機会につなげた。しかし教団幹部は強制捜査が間近いと察知し、教祖麻原に、地下鉄にサリンを撒いて捜査を攪乱させたらどうかと進言した。その結果、地下鉄サリン事件が起きてしまい、警視庁と長野県警の強制捜査は間に合わなかった。

最近になって、教団がロシアから購入した大型軍用ヘリコプターのことが話題になることがあった。教団は、ＪＲ山手線内にサリン七〇トンをヘリコプターで撒く目論みを持っていたから、もしそれが実行されていたらもっと甚大な被害になっただろう、そういう意味では地下鉄サリン事件が七〇トン散布を食い止めたのだ、というのだ。確かにそうなのだろう。しかし、愛する家族を殺された遺族や、サリン中毒の後遺症で苦しんでいる被害者にとっては、二〇年たっても、一生かかっても、「地下鉄サリン事件がさらなる大被害を食い止めた」という視点を持つことはないだろう。

閑話休題。地下鉄サリン事件が起きるまでオウム真理教の捜査を行なわなかった国に対して、被害者や遺族は経済的な対策や、サリン中毒の後遺症対策を講じるよう要請した。しかし、前例がなく、法律もないテロ事件の被害者救済のために、行政は動こうとしなかった。

事件が起きるまでの私は、銀行のパート勤務をしていた。まさか裁判に関わったり、政治家に要請することなど想像もしていなかった。幸いにも、地下鉄サリン被害対策弁護団の弁護士や破産管財人が、ありとあらゆる可能性を視野に被害者救済策を打ち出し、ロビー活動を展開してくれた。私も必ず同行した。総理大臣や関係省庁、都庁、山梨県など行く先々で「遺族がこうして頭を下げてお願いしているのです、どうか」と懇願した。後年、ある弁護士から「遺族にあんなことを言わせてはいけないと、奮起したんですよ」と打ち明けられた。

私にできることは、遺族の生の声を発信することだった。取材を受け、講演で訴え、文章を書き、節目の集会を開き報道してもらうことだった。そのための苦労は尽きなかった。

国内の動きが鈍いなら、被害者支援が進んでいる欧米から後押ししてもらおう。二〇〇五年三月の追悼行事には米国九・一一テロ事件の遺族や支援者を招聘してシンポジウムを行なった。九・一一テロ事件の被害者遺族には迅速で手厚い支援が行なわれていることを聞いていた。〇六年はシーファー駐日米国大使と英国総領事をご招待し、九・一一テロ事件とロンドン地下鉄テロ事件の被害者に哀悼の意を表した。その後、ロンドン市長からお礼の手紙が届いた。

〇七年は、被害に遭わなかった一般の人たちから手記を募集して『私にとっての地下鉄サリン事件』という本を作った。地下鉄サリン事件は、要請活動をしている被害者や遺族だけではなく、誰もが被害者になり得るテロ事件だったことを強調した。その時期、私は「犯罪被害者等基本計画」による経済的支援の検討会の構成員になっていたので、その本を検討会で配布したり、自民党はじめ各政党へ被害者救済を実現してもらうための説明会で配布することができた。

そして〇八年六月、事件から一三年経って、遂に「オウム真理教犯罪被害者救済法」が成立した。国会を傍聴していて、全会一致の表示に目頭が熱くなった。

代表世話人として、私はできる限りのことをしたと思っている。しかし、サリン中毒の後遺症という健康被害の問題は、遺族の私にはいかんともしがたかった。すでにそれまで何十回も後遺症の話をしてきたが、次第にアピール度が弱くなっていくと感じた。被害者から聞いている症状をくり返し話すしかない私の言葉より、被害者本人が直接話した方がはるかに訴える力が強いのだが、被害者もいろいろ事情があって訴えることができないのだろうと思う。

定期的な健康診断などの実現は残されたままだが、救済法が成立した頃には、ほっとしたのと同時に疲れも感じた。事件の日にふっと戻り、あれから一三年も経っているのに、ゆっくり夫のことを考える暇がなかった、考えることができなかったと、虚しく、夫に申し訳なく思った。振り返れば、私自身も子どもたちをも顧みることなく「事件」の中でせわしく動き回っていた。一歩外に出れば「麻原はまだ死刑になってないの？」と聞かれたり、見知らぬ人には「もしかして、オウムの高橋さん？」などと言われることもあった。もうイヤだ、自分の生活を取り戻したい。「地下鉄サリン事件の遺族」の名札を外したい。心からそう思った。残りの人生設計を思い描くことができなくて焦りもした。

四　逃亡犯人の逮捕

二〇一一年一一月に、それまで一審、控訴審、上告審と争ってきた最後の被告人の死刑が確定した。そのころ我が家は、引っ越し先も決まり、周囲の人たちに「遺族」と気付かれない生活が始まることを心待ちにしていた。私が、夫が亡くなった五〇才になったとき、夫が生きられなかった人生が私に有ることは「おまけ」だと思って生きてきた。でも、これからは私自身の人生を歩もう、「あと十年」、そしてその時が来たら、また「あと十年」と見通しを立てて生きようという気持ちになってきた。

二〇一二年元旦、郵便受けから年賀状を取って戻ってくると、まもなく電話がなった。逃亡していた平田信が出頭、逮捕されたと言う。私のコメントを求める報道関係者からだった。それからというもの、電話が鳴りっぱなしになった。

何ということだろう。どこまでオウムに振り回されるのだろう。逃亡犯が逮捕されたことで今後何が起こるのかを考えるより、また私の生活が乱されるだろうことへの苛立ちの方が強かった。

それから半年後、残る逃亡犯二人、菊地直子と高橋克也が逮捕された。地下鉄サリン事件から十七年にもなっていた。

裁判は裁判員制度がとられるようになり、被害者参加制度も実現した。被害者参加制度とは、被害者や遺族、あるいはその代理人が、傍聴席ではなくて検察官の隣に座って裁判に関わることができるというものだ。私は二〇〇九年八月に東京地裁では初めての裁判員裁判を傍聴したが、すでに行われていた被害者参加制度を利用した裁判を見たのもその時が初めてだった。裁判官三人に加え、裁判員六人と補充裁判員、そして参加人としての遺族とその代理人がいる法廷は、いままでより物々しく、いかにも市民裁判の感じがした。

平田信被告は、逮捕監禁罪（假谷さん事件）、爆発物取締罰則違反、火炎瓶処罰法違反で起訴され、オウム裁判で初めての被害者参加人になったのは、殺された假谷清志さんの長男・実さんだった。オウム裁判ならではのこととしては、死刑確定者が何人か証人出廷することだった。この場合、証人席は遮蔽され、さらに、傍聴席との間も防弾性（と言われている）アクリル板で仕切られた。参加人席の向かいにいる被告人はどのように見えるのだろう。死刑確定者はどのような様子なのだろう。地下鉄サリン事件で実行犯を送迎する運転手役だった高橋克也被告の裁判には、私も被害者参加人として公判に出席しようと思った。

それにしても、裁判で地下鉄サリン事件の詳細が語られた一審の裁判からどれくらいの年月がたっているのか、おそらく七年以上も前のことになるだろう。九五年一二月に初めてオウム裁判を傍聴して以来、霞が関の裁判所に四〇〇回以上通い続けたのは、夫を殺されたからに他ならないが、なぜサリンなのか、なぜ夫なのか、という怒りがそのエネルギーになっていた。その後、次々と被告人たちの死刑が確定し、もう終わったと思った。新しい地での生活も始まっていたので、裁判で語られていた事件の詳細は、徐々に記憶が薄れてきていた。

あの時の怒りのエネルギーを取り戻したい。検察官に被害者参加人の申請をするにあたり、それが、事件から二〇年近く年取ってしまった私に一番必要としたものだった。

五　サティアンの跡地を訪れて

前述の「サティアンがあった所に行こう」という視察の提案が、オウム真理教犯罪被害者支援機構とオウム真理教被害対策弁護団に了承され、二〇一四年七月に出かけることになった。被害者参加しようとしている私にとって、オウム裁判の原点に戻る絶好の機会になると思った。地元住民の男性が案内と説明を引き受けてくれた。オウム真理教が上九一色村に進出してきた頃からの写真も見せてもらうことになった。当時、地元では次々と増えて行くサティアンと信者に、村が乗っ取られるのではないかと不安になったという。夜中までうるさいマントラの声、通行を邪魔する（サティアン建設の）トラックや重機に悩まされ、サティアンから吹き出る白煙や異臭に恐怖を感じたという。この視察の事前説明で、私は、一〇棟以上もあるサティアンを「サティアン群」と言ったが、この場所を初めて訪れた被害者や若い弁護士は、結構広い地域に点在していたんですね、と言った。すると地元住民の男性が、信者がサティアン間の移動に使っていた教団のバスの写真を見せてくれた。教祖麻原の自宅やシールドルームと呼ばれる信者の個室があった第6サティアンや、サリン工場だった第7サティアンの跡地は、背の高い草が生い茂り、すぐ前の道路を走っても通り過ぎてしまうほど景色は変わっていた。私たち一団は、最後に本栖湖に行った。そこは假谷清志さんのご遺骨が細かく砕かれて流された場所。私たちが一本ずつ湖に差し入れた菊の花は、静かに岸を離れて行った。辛い、悲しい一日だった。

毎年、坂本弁護士一家三人のご遺体が発見された九月に慰霊の旅を実施している弁護士に、高橋さんも行きませんか、と誘われた。オウム事件の原点とも言える坂本事件から二〇一四年九月で二五年になる。坂本堤さん、都子さん、龍彦さんの慰霊は、いつも気にかけていたが、それぞれ発見された新潟県、富山県、長野県の三カ所の場所がわからず、自動車で移動しなければ行かれないような場所なのに運転もできないので諦めていた。「もう坂本の同窓会のようなものですから」という、そんな親密な弁護士同士の旅行に、初めての私が同道するのは申し訳ないと思ったが、坂本弁護士の無念さをしっかり心に刻んでおきたいと思ったので、連れて行ってもらうことにした。三現地には、立派な慰霊碑が設置されていた。しかし、ご遺体が発見された場所は、本当に涙が出るほどひどい場所だった。一九八九年一一月四日未明に殺害されてから地下鉄サリン事件が起きた年の九月まで五年一〇月もの間、一家三人がバラバラに埋められていたのだ。裁判で聴いた実行犯たちの残虐な行為の証言が思い出された。それに引き換え、いかに坂本堤弁護士が、こうして毎年慰霊を続ける弁護士たちに慕われ、思い出の中で生き続けていることか、オウム信者の対極を見た。

六　高橋被告はなぜ謝罪できないのか？

高橋克也被告は、ＶＸ事件、假谷さん事件、地下鉄サリン事件、都庁爆発物事件の四事件で起訴された。私は、裁判所に申請していた被害者参加が認められた。とは言え、被害者参加できるのは、地下鉄サリン事件が審理されるときだけだ。それ以外のときは傍聴席から見届けることにした。四つの事件は切り離せても、一連の事件に関わった被告人は切り離せない。逃亡していたために、これまでの裁判ではあまり語られてこなかった被告人が何をして、何を考えていたのか、知りたいと思った。

二〇一五年一月一六日、一年前の平田信被告の初公判と同じ日に、高橋克也被告の裁判が始まった。東京地裁前は報道陣が詰めかけ、カメラはひな壇になって構えていた。その前を通り、裁判所に入る。一〇四号法廷は一番大きい法廷で、傍聴席は九八席ある。事件全体の冒頭陳述が行なわれるため、被害者参加人の席にはＶＸ事件の被害者、假谷さん事件の遺族と代理人弁護士、地下鉄サリン事件の被害者の家族と代理人弁護士と私の、六人全員が座った。

法廷に入ってきた高橋克也被告は、逮捕されたときニュースで見ていた容貌より痩せているようだった。刑務官に促されるまま、フワッと入り被告人席に座った。裁判官と裁判員も入廷し、法廷内には廷吏や警備も含め、一五〇人以上の人々が被告人に注目していた。覇気のない暗い印象の被告人は、異常なほど瞬きをくり返し、落ち着かない様子だった。被告人は、被害者や遺族がいることを知らされていると聞いていたが、会釈どころか、目を合わそうともしなかった。

公判はＶＸ事件から假谷さん事件へと時系列に回を重ねていったが、高橋克也被告は、入廷から退廷まで相も変わらず、会釈をする様子もなかった。

私が事件後まもなくに会った脱会信者たちは、「私たちは事件に関わっていないけれど、私たちのお布施が教団を支えていたことは事実です」と言って頭を下げた。

坂本都子さんのお父さんは「私たちがもっと警察を動かして（坂本事件の段階で）解決していれば、地下鉄サリン事件は起きなかったのです」と、悔しそうに言った。

ＶＸ事件で瀕死の重傷を負った永岡さんとも話をした。私が元信者だった息子さんと話をしたことがあるので、「家では、高橋さんに申し訳ない、って涙ながらに話しているんです」と打ち明けてくれた。永岡さんは、いつも地下鉄サリン事件の被害者に遠慮している。この初公判の後の記者会見でも、私と並んで座ることをためらっていたと聞いた。

昨二〇一四年、オウム施設の跡地視察に行ったとき、地元住民の人は「教団が何をしているのか、もっと早くわかっていれば地下鉄サリン事件は防げた」と唇をかんだ。

高橋克也被告は、地下鉄サリン事件から二〇年もの間、被害者や遺族が苦しみ、悲しみ、怒りの納め所がないばかりになかなか前向きになれないでいることを、ニュースや本で知ることはなかったのか。数々の事件の被害者や遺族や旧上九一色村の住民たちが、お互いに自責の念を抱いているとことなど考えたこともないだろう。脱会した若い信者たちは涙を流しながら謝罪していたのに、オウム真理教から分裂した「アレフ」と「ひかりの輪」は被害賠償も完遂させないまま、組織活動を活発化させていることにこれっぽっちも責任を感じることはないのだろうか。

これから地下鉄サリン事件の審理になったら、私は被害者席で、高橋克也被告と向かい合って座る。どのような展開になるかわからないが、数々の事件を起こしたオウム真理教の一員だった者として、少なくとも被告人でいる間に、謝罪する気持ちになってほしいと思う。

宗教事件年表

杉内寛幸・塚田穂高 作成

年	オウム真理教関係事項	関連事項
1955	3・2 麻原彰晃（本名 松本智津夫）、熊本県八代郡金剛村（現 八代市）に生まれる	
1976	9・6 麻原、熊本で傷害罪を起こし、罰金刑	
1977	麻原、上京	
1978	1・7 麻原、松本知子と結婚 この頃、千葉県船橋市で鍼灸院を開業する	11・18 南米ガイアナのジョーンズタウンの人民寺院で集団死事件。信者914人が死亡
1979		12 イエスの方舟に対し、『婦人公論』誌を皮切りに、翌80年にかけサンケイ新聞などの批判キャンペーン
1982	7・13 麻原、薬事法違反の罪で罰金刑 この頃から「麻原彰晃」を名乗り、宗教的活動に入る	
1984	東京都渋谷区でヨーガ・サークル「オウムの会（オウム神仙の会）」設立 5・28 「株式会社オウム」を設立登記 12 丹沢で第1回セミナーを開催（～1985・1）	
1985	9 雑誌『トワイライトゾーン』『ムー』10月号に麻原の「空中浮揚」写真が掲載	
1986	2 麻原、『トワイライトゾーン』に連載開始	11・1 真理の友教会（和歌山市）の「神の花嫁」

※頭の数字は発生の月日あるいは月

	2・18『プレイボーイ』2月18日号に麻原を取材した記事が掲載 3・25 初の著作『超能力「秘密の開発法」』出版 夏頃 麻原、インド・ヒマラヤで「解脱」を得たとする 秋頃 出家制度発足 10 本部を世田谷区へ移転	7人が、前日病死した教祖の後を追って、焼身自殺
1987	2 麻原、インドを訪問し、ダライ・ラマ14世と会談 6「オウム真理教」に改称 8・10 機関誌『マハーヤーナ』創刊 11 ニューヨーク支部を開設	2・13 霊感商法被害救済担当弁護士連絡会が発足 5 全国霊感商法対策弁護士連絡会が発足
1988	7・6 麻原、インドを訪問し、ダライ・ラマ14世と会談 8 富士山総本部道場完成 9 信者の真島照之氏が修行中に死亡。遺体は焼却される 11 東京・亀戸に東京総本部道場開設	聖神中央教会の金保、信者子女に暴行。韓国に一時逃亡 統一教会、霊感商法関係事件・訴訟が相次ぐ。その後も1990年代にかけて、訴訟が途絶えず続く
1989	2 信者の田口修二氏リンチ殺害事件 3・1 東京都知事へ宗教法人規則認証申請書を提出 8・16 政治団体「真理党」設立届提出 8・25 東京都から宗教法人の認証 10「サンデー毎日」が10月15日号より「オウム真理教の狂気」キャンペーン開始	9 本覚寺、東京寺務所（台東区）で、総務部長の僧侶が刺殺。同寺の元幹部ら4人が殺人・傷害致死容疑で逮捕

	10・2　幹部らがＴＢＳに抗議し、ＴＢＳ側は放送前の批判的コメント内容を見せる
	10・11　「こんにちは2時」で、麻原と、子どもが入信した永岡弘行氏が議論
	10・21　「オウム真理教被害者の会」設立
	10・26　フジテレビ系列「おはよう！ナイスディ」で、ワイドショーがオウムを初めて取り上げる
	10・31　幹部らが横浜法律事務所で坂本堤弁護士と面会
	11・4　坂本堤弁護士一家3人殺害事件
	12・6　麻原、宗教学者の中沢新一との対談「〝狂気〟がなければ宗教じゃない」が『ＳＰＡ！』12月6日号に掲載
	12・21　麻原の妻・松本知子へのインタビュー記事が『女性セブン』12月21日号に掲載
1990	2　岡崎一明、教団の財産3億円を持って逃亡
	2・18　衆議院総選挙で麻原ら25人が立候補し、全員落選
	3　ボツリヌス菌毒の研究を開始
	4　石垣島セミナーが行なわれる
	5　熊本県波野村への進出開始。地元住民と対立
	7・12　『別冊宝島114　いまどきの神サマ』に、島田裕巳「オウム真理教はディズニーランドである！」掲載
	8・3　大阪府内の父親4人が、妻が子供を連れて教団に出家したことについて大阪地裁に人身保護

請求。9月7日判決で10人の子供を夫側に引き渡すよう命令
10・22　国土利用計画法違反容疑で熊本県警が強制捜査。10～11月、幹部数人が逮捕
11・21　『熊本日日新聞』が「揺れる山里　ルポ　オウム真理教」の連載を開始（～1991・6）

1991

3・7　NIFTY-SERVE FMISTY「オウム真理教会議室」開設
3・15　江川紹子『救世主の野望――オウム真理教を追って』出版
3・23　信者子供の就学問題について、文部省が波野村教委へ就学促進を指導
春頃　山梨県上九一色村に教団施設群の建設を開始
6　麻原と荒俣宏の対談が雑誌『03』6月号（新潮社）に掲載
9・14　オウム真理教ネット開局
9・28　「朝まで生テレビ！」に麻原ら生出演。幸福の科学幹部らと対決
10　麻原、田原総一朗との対談が、『サンサーラ』10月号に掲載
10　麻原、「とんねるずの生でダラダラいかせて」に出演
11　モスクワに「ロシア日本大学」を設立
11・1　麻原、信州大学大学祭にて講演。11月24日までに東北大学、東京大学、京都大学の大学祭で講演

9・2　幸福の科学、「講談社フライデー事件」。『ＦＲＩＤＡＹ』の批判的報道をめぐり、会員が講談社に大量のＦＡＸを送信、業務に支障を与えた。その後、全国各地で会員が「宗教的人格権」を求め、マスコミ関係者に損害賠償を求める「精神的公害訴訟」を提訴。講談社側も損害賠償を求めて、提訴

11・4　麻原、宗教学者の島田裕巳と気象大学校学園祭で対談

11・14　麻原、富士宮市の第一サティアンでフォトジャーナリストの藤田庄市と宗教学者の井上順孝のインタビューを受ける（これに基づく藤田の記事が『ＳＰＡ！』12月18日号に掲載）

12　麻原、宗教学者の中沢新一との対談が雑誌『ＢＲＵＴＵＳ』12月15日号に掲載

12・10　長野県松本市の教団施設問題で、地主側が建設中止の仮処分を求め提訴（１９９２・１・17決定）

12・30　麻原、「ビートたけしのＴＶタックル」に出演

1992

1　麻原、栗本慎一郎との対談が『サンサーラ』1月号に掲載

2　麻原、宗教学者の島田裕巳、部落解放同盟書記長の小森龍邦との対談が『現代』2月号に掲載

3　麻原、信者約３００名を連れて、ロシア救済ツアーを実施

4　ロシアから日本向けラジオ番組「エウアンゲリオン・テス・バシレイアス」放送開始

4　『別冊太陽 No.77 輪廻転生』で麻原、宗教学者の山折哲雄と対談

5・27　長野県松本市の教団施設問題で、地主側が契約無効と土地明け渡しを求め、提訴

6　麻原、ビートたけしとの対談掲載の雑誌『Bart』

8・25　統一教会、韓国ソウル市で、３万組の合同結婚式。日本からも山崎浩子・桜田淳子ら有名人が参加し、注目を浴びる

11〜12　本覚寺、霊視商法被害者の計98人が、約３億円の損害賠償請求訴訟を東京地裁に提訴。９月には、「霊視商法被害弁護団」が結成。93年も、同様の提訴が続く。95年6月、２３６人の集団訴訟に対し、５億１千万円で和解が成立

	発行 9 モスクワ支部開設 9・14 麻原、信徒が経営者であったオカムラ鉄工（石川県寺井町）の社長に就任 10・18 麻原、東京工業大学にて講演。他、11月23日までに東京大学、京都大学など7大学の学園祭で講演 11 オウム運営のオーケストラ「キーレーン楽団」結成 12・10 東京・港区に東京総本部道場を開設 12・18 松本支部、開所	
1993	2 旧オカムラ鉄工社の機械類を教団施設に移送。後の自動小銃密造に使う 6 サリン製造研究の開始 6・6 信者の越智直紀氏が修行中に死亡。遺体は処理される 6・28、7・2 教団の亀戸道場（江東区亀戸）付近での炭疽菌噴霧失敗 8〜9 麻原、第7サティアンにおいてサリンプラントの建設を指示 11〜12・18 二度にわたる創価学会池田大作名誉会長の暗殺未遂事件	4・19 ブランチ・ダビディアンにFBIが強行突入。81名の信者が死亡
1994	1・30 元信者の落田耕太郎氏リンチ殺害事件 2・28 麻原、自動小銃の大量密造を指示 3・28 教団、宮崎県小林市の旅館経営者の資産家男性を連れ去り、監禁	1 幸福の科学が、元総務局長・関谷晧元が著した『虚業教団』の内容が捏造に基づく誹謗・中傷に満ちているとして、名誉と信用毀損で1億円の支払いを求める訴訟を東京地裁に提訴。一審で関谷

5　ロシアで購入した大型ヘリコプター・ミル17が到着
5　LSDの合成に成功。6月からLSDを用いた「キリストのイニシエーション」開始
5・9　滝本太郎弁護士サリン殺人未遂事件
6　省庁制導入
6・27　松本サリン事件
7・7　元ダンサーの鹿島とも子が出家を発表し話題に
7・9　第7サティアン付近で異臭騒ぎ
7・10　信者の冨田俊男氏リンチ殺害事件。遺体は焼却処分される
7・17　温熱修行による男性信者死亡事件
8・12　熊本・波野村が教団に9億2千万円の和解金を支払うことで和解
8・25　雑誌『ヴァジラヤーナ・サッチャ』創刊
9・2　宮崎県の旅館経営者が教団信者の娘らに資産目的で拉致されたと告発
9・20　ジャーナリストの江川紹子氏へのホスゲン・ガス襲撃事件
12・2　水野昇氏へのVXガス襲撃事件
12・10　教団、上九一色村第6サティアンなどで在家信者を監禁（〜1995・3・22）
12・12　スパイと疑われた濱口忠仁氏VXガス殺害事件

側が勝訴。2000年6月、最高裁で教団側の上告棄却
10・5　スイス・フリブール州とヴァレー州で、太陽寺院の信者48人が死んでいるのが見つかる。カナダでも5人の死体が見つかる

1995

1・1　『読売新聞』が上九一色村教団施設周辺で

2　ライフスペース、セミナーの風呂行に参加中の

のサリン残留物検知を報道
1・1　教団、試作品の小銃1丁を完成
1・4　被害者の会会長の永岡弘行氏へのVXガス襲撃事件
1・25　島田裕巳、サリン製造施設だった第7サティアンを単独視察し、『宝島30』3月号で「宗教施設」と報告
2・28　目黒公証人役場事務長の仮谷清志氏拉致監禁致死事件
3・15　モスクワ地区裁判所が、オウムの資産差し押さえを命じる
3・19　脱会希望の大阪大学生を拉致したとして、大阪府警が大阪支部を捜索
3・19　宗教学者の島田裕巳の元自宅マンション入口で爆発物が爆発
3・19　青山総本部入口に教団信者の自作自演で火炎瓶が投げ込まれる
3・20　東京で地下鉄サリン事件
3・22　強制捜査
3・23　モスクワ地区裁判所、オウムの活動禁止を命じる
4・23　幹部の村井秀夫が東京総本部（港区南青山）前で刺殺される
5・5　新宿の地下街で青酸ガス発生（未遂）事件
5・16　麻原彰晃逮捕
5・16　都庁で都知事あての小包が爆発し、職員が重傷

大学生が熱中症で死亡。両親が損害賠償を求め、提訴
7・5　福島県須賀川市で女性祈祷師宅6人変死事件。「御用」と称する悪魔祓いのために、太鼓のバチなどで連日殴打し死亡
9　明覚寺、霊視商法で問題化。損害賠償請求が翌96年にかけて相次ぐ
10　明覚寺系列の名古屋満願寺を、愛知県警が強制捜査。僧侶らを詐欺容疑で摘発
12・23　フランスで太陽寺院信者16人の焼死体が見つかる

1996	6・12　秋田地裁で一連のオウム裁判第一号の初公判 10・30　東京地裁よりオウム真理教法人解散命令 1・31　最高裁が教団側の抗告棄却し、解散命令が確定 3・28　東京地裁、教団の破産宣告 4・24　麻原彰晃の初公判	2　明覚寺、西川義俊が詐欺容疑で逮捕 4・16　ヤマギシ会、脱会女性が、入村時に持ち込んだ財産約2億5千万円の返還を求めて東京地裁に提訴。２００４年に最高裁で1億円の返還命令確定 9　泰道の元会員、損害賠償請求の提訴。２００４年2月・6月、最高裁で泰道側の上告棄却。3件で約1億６０００万円の損害賠償確定
1997	1・31　オウム真理教に対する破壊活動防止法の適用案を棄却	1　幸福の科学、損害賠償請求の訴えを起こした元信者と代理人を務めた山口広弁護士の言動を名誉毀損とし、8億円の損害賠償請求訴訟を提訴。２００1年6月、東京地裁請求棄却、２００2年11月、最高裁上告却下 3・22　カナダ・ケベック州で、太陽寺院の信者5人の死体が見つかる 3・26　アメリカ・カリフォルニア州でヘヴンズ・ゲートの信者39人が集団自殺
1998	12　上九一色村の教団施設・サティアンすべて解体	9～10　元「X Japan」のToshi、レムリアアイランドのMASAYAによる「洗脳」報道 11　宗教団体「霊示気学二穣会」に対し、会員が損害賠償請求。２００1年8月、東京高裁は約1億３５００万円の支払い命令

1999	9・29 教団が活動休眠宣言 12・3 団体規制法・被害者救済法（オウム新法）が成立 12・29 服役していた上祐史浩が出所	11・1 宗教情報リサーチセンター開所。国内外の正確な宗教情報を収集、発信することを目指す 12・1 法の華三法行に対し、詐欺容疑で警視庁と静岡県警が強制捜査
2000	1・31 公安審査委員会がオウム真理教に対して3年間の観察処分を決定 2・4 団体名を「アレフ」に改称 7 麻原奪還のテロを計画していたドミトリー・シガチョフが、ロシアで逮捕 10 上祐史浩ら信者数人が東京都北区浮間に移転、北区は「オウム真理教対策会議」を設置 11・13 葛飾区の住民側が上祐史浩と信徒に「即刻退去」を求める方向で一致 11・14 越谷市と袋山連合自治会オウム対策連絡会が信者6人に対して退去要請 11・20 松本被告の子ども4人と世話人の元信者計7人が、茨城県龍ヶ崎市の転入拒否の決定取り消しと住民登録を求め県に対し行政不服審査法に基づく審査請求 12 信者らが東京都世田谷区烏山地域に集団転入 12・8 大田区の対策本部、教団に退去要請 12・15 「波野村を守る会」が同村体育館で解散式	2・22 ライフスペースの高橋弘二、ミイラ化遺体事件につき、保護責任者遺棄致死容疑で逮捕 5・9 法の華三法行、福永法源や教団幹部が、詐欺容疑で逮捕
2001	1・9 烏山地域オウム真理教対策住民協議会設立	3・29 法の華三法行、破産し、解散

2002	1・30 アレフの上祐史浩、教団代表に就任 3・7 上祐史浩代表らの転入届を不受理処分にした問題をめぐって代表らと世田谷区が争っていた裁判で、東京地裁が同区に処分の取り消しと損害賠償約1500万円の支払いを命じた 5 千葉県流山市のオウム退去 5 山梨県の「オウム真理教対策本部」解散 7・17 岐阜県美濃加茂市内のオウム真理教信者の食品製造施設および男性信者の住む同市内の施設2か所を立ち入り検査 8・10 世田谷区で信者30人の転入届申請を不受理 11・22 オウム信徒と足立区、転入届受理問題で和解成立	1・24 「霊示気学二穣会」代表の平林重美子が、警視庁捜査二課などに詐欺容疑で逮捕 1・24 明覚寺に対し、和歌山地裁が解散命令
2003	1・23 観察処分の一回目の更新が決定（3年ごと） 2 アレフ、アーレフと改称 6・2 オウム大阪支部、大阪西成に移転 6・13 オウム大阪支部、大阪西成で発砲事件	4 明覚寺の西川義俊、最高裁で懲役6年の判決が確定 9 加江田塾の代表と幹部が、00年にミイラ化した遺体が発見された事件について、最高裁で懲役7年の判決が確定
2004	2・27 東京地裁が麻原に死刑判決 9 オウム真理教の分派・ケロヨンクラブの女性が死亡。メンバーらが逮捕 11・12 団体規制法、存続方針が確認される（施行から5年ごと）	1・28 ワールドメイト、複数のメディアに対する訴訟のうちの岩波書店『世界』名誉毀損訴訟で、東京高裁は控訴棄却。ワールドメイト側は上告せず、判決確定 4・7 ホームオブハートの栃木県那須郡那須町などの施設に立ち入り調査。子ども5人を保護
2005	3・19 地下鉄サリン事件被害者遺族らによるシン	7・4 ライフスペースの高橋弘二、最高裁で懲役

ポジウム「「あれから10年」～地下鉄サリン事件の被害者は今?～」

4・7　岡崎一明（坂本事件実行犯）、最高裁で死刑確定へ

2006

1　アレフに対する観察処分の二回目の更新が決定

9・15　麻原彰晃、最高裁が特別抗告を棄却し、死刑確定へ

2007

5・7　上祐史浩が「ひかりの輪」を分立

7・20　横山真人（地下鉄サリン実行犯）、最高裁で死刑確定へ

10・26　端本悟（坂本事件・松本サリンに関与）、最高裁で死刑確定へ

2008

2・15　林泰男（松本サリン・地下鉄サリンに関与）、最高裁で死刑確定へ

5　アーレフ、Aleph と改称

6・11　オウム真理教被害者救済法が国会で可決

7年が確定

7・28　冨士大石寺顕正会、会員の男2人を、入会勧誘で男子大学生を監禁したとして逮捕。同会横浜会館も家宅捜索

2・21　信者の少女への性的暴行容疑で逮捕された聖神中央教会の元主管牧師・金保に対し、京都地裁が懲役20年の判決

7～8　摂理の教祖・鄭明析の猥褻行為、キャンパス布教などが日本で問題化

3・1　全国霊感商法対策弁護士連絡会が、NHK、民間放送連盟、放送倫理・番組向上機構（BPO）などに対して、超能力や心霊現象・スピリチュアル関係番組の内容改善を求める要望書を提出。霊感商法に誘い込まれる素地になっていると指摘

5・1　摂理の鄭明析が、中国公安当局により北京で逮捕

12・20　神世界（ヒーリングサロン）事件。「神世界被害対策弁護団」が結成

8・12　摂理の教祖・鄭明析、ソウル中央地裁が懲役6年の実刑判決

8・27　法の華三法行の福永法源、懲役12年が確定

9・16　福島県須賀川市の女性祈祷師宅6人変死事件、被告の女性祈禱師、最高裁で死刑判決確定へ

11・7　紀元会、集団暴行で女性が死亡した事件

2009	1・23 Aleph・ひかりの輪に対する観察処分の三回目の更新が決定 7・17 早川紀代秀（坂本事件実行犯）、最高裁で死刑確定へ 11・6 豊田亨・廣瀬健一（地下鉄サリン実行犯）、最高裁で死刑確定へ 12・10 井上嘉浩（VX事件・假谷事件・地下鉄サリンなどに関与）、最高裁で死刑確定へ 12・15 団体規制法、存続方針が表明	で、元責任役員の幹部に懲役12年の実刑判決 12・24 不安を煽られ多額の献金をさせられたとして、都内の女性が統一教会と信者3人に約2億２１００万円の賠償を求めた訴訟で、東京地裁は教会側に約９５００万円の支払いを命じる
2010	1・19 新實智光（坂本事件・松本サリン・VX・地下鉄サリンなどに関与）、最高裁で死刑確定へ 3 Aleph、足立区入谷に土地とビルを購入、集団転入し拠点に 11・24 Aleph信者の女性が、埼玉県八潮市で長年独自に家族の脱会活動を進めてきた元夫に刺殺される	3・11 元統一教会信者の福岡県内の女性（２００９年死亡）の遺族が損害賠償を求めた訴訟で、福岡地裁は教会側に約1億１１６０万円の支払いを命じる 11・25 統一教会により、多額の現金を支払わされたとして首都圏の主婦5人が統一教会や信者ら8人に計約1億1千万円の損害賠償を求めた訴訟で、東京地裁は8人に約1億円の支払いを命じる
2011	2・15 土谷正実（松本サリン・VX・地下鉄サリンに関与）、最高裁で死刑確定へ 7・14 Aleph信者2人が、公安調査庁の立入検査を妨害したとして逮捕 11・18 中川智正（坂本事件・松本サリン・假谷事件・地下鉄サリンなどに関与）、最高裁で死刑確定へ	8・22 首都圏の男女10人が宗教法人「幸運乃光」と代表らに対し計約２７６０万円の損害賠償を求めた訴訟で、東京地裁は約２７２０万円の賠償を命じる 9・27 中山身語正宗玉名教会で、女子中学生に「除霊」と称し暴行を加え、窒息死させたとして、僧侶の男と少女の父親逮捕

	11・21 遠藤誠一（松本サリン・VX・地下鉄サリンなどに関与）、最高裁で死刑確定へ	
2012	1・1 特別手配犯・平田信が警視庁に出頭し、逮捕 1・23 Aleph・ひかりの輪に対する観察処分の四回目の更新が決定 5・26～27 「NHKスペシャル未解決事件 オウム真理教」放送 5・30 Alephの信者3人がヨガ教室と偽って入会させ、入会金を騙し取ったとして逮捕 6・3 特別手配犯・菊地直子が逮捕 6・15 最後の特別手配犯・高橋克也が逮捕	3・29 統一教会の元信者ら63人が総額約6億5000万円の損害賠償を求めた訴訟で、違法な布教活動を組織的に行っていたと認め、札幌地裁は約2億7800万円の支払いを教会に命じる 9・21 空海密教大金龍院の信者8名が、施設内の道場で、信者の男性を暴行し死亡させたとして逮捕。翌22日にも1名を逮捕
2013	12・4 新實智光死刑囚の妻が、知人男性にAlephへの入信を迫ったとして逮捕	10・30 北海道、愛知、鹿児島の元信者ら63人が統一教会に違法に献金を迫られたとして約6億6500万円の損害賠償を求めた訴訟の控訴審判決で、札幌高裁は計約2億4千万円の支払いを教会側に命じる
2014	3・7 平田信被告、東京地裁で懲役9年の実刑判決（控訴） 6・30 菊地直子被告、東京地裁で懲役5年の実刑判決（控訴） 10・24 松本死刑囚長男、「勝手に自分の名前を使って催事を行っているとして」アレフを提訴 11・17 新實智光死刑囚の妻有罪 12・1 Aleph・ひかりの輪に対する観察処分の五	3・28 セミナー会社「アースハート」や同社幹部らに、福岡や愛知などの47人が約7100万円の損害賠償を求めた訴訟において、福岡地裁は同社側に約4805万円の支払いを命じる

	回目の更新が決定 12・8　「ケロヨンクラブ」リーダー北沢優子の有罪確定
2015	3・14　地下鉄サリン事件被害者遺族らによるシンポジウム「地下鉄サリン事件から20年の集い」開催 4・30　高橋克也被告、東京地裁で無期懲役判決（控訴）

あとがき

本書は二〇一一年に刊行した『情報時代のオウム真理教』の続編である。執筆者も大半が重なっている。前書は一九九五年の地下鉄サリン事件以前のオウム真理教をめぐる諸問題に焦点を当てているが、本書は事件以後の展開にも多くの頁を割いている。事件が時とともに忘れられていくのは致し方ないにしても、忘れてはならないことがあるはずで、それは何かを考えることが本書の出発点である。前書においてオウム真理教がどのような団体であり、それがどのように報じられてきたかについての概要と重要なポイントを示した。本書はこれを踏まえた上で、「今後も想起しなくてはならないこと」を浮き彫りにしようとした。オウム真理教や彼らが起こした事件等についてあまり実感を持てない人が、これからは増えていく一方だからである。

宗教研究は、どちらかと言えば、宗教が人間社会において果たしてきた肯定的側面に焦点を当ててきている。宗教が人間にとって必要であるのはなぜか、人間のどのような欲求に対応するものであるか、どのような教えが形作られてきたか。その反面、宗教のもつ負の面には目が行きにくくなる。宗教が起こした事件やテロなどは、宗教にとって「本来あってはならない姿」とみなされがちである。

だが宗教のあるべき姿とあってはならない姿は、厳然と区別できるものであろうか。その境線は思いのほか曖昧で、頼りない。そのことを残酷に示したのがオウム真理教である。オウム真理教事件に言及した評論などには、この団体には闇の部分があるとか、オウム事件は闇であるというような結論を持ってくるものがある。闇というなら、人間の心の動きのうち分かっている部分はほんの一部であり、まさに闇に等しい。最近の脳科学では、人間が意識していることは無意識に受け取っていることに比べてごくごくわずかであることが分かってきている。自分が感知しているはずの情報の万分の一も、意識化することはできないということである。であるなら、闇というような表現は結論ではなく出発点にすべきものである。どこに光を当てることで何が見えてくるかを試行錯誤していくしかない。

この書は公益財団法人国際宗教研究所・宗教情報リサーチセンター（略称「ラーク」）のオウム真理教研究プロジェクトの成果でもある。ラークは現代宗教に関わる国内外の情報を広く収集し、これを若手研究者が整理し、分析し、その結果を公開していくという事業を中心的に行なっている。一九九八年のラーク開設にオウム真理教事件は深く関わっているので、この研究プロジェクトを設けることには強い必然性があった。

こういう経緯もあり、執筆者は特別寄稿をいただいた高橋シズヱ氏以外は、ラークの研究員、あるいは研究員経験者である。第一章でオウム真理教の教義の展開を解説している藤田庄市氏と編集責任者（井上）は、一九九一年に教団本部を訪れ麻原彰晃と面談し、修行の様子などを観察した経験をもつ。また一九九七年にサティアンが壊されるさなかに現場を訪れ、資料を集めると同時に施設がどのような造りになっていたかを確認している。しかしながら、他の執筆者はオウム真理教との直接的体験は乏しい。地下鉄サリン事件をはじめ、オウム真理教が関わったもろもろの事件、あるいは彼らの活動をメディアをとおして見聞していたのは、研究者となる前のことである。

こうした世代の異なる研究者が、同じ資料とデータを前にして議論を重ねた上で執筆に向かった。多様な意見が飛び交い、事件を体験した年齢が異なれば、同じ資料にもだいぶ異なる印象が生じる場合があることも感じた。これも言うなればオウム真理教事件の直接的体験のウチとソトである。議論の積み重ねは両者の境界線を相互に超えることになり、それは思い込みの見解を消去していく効果をもたらしたと考える。このような多くの人が関わった事件を一人の研究者が自分の価値観だけを拠り所に論評すると、とんでもない結論を導く危険性があるが、それは避け得たと考えている。

わざわざこのようなことを述べるのは、十分な調査をせず、また他の研究者との意見の交換もせず、独自の見解を出して、事件後批判を浴びることになった研究者の事例を念頭に置いているのではない。このことに少しも学ばず、まさに「前車の轍を踏んでいる」かの如き論評が現に存在するからである。多くの人間が絡み、多くの人に影響を与えたこうした宗教事件を、一人の人間がすっかり理解できるという発想そのものを捨て去らなくてはならない。事件から人間心理や社会問題などへの何かの手がかりを得るのは、人それぞれの立場でできる。だが、それが後世にとってどのような教訓になるのかを考える作業には、やはり複数の人間の脳が形作るネットワークが有効である。

執筆者の間でも、オウム真理教、麻原彰晃、あるいは幹部信者たちへの心理的距離はさまざまである。まったく許すべからざる行為をした人々という思いもあれば、その気持ちは分からなくもないという思いが交錯した場合もある。当時のオウム論に対する印象についても同様である。それらを踏まえた上での最終的な執筆であるから、一刀両断のような論調にはなっていない。慎重すぎる書き方と感じられるところもあるかもしれない。

ただ、しっかり読んでもらえれば、ところどころに存在する言外の主張を読み取っていただけると思う。資料を読んでいくと、信者たちは「自分はいいことをしている」「宗教的に価値のあることをしている」などと思っていたに違いないことが分かる。いいことをしているはずが、いつの間にか他人を傷つけ、さらには死に追いやることになっていく。宗教に関するこうした現象は、今なお数多くある。宗教情報リサーチセンターで日々の宗教関連のニュースをチェックしている研究員は、それを実感している。

労働災害を調べて生まれた「ハインリッヒの法則」という有名な経験則がある。一つの重大事故の背景には、けが人の出るような二九の軽微な事故があり、その背景にはけが人は出ない程度の三〇〇の事故が存在するというものである。一九三〇年代にアメリカ人のハーバート・ウィリアム・ハインリッヒが唱えたのだが、労働災害以外にも適用されるようになった。この説の応用を考える場合に、数字はさほど問題ではない。つまり一つの重大な事件の背後には、それには至らないがそうなりかねない事件が実はいくつも起こっているという洞察をすることが重要なのである。

残念ながら、宗教団体に対してもこれはあてはまる。巻末の年表を見ていただければすぐ分かるが、オウム真理教がなしたようなテロ事件は滅多に生じない類のものだが、殺人事件や傷害事件、詐欺事件、また自分たちを批判しているとみなした人たちへの恫喝的行為などが起こる頻度は、決して小さいものではない。これを見ていると、同様の事件は今後も絶えることはないだろうという悲しい予測が出てくる。人間はどうやら「過去から学ぶ」ことがひどく苦手に思える。だがこの姿勢を少しだけでも強く持つなら、「軽微な事故（事件）」もいくらか減らせるかもしれないし、ひいては「重大な事故（事件）」も減らせるかもしれない。

それぞれの宗教の素晴らしい点についてはその信奉者が説いてくれる。幸せなことに、現代の日本は、歴史のあるなしにかかわらず、個々の宗教が自分たちの主張を自由になせる国である。どのような主張にも耳を傾けたい人は傾けることができる。宗教系の学校はそれぞれの建学の精神にもとづいて、その宗教の理念を教えることができる。ところが、公立学校や一般の私立学校では、それはできない。では現代宗教については何も教えなくていいのだろうか。少なくとも若い世代が陥りがちな危険性については、前例を示して注意を喚起することくらいは必要ではないだろうか。「さわらぬ神に祟りなし」とか「臭いものに蓋」といった態度ばかりでは、日本における宗教文化の望ましい展開にとってもマイナスであろう。

特別寄稿をお願いした高橋シズヱ氏は、地下鉄サリン事件で夫を亡くしている。夫の高橋一正氏は当時霞ケ関駅の助役であったが、サリンを処理しようと手で運び、その日のうちに死亡した。何が起こったのか知りたいという思いの切実さは、いただいた文章から強く伝わってくる。宗教研究というものは、こうした事件防止の即効薬のようなものは提供できないだろう。だが、リスクの減少や回避にはいささかなりとも貢献できる道があるはずだ。それゆえ、とりわけ教育の現場にある人や、宗教問題に関心ある人は、是非とも本書に目をとおしていただきたい。

春秋社の佐藤清靖編集長には、この書の重要性を十分認識していただき、前回に引き続き、春秋社から刊行されることになった。同編集部の手島朋子氏には文章など細かくチェックしていただいた。お二人には篤く御礼申し上げたい。快く刊行をお引き受けいただいた同社の神田明会長、澤畑吉和社長にも御礼を申し上げたい。

二〇一五年仲夏

編集責任者　井上順孝

塚田 穂高（つかだ ほたか）
國學院大學研究開発推進機構助教
1980年生。東京大学大学院博士課程修了。博士（文学）
著書に『宗教と政治の転轍点――保守合同と政教一致の宗教社会学』（花伝社、2015）、『宗教と社会のフロンティア――宗教社会学からみる現代日本』（共編著、勁草書房、2012）、『情報時代のオウム真理教』（共著、春秋社、2011）など。

平野 直子（ひらの なおこ）
早稲田大学文学学術院非常勤講師、宗教情報リサーチセンター研究員
1979年生。早稲田大学大学院博士後期課程単位取得退学。修士（文学）
著書に、『情報時代のオウム真理教』（共著、春秋社、2011）、『宗教と社会のフロンティア――宗教社会学からみる現代日本』（共著、勁草書房、2012）など。

藤田 庄市（ふじた しょういち）
フォトジャーナリスト、宗教情報リサーチセンター研究員
1947年生。大正大学文学部（宗教学専攻）卒。
著書に『宗教事件の内側――精神を呪縛される人びと』（岩波書店、2008）、『オウム真理教事件』（朝日新聞社、1995）、『霊能の秘儀――人はいかに救われるのか』（扶桑社、1992）、『行とは何か』（新潮社、1997）、『熊野、修験の道を往く――「大峯奥駈」完全踏破』（淡交社、2005）など多数。

藤野 陽平（ふじの ようへい）
東京外国語大学アジア・アフリカ言語文化研究所研究機関研究員
1978年生。慶應義塾大学大学院博士課程単位取得退学。博士(社会学)
著書に『現代における人の国際移動――アジアの中の日本』（共著、慶應義塾大学出版会、2013)、『台湾における民衆キリスト教の人類学――社会的文脈と癒しの実践』（風響社、2013）、論文に「旧植民地にて日本語で礼拝する――台湾基督長老教会国際日語教会の事例から」鈴木正崇編『森羅万象のささやき――民俗宗教研究の諸相』（風響社、2015）など。

矢野 秀武（やの ひでたけ）
駒澤大学総合教育研究部教授
1966年生。東京大学大学院博士課程修了。博士（文学）
著書に『現代タイにおける仏教運動――タンマガーイ式瞑想とタイ社会の変容』（東信堂、2006）、『アジアの社会参加仏教――政教関係の視座から』（共編著、北海道大学出版会、2015）、論文に「仏教・国王・学生と絆づくりのイノベーション」櫻井義秀編著『タイ上座仏教と社会的包摂――ソーシャル・キャピタルとしての宗教』（明石書店、2013）など。

[執筆者紹介]（五十音順）

井上 順孝（いのうえ のぶたか）

國學院大學神道文化部教授、（公財）国際宗教研究所・宗教情報リサーチセンター長

1948年生。東京大学大学院博士課程中退。博士（宗教学）。1998年から宗教情報リサーチセンター長。

著書に『本当にわかる宗教学』（日本実業出版社、2011）、『図解雑学　宗教（最新版）』（ナツメ社、2011）、『神道入門――日本人にとって神とは何か』（平凡社、2006）、『若者と現代宗教――失われた座標軸』（筑摩書房、1999）、『情報時代のオウム真理教』（編著、春秋社、2011）、『21世紀の宗教研究――脳科学・進化生物学と宗教学の接点』（編著、平凡社、2014）など多数。

井上 まどか（いのうえ まどか）

清泉女子大学文学部専任講師

1971年生。東京大学大学院博士課程修了。博士（文学）

著書に『ロシア文化の方舟――ソ連崩壊から20年』（共編著、東洋書店、2011）、論文に「ユートピアがディストピアになるとき――ソルジェニーツィンのロシア論における悪の不在」『清泉女子大学人文科学研究所紀要』35巻（2014）、「現代のロシア正教会における女性像」『宗教と社会』第18号（2012）など。

杉内 寛幸（すぎうち ひろゆき）

國學院大學大学院文学研究科博士課程在籍中

1985年生。國學院大學大学院修士課程修了。修士（宗教学）

主な論文に、「戦前における末日聖徒イエス・キリスト教会の日本布教とキリスト界の反応」『神道研究集録』第29輯（2015）など。

高橋 シズヱ（たかはし しずえ）

地下鉄サリン事件被害者の会代表世話人

1947年生。著書に『〈犯罪被害者〉が報道を変える』（共著、岩波書店、2005）『ここにいること――地下鉄サリン事件の遺族として』（岩波書店、2008）など。

高橋 典史（たかはし のりひと）

東洋大学社会学部准教授

1979年生。一橋大学大学院博士後期課程単位修得退学。博士（社会学）。

著書に『移民、宗教、故国――近現代ハワイにおける日系宗教の経験』（ハーベスト社、2014）、『現代における人の国際移動――アジアの中の日本』（共著、慶應義塾大学出版会 、2013）、『宗教と社会のフロンティア――宗教社会学からみる現代日本』（共編著、勁草書房、2012）など。

〈オウム真理教〉を検証する――そのウチとソトの境界線

2015年８月20日　第１刷発行

著者©＝宗教情報リサーチセンター編（井上順孝責任編集）
発行者＝澤畑吉和
発行所＝株式会社春秋社
〒101-0021　東京都千代田区外神田 2-18-6
電話　03-3255-9611（営業）　03-3255-9614（編集）
振替　00180-6-24861
http://www.shunjusha.co.jp/
印刷所＝信毎書籍印刷株式会社
製本所＝黒柳製本株式会社
装　幀＝美柑和俊

ISBN 978-4-393-29928-9　C0014
定価はカバーに表示してあります

井上順孝責任編集／宗教情報リサーチセンター編

情報時代のオウム真理教

オウム真理教とは何か。膨大な資料を基に、地下鉄サリン事件以前のオウム真理教を取り上げ、その全容を詳細に分析、オウム真理教事件の謎の解明に迫る。「オウム」を考察する第一次基本資料。〈宗教〉と〈社会〉の相剋を浮き彫りにする画期的な書。

三六〇〇円（税別）

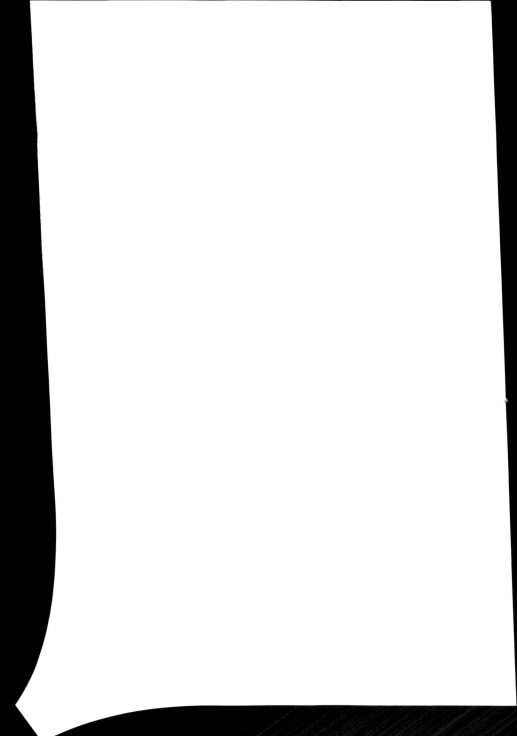